JN268056

販売を楽しくおもしろくする
セールス活動のコツ

島崎　淺夫著

セルバ出版

は じ め に

　販売の世界は、市場重視・顧客視点のマーケッティングへ変わり、販売活動には新しい戦略戦術、スピーディな対応が強く求められています。この変革に対応するには、変化を恐れずに自ら変化し、勝者となる販売活動をしなければなりません。

　とはいっても、実際の販売活動では、わかった振りをしている人、頑張っているのに受注が取れない人、また何となく契約が取れる人など、無用な緊張の中で躊躇したり、困ったり迷ったりしがちなものです。販売活動は、訓練と実践が基本ですが、実践に基づいた知識と自信があるにもかかわらず、「もし失敗したら」「格好よくやりたい」「いい状態でスタートしたい」など心の有様（プレッシャー）が、セオリーやテクニックを忘れたアプローチ活動をすることが往々にしてあります。

　また一方で、どんな形でも最初の契約がとれると何となく自信がつき、2～3契約がとれると自信が確信となり、契約が5～6と実績を積み重ねると自惚れが謙虚な自信に変わることもあります。

　しかし、販売の世界は、常に勝ち続けることは稀であり、勝ち負けを繰り返しながら実績を積み上げて、自分のステータスを磨き上げる勝負の世界です。

　特に変化の激しい今日の販売活動では、他の仕事や業務処理と異なり、勝つことの楽しさやおもしろさと、負けることの悔しさや辛さを通じて、自分の販売スタイルと販売ノウハウを形成することがなにより肝心なのです。

　そこで本書は、日頃の販売活動の中で困ったり迷ったりしたときの悩ましい状態を解き明かすヒントを提供し、セールスマンが自ら不安や障害を乗り越える方法、自信を向上させるための販売展開のあり方、販売のおもしろさと楽しみ方などについて、事例や人には聞けない実践的なノウハウを織り込みながらわかりやすく解説しています。

　意欲的な中堅セールスマンの皆さんを始め、販売活動を多少なりとも経験されている人や、小集団のセールスリーダーの方々に、新たな販売活動のために本書がお役に立てれば、この上ない喜びです。

　最後に、本書の発刊に際し、長い間お世話になった瀧澤敏治氏、また多大なるご支援とご指導をいただいたNEC電力エンジニアリング社長の水口達也氏、NECカスタマックス執行役員の鈴木義男氏、セルバ出版の森忠順氏に、紙上より厚く御礼を申し上げます。

平成14年9月

島崎　淺夫

販売が楽しくおもしろくなるセールス活動のコツ　目　次

はじめに

1　科学的な販売活動にチェンジしよう

1　分析なくして計画なし・行動なくして成果なし……10
市場を知り、敵を知り、自分を知ろう・11
思考と行動パターンの変革を行い、戦略を定量的な販売目標に置き換えよう・11

2　自分の標的市場を明確にしよう……15
見込客を戦略的に探索するには・17
小さな階層的三角形を活用して標的市場を鮮明にしよう・18
標的市場のリーダーを狙おう・19

3　販売戦略を具体的に定量化しよう……20
他人がつくった販売目標は大変辛いものなり・20
単なるモノ売りのセールスマンは迷える子羊になる・22
行動パターンの変革が戦略を定量化する・23

4　戦術の中心を「モノ売り」から「コト売り」に変えよう……24
活用提案が商品の付加価値と差別化を生む・24
商品活用の効果効用が新たなニーズを掘り起こす・26
顧客の立場で活用の効果や楽しみを提案しよう・26

5　自分が売り込む「モノやコト」を分析しよう……29
商品だけが売りものではない・29
一流のセールスマンは自社の総合力を売り込む・30
すべての「モノやコト」を分析してセールスポイントに置き換えよう・33

6　行動や成果の差異分析をきちんと行おう……34
行動の分析が販売戦術を拡大する・34
成果の分析は新たな戦術を生み出す基本活動である・36

7　商談の成功と失敗を分析して反復活用しよう……37
二種類の商談活動を意識しよう・37
事前の準備が商談の決め手なり・38
訪問目的達成の積み重ねが商談展開を左右する・39

8　デジタル型の販売活動を意識的に進めよう……41
セオリーやノウハウの体得がセールスをおもしろくする・41
ベンチマークテストで競争優位を確保しよう・42

2　訪問面談を楽しくやろう

1　準備なくして訪問なし・面談なくして提案なし……46
訪問前の準備がゆとりと楽しみを生む・46
競争他社との違いを示そう・47
顧客が喜ぶ訪問戦術を活用しよう・48

2　販売のプロセスに基づくアプローチ活動を展開しよう……50
販売のプロセスは成果を獲得する販売の基本活動である・50
販売のプロセスの流れと各段階のポイント・50

- 3 商談の進捗と訪問計画をきちんとチェックしよう ……… 54
  - 訪問計画は販売活動の羅針盤である・54
  - 具体的な取組み項目を設定しよう・56
  - 商談展開のチェックシートを活用しよう・57
- 4 顧客をさらに深く勉強しよう ………………………… 59
  - 顧客ファイルは常に最新の情報を確保しよう・61
  - 会社のつながりを理解しよう・61
  - 会社の雰囲気を敏感に察知しよう・64
- 5 訪問前に面談内容を分析しよう ……………………… 65
  - 劇場の演劇場面を想定しよう・65
  - パソコンで面談活動を楽しくしよう・66
  - 説得と納得の環境づくりをしよう・67
- 6 面談をスムーズに始めるテクニックを活用しよう …… 68
  - 相手の注意を引くテクニックを活用しよう・68
  - 顧客の注意を引きつける「CMQSINGERS」を意識して活用しよう・72
- 7 顧客が喜ぶセールスツールを準備しよう …………… 74
  - 面談場面のTPOにフィットさせよう・74
  - セールスツールを自分の商品に置き換えよう・76
  - 活用のタイミングが重要である・77
- 8 アプローチブックで興味と欲望を喚起しよう ……… 78
  - セールスストーリーに基づくカタログをつくろう・79
  - アプローチブックは世界でたった一つの自分のカタログである・79
  - アプローチブックは訪問面談の決め技となる・80
- 9 顧客の反論を期待しよう ……………………………… 82
  - 反論を分類して整理しよう・82
  - 反論を克服するテクニックを活用しよう・83
  - 確認の質問で理解と納得を確保しよう・85
- 10 印象をよくする面談を常に心掛けよう ……………… 86
  - 自分で習得し、意識して実行し、訓練しよう・86
  - 顧客の心理的要因を意識して活用しよう・87
  - 反論への対応はソフトな質問話法を活用しよう・89

商談を優位に展開するコツ

- 1 提案なくして商談なし・納得なくして販売なし ……… 92
  - 顧客の目線で顧客の納得を支援しよう・92
  - スピーディな対応が商談を優位にする・94
- 2 プロポーザルで顧客の納得を積み上げよう ………… 96
  - プロポーザルは商談を競い合う最良の商品である・96
  - 検討資料や確認書を活用して顧客の納得を積み上げよう・97
  - プロポーザル作成の基本は確認資料の積み重ねである・99
  - プロポーザルの上手な書き方・100
- 3 FAB(ファブ)アプローチで顧客の利益を明確にしよう …… 101
  - FAB(ファブ)アプローチはわかりやすい説明手法である・101
  - セールスポイントの説明はFABが基本なり・102
  - FABを活用して顧客の利益を訴求しよう・104
  - 「FABシート」でセールスポイントを作成しよう・105

4 活用事例を証拠として上手に活用しよう ……………108
- 証拠をつけて顧客の利益を明確にしよう・108
- 一つの活用事例は百言の説明に勝るものなり・109
- 事例の収集・活用のノウハウはセールスマンの財産である・110

5 組織を動員して説得の力を大きくしよう ……………111
- 人を動かす力が顧客の心を動かす・111
- 自分の動員権で組織を動かそう・112
- 常に会社の代表者意識をもとう・114

6 放置するより拙速で勝負しよう ……………115
- 時間とはもう一人の自分との闘いである・115
- ともかく具体的にやってみよう・116
- 行動を起こす前に、たった30秒考えよう・117

7 顧客の決断を促すテクニックを活用しよう ……………119
- クロージングでは二つの目的を区別しよう・120
- 決断を促すトライアルクローズを積極的に行おう・120
- 顧客の決断を支援するテクニックを活用しよう・120
- 自分のペースでクロージングを促進しよう・122

8 訪問後の分析を意識して行おう ……………125
- 訪問後の分析は次回商談の入念な準備である・125
- 顧客の同意と納得が訪問成果のバロメーターである・125
- 次回の商談準備を怠らない・128

4 自分だけの商品をつくろう

1 自分なくして商品なし・創意なくして存在なし ……………130
- 自分自身が最良の商品なり・130
- 担当商品への愛着と研究心が自分の商品をつくる・131
- 情報の商品化で自分だけの商品をつくろう・131
- 自分だけの販売の道具立ては自分の商品である・131

2 意識して自分自身を売り込もう ……………133
- セールスマンは企業のブランド商品である・133
- 顧客や商談相手の懐に意識して飛び込もう・134
- 知識やアイデアを積極的に売り込もう・137

3 様々な情報を商品化しよう ……………138
- 情報は他社を差別化する最良の商品なり・139
- 情報を積極的に商品化しよう・139
- 情報の継続的な提供力を強化しよう・141

4 商品には人一倍の愛着と研究心をもち続けよう ……………142
- ハウマッチからハウツーセールへ転換しよう・142
- 担当商品は自分の分身である・142
- 「みえる商品、みえない商品」・143
- 商品の応用知識はコンサルティングセールスの基本要素である・144

5 自分だけのカタログをつくろう ……………145
- 活用事例のリーフレットを自分でつくろう・145
- パソコンを活用して動くカタログをつくろう・146
- ワードピクチャーをカタログ化してみよう・148

5 クレームにどう対処するか

1. 理由なくして不満なし・改善なくして満足なし ……………150
    "すべての物事は、小さなところに宿る"・150
    アフターサービスをビフォアサービスに転換しよう・151
    苦情処理は最優先のファーストタスクである・151

2. 意識的にビフォアサービスを実行しよう ………………154
    思いを込めたユーザー訪問を実行しよう・154
    アフターサービスはユーザーの目線で対応しよう・155
    ビフォアサービスを戦術的に実行しよう・156

3. 苦情処理は意識してファーストタスクを心掛けよう ………158
    まず言い分を十分聞きながら状況を把握しよう・158
    議論と言い訳は禁物なり・160
    お詫びと誠意が人間関係をつくる・160

4. 聞くことは話すに勝ることを常に意識しよう ……………162
    相手の言い分を理解しよう・162
    相談相手としてのアプローチが大切なり・164

5. クレームのシグナルに気を配ろう ………………………165
    苦情は「原因は小なり、結果は大なり」と認識しよう・165
    契約後や納入後のフォローアップは必ず実行しよう・165
    クレームのシグナルはきめ細かな気配りが大切である・166
    小さな顧客満足をたくさん積み上げよう・167

6. 解決策の提案と結果のトレースを必ず実行しよう ………168
    ユーザの真意をつかみ、手際よく対処しよう・168
    解決策を明確に提示して、最後までトレースしよう・169
    苦情処理の手順をきちんと実行しよう・170
    顧客の心理とTPOを上手に活用しよう・171

6 販売活動をおもしろくするためのノウハウ

1. 戦略なくして仕事の楽しみなし・喜びなくして仕事人生なし ……174
    仕事は変化する仕事を通じて楽しもう・174
    自分の思いを意識して実行しよう・175
    常に問題解決型の販売活動を指向しよう・177

2. 販売活動を自ら企画し自分自身で実行しよう ………………180
    自分の思いを意識して行動に置き換えよう・180
    自ら変化をつくり挑戦しよう・182
    何よりもまず具体的な計画をつくろう・183

3. 戦略的セールスマップでリレーションセールスを展開しよう ……185
    自分のセールスマップをつくろう・185
    新たなニーズを探し出そう・186
    競合を排除するリレーションセールスを展開しよう・187
    自惚れと謙虚な自信をもとう・189

4. 問題解決型のソリューション販売を常に指向しよう ………190
    顧客の付加価値を高める「コト売り」をしよう・190
    問題解決型セールスマンに要求される知識をマスターしよう・193
    セールスエンジニアリングとしてのノウハウを知ろう・195
    問題解決型アプローチ（ソリューション販売）を展開しよう・196

5 販売の技術を活用し実戦で勝ち負けを積み上げよう……199
- 説得の技術を上手に活用しよう・200
- 販売とは分析して反復活用する過程である・200
- 知っているつもりから意識してやってみることにしよう・201

6 自分の人脈を構築しよう……203
- 顧客との人間関係は仕事人生の貴重な財産なり・203
- 人脈は生き物、メンテナンスをしよう・205
- 人間関係は組織を飛び越えるものと心得よう・205

7 仕事はすべてYesで始めよう……207
- セルフスターターとして存在感を発揮しよう・208
- 好きなことより大事な仕事に注力しよう・208
- 難しい事柄は「Yes-But」で対処しよう・209

7 部下育成・後輩指導のコツ

1 意識なくして訓練なし・課題なくして進歩なし……212
- セールスマンの指導育成はリーダーシップにあり・213
- 方向を明確化するストーリーを具体的につくろう・213

2 勇気と本気で現場と現実をリードしよう……215
- 素早い決断と迅速な行動は勇気が基本なり・215
- 本気で喜び合い、感動を共有しよう・216

3 自分の垣根を飛び越えて当事者意識を訓練しよう……218
- 上司の手段は部下の目的なり・218
- 自分の目的を手段に変えて進化しよう・218
- 自己を練磨して大きく脱皮させよう・220

4 セールスマトリックスで販売品質を向上させよう……221
- 販売計画の立案と具体的な活動計画を作成させよう・221
- 商談のパターンを工夫させよう・222
- 商談の流れやセールスステータスを確認するポイントを知ろう・223
- できる部下・後輩とできない部下・後輩・224

5 部下・後輩のパワーアップを上手にサポートしよう……226
- IT活用で販売現場のマネジメントを変革しよう・226
- 部下・後輩は仕事のよきパートナーである・226
- 部下・後輩に対するマネジメントは性善説が基本なり・227

6 上手な時間管理で増力化を促進させよう……230
- 時間管理はもう1人の自分との闘いである・230
- 時間の管理はリーダーの率先垂範にあり・231
- 容易なことより大事なことを優先しよう・231

7 会議を上手に活用しよう……233
- 会議の運営はリーダーの責任である・233
- 会議やミーティングは絶好の教育チャンスにしよう・234
- 仕事や会議の内容はディスクロージャーを原則にしよう・235
- 情報の共有で価値観を共有しよう・235

あとがき……236

1 科学的な販売活動にチェンジしよう

分析なくして計画なし・行動なくして成果なし

1 分析なくして計画なし・行動なくして成果なし

Point
- ●計画の立案は、対象を分析することが始点となります。
- ●常に計画との差異を検証して計画の見直し・修正を行い、実現性と確実性を高める行動が必要です。
- ●分析と評価は、新たな活動を起点として、常に進歩する状態をつくり出しますから、これらの活動や行動を通じて、販売を科学することが必要です。

◇**自ら進んで、行動を変革しよう**

　近年、販売の世界は、プロダクトアウト（生産重視）の時代から、マーケットイン（市場重視）への事業展開を経て、デジタル化社会の到来によるＩＴ革命の中で、カスタマーイン（顧客重視）のマーケティングへと劇的に変化しています。

　販売方法においても、従来からの訪問販売やルートセールス、座売りの店頭販売に加えて、新しいメディアの活用によるヴァーチャルストア（仮想店舗）の通信販売や、Web販売などの出現により、販売活動の戦略・戦術の変革を迫られるとともに、新たな対応を強く求められています。

　デジタル化社会のスピードは、ドッグエイジといわれ、従来の7倍です。いまや、自分だけの賢さや強さだけでは、勝ち抜くことはできません。変革する社会への対応は、「変化を恐れずに自らも変化する」ことが勝者となるための行動です。

　このデジタル化社会の変化は、商品の産出や生活の面でも、①急激な技術革新が、夢や欲望を形に変える、②先進の商品が、活用領域を拡大する、③活用の効果が、生活様式の変化を生み出す、④生活スタイルの変革が、販売や購買の常識を打ち破るというように、大きな変革を現出させています。

　ですから、セールスマンは、従来の枠にとらわれていては対応できません。こうした変化を恐れず、失敗を恐れることなく変化をつくり、変化の中に自ら飛び込む勇気と行動が必要です。

　"石橋を叩いていては、渡れない"という名言を残したのは南極昭和基地の第一次越冬隊長を務めた西堀栄三郎氏ですが、西堀氏は、初めて経験する環境の中で、持参した観測機器が役に立たず、何もしない観測隊員に向かって「何事も、行動しなければ失敗はない。具体的にやらなければ、結果はない。何も

やらないことほど、愚かなことはない。やる気を決意して、自分の思いを、意識してやってみることだ」といったといいます。その後、この隊員は、観測機を自分で改良し、オーロラを観測して世界的に貴重な資料を作成し、博士号を取得したと聞きました。

　セールスマンも、自ら行動を変革して、環境の変化を乗り越えなければなりません。

◇**市場を知り、敵を知り、自分を知ろう**
　セールスマンは、商談の場面で顧客の揺れ動く心をピタリと止めて、顧客の理解と同意を獲得し、「これが欲しい」という行動を起こさせることが主要な仕事です。

　販売活動は、むやみにカタログや商品を抱えて外へ飛び出す"飛脚の早とちり"や"犬も歩けば棒に当たる"這廻状況では、仕事にはなりません。

　このような状況を甘受していると、商品主体のモノの運び屋として、「出ると負け」を繰り返す結果となり、喫茶店や公園のベンチで"昼寝をむさぼる二流のセールスマン"に堕してしまいます。

　販売活動を変革するには、従前からの「はじめに商品ありき」の販売対応から、対象市場を明確にした販売計画とマーケットインの販売戦略により、「はじめに市場ありき」として、行動の転換を図らなければなりません。いいかえれば、従来の「単なるモノ売り」から、顧客の目線で、商品活用の効果や個人の楽しみなど「活用するコト売り」を実行することが肝要です。

　販売活動を転換するには、担当市場を分析して標的市場（具体的な攻略顧客）を定め、自分の描いたセールスマップ（販売対象圏）の中で、自社のポジションや競合状況を把握して、戦術と弾づくり（売込む商品やシステム）を決めるとともに、販売合戦の状況が常にみえる販売展開を行わなければなりません。

　この販売活動の変革や転換にあたっては、様々な分析手法の活用による意識と行動の変化をセールスマン自ら実践することが強くが求められています（図表１）。

◇**思考と行動パターンの変革を行い、戦略を定量的な販売目標に置き換えよう**
　通常、取扱商品が限定されている場合、販売部門の体制は、流通経路や業種別、顧客の規模別などに組織化されていますが、取引先や対象顧客をわかりやすくするためや、扱い商品の事業責任を明確にするためには、商品主体の組織となることが多いのです。

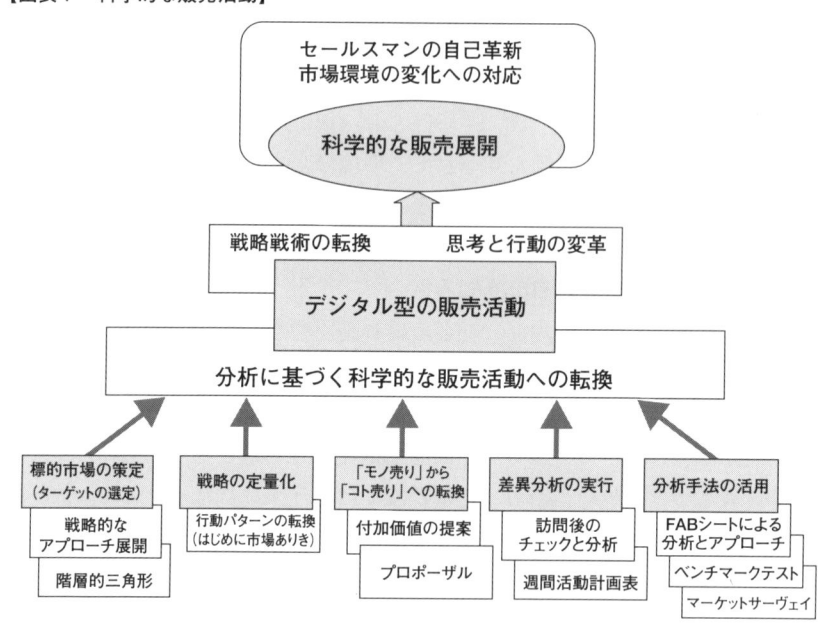

【図表1　科学的な販売活動】

```
              セールスマンの自己革新
              市場環境の変化への対応
                 科学的な販売展開
                      ↑
      戦略戦術の転換     思考と行動の変革
              デジタル型の販売活動
         分析に基づく科学的な販売活動への転換
    ↗      ↗      ↑      ↖      ↖
標的市場の策定  戦略の定量化  「モノ売り」から  差異分析の実行  分析手法の活用
(ターゲットの選定)         「コト売り」への転換
戦略的な      行動パターンの転換  付加価値の提案  訪問後の      FABシートによる
アプローチ展開  (はじめに市場ありき)            チェックと分析  分析とアプローチ
階層的三角形               プロポーザル    週間活動計画表   ベンチマークテスト
                                                    マーケットサーヴェイ
```

　商品主体の組織のもとでは、担当市場にアプローチ（顧客への働きかけ）するためのセールスマンの行動パターンは、必然的に「What（何を）―Who（誰が）―How（どんな方法で）―Where（どこに）」になります。

　しかし、この行動パターンでは、商品力の強弱によって販売活動が左右されるため、戦略的な販売が継続できなくなります。また、商品主体の販売活動は、技術や活用の進展に伴い、商品特性の輻輳化を招来し、対象市場が重複して"標的市場が不明確"になります。となると、多くのセールスマンは、担当商品のカタログと価格表を抱えて、元気よく市場に飛び出しても、行き先不明の"迷える子羊"となってしまいます。

　これからのセールスマンの行動は、まず「はじめに市場ありき」を大前提として、次のように変革されなければなりません。
(1)　扱い商品やシステムの効果効用、個人の達成感や楽しみなどを顧客の利益として、対象市場の探索を行い、標的市場（Where）を明確に区分する。
(2)　そして、標的市場に対する戦術として、アプローチ方法（How）を検討し、具体的な活動項目とスケジュールを決める。
(3)　そのうえで、販売活動の実行者（Who）として、自分を主体として、関連組織の活用やチャネルを確保する。
(4)　最後に、顧客の利益を満足させるための、売り込むべき商品やシステム

（What）を決定する。

　要するに、「はじめに市場ありき」のセールスマンの行動パターンは、図表3（22頁）に示すとおり「Where（標的市場）―How（アプローチ方法）―Who（販売活動の実行者）―What（売り込むべき商品やシステム）」に変革されなければならないのです。

　この行動パターンの変革が生み出す大きな利点は、二つあります。一つは、標的市場の需要見込みを容易にすることです。もう一つは、他社との競合を排除する戦術などを織り込み、販売力と商品の競争力との掛け算によって、受注や売上のスケールを定量的に把握できることです。

　つまり、この思考と行動パターンの変革を行うことによって、自らの戦略を定量的な販売目標に置き換え、明確な予算を作成することができます。

◇「モノ売り」から「コト売り」に転換しよう
　いまや顧客は十人十色、または一人十色といわれ、大衆から個衆の時代に大きく変化しています。

　顧客や市場の変化は、従来の商品を中心とした物理的な新規性・必要性だけでは、無益な価格競争と正当な利益を損なう結果を招くものです。

　したがって昨今は、顧客本位の商品計画と顧客視点の販売展開を事業の基本戦略として、「顧客の満足」を提供する販売戦略が主流になっています。

　ですから、セールスマンの役割は、単なる「モノ売り」から顧客のニーズを具体的に調査分析して、活用方法や活用シーン（効果効用を得ている場面）を幾つも想定し、顧客が「活用するコト」を簡単に連想できる「コト売り」に転換することが求められています。

　コト売りへの転換は、顧客目線による新たな活用提案を基調として、競合他社との差別化を図ると同時に、価格競争を排除しながら、付加価値販売による正当な利益をきちんと確保することを意味します。

◇成果や行動の差異分析が新たな行動の始まり
　差異分析というのは、日々の行動計画と実績の差異を分析することをいい、この差異分析の活用によって、販売戦略を含めて、他社との競合に打ち勝つ、次の一手に磨きをかけるのです。

　この販売活動の成果や行動の分析の目的は、販売の競争要素（売り込むべきすべての事柄）をいかにして充実するか、市場の変化や他社との競合から生じ

る販売のリスク（販売活動の阻害要因）をいかにして排除するか、を浮き彫りにすることにあります。

　この調査や分析では、前述した行動パターンに基づいて、販売の戦略や戦術の設定によるアプローチ方法、弾づくりとしての商品やシステムについて、計画項目と内容、活動項目と時間軸・期待値などとの差異分析を行い、評価と原因を明確にします。

　具体的には、競合他社との比較により、シェアやポジション（取引高順位）、アプローチ方法や商品の競争力など、標的市場の競合状況を十分に把握し、その分析をします。

　次の一手を繰り出すためには、競合状況や特定顧客の商談の進捗状況などを常に分析して評価したうえで、見直し・修正を行い、新たな活動を素早く実行して、競合他社より優位なアプローチを展開することが必要なのです。

◇分析の重要性を認識し科学的な思考で行動しよう

　昨今、デジタル技術やIT化社会の進展に伴い、商品の多様化、マーケティング手法や販売方法の変革などが進み、生活スタイルやビジネススタイルが大きく変化していますが、変化のスピードも著しくなっています。

　この変化の激しい販売環境や、変化する販売の競争要素に対処するためには、変化を恐れないことはもちろん、むしろ変化を上手に利用した対応が求められます。

　販売の戦略・戦術の立案は、まず自分の思いを紙に描くことから始めます。つまり、販売目標や成果の状態を紙に描くことによって、自分の思いを実績と対比する鏡とするためです。

　個別顧客の攻略やアプローチ方法を設定するにあたっては、「説得の技術」や顧客の心を洞察するための「行動科学」などをもとにして、商談要件や具体的な活動項目を事前にきちんと準備しておくことが必要です。

　これは、セールスマンのなすべき必須事項といえます。

　また、対象市場や標的市場をマーケティング手法や、ベンチマークテスト（競争要素の分析）などを戦略的に活用して分析し、「デジタル型の販売展開」を果敢に実行しましょう。これによって、意識的に思考と行動の転換を図るのです。

　セールスマンは、"百星の明は一月の光に如かず"の諺のように、常に輝く個人とするために、日頃の活動を通じて、大いに自分を変革することが求められていることを認識してください。

2 自分の標的市場を明確にしよう

Point
- 販売は、セールスマンの思いとやる気で決まるものです。
- 販売目標の設定と攻略方法には、主体性が求められています。それ故に販売戦略や戦術は、自分で検証して具体的に明確化することが大切です。
- セールスマンは、自ら販売活動のベースをしっかりとつくらなければなりません。

◇成果の良し悪しよりも過程を大事にしよう

　セールスマンの日常活動は、見込み客との商談では競争他社との戦いの連続です。また、定常的な得意先や取引先との商談でも、常に競合関係の中で優勝劣敗が繰り返されています。販売合戦に打ち勝ち、勝ち続ける方法がほしいところです。

　セールスマンの多くは、販売地域を基準として販売ルートや業種別にテリトリー（販売対象領域）が設定され、その中で商品別の担当が組織化されているのが通例です。したがって、日常的な販売活動は、販売部門の戦略や戦術に基づいて、組織要員としての義務感やノルマ（販売計画の割当て）の達成が活動の目的になります。

　そのために、セールスマンの主体性は、結果としてのスコア（販売実績）が優先して、成果の獲得に至るプロセス（販売の活動過程）の評価ができにくい状況になりがちです。

　販売活動は、結果の良し悪しが自明のものとして、わかりやすく評価されるところがありますが、セールスマンにとっては、自らの主体性や販売活動の継続性を確かなものにするための販売戦略・戦術の立案や、その実行過程が最も大事なことです。

◇販売計画の実現に貢献して存在感を示そう

　もっとも、販売事業の推進部門や販売支援のスタッフは、事業単位や商品別の単位に組織化されているため、販売計画や販売費用が商品別に固定されることになっています。

　販売組織を運営するうえでは、組織のミッション（使命）として商品を主管する組織と、対象市場への販売組織が常に交錯する状態が生じるので、いつもセールスマンが悩ましく思うところです。

　とはいえ、販売の統括責任者は、商品単位の販売計画をきちんと実現することがメインのミッションですから、そうした状態から抜け出せない状況にある

場合は、販売活動の中心が「まず商品ありき」として、セールスマンを闇雲に担当地域を走りまわらせることになりかねません。

存在感溢れるセールスマンは、自ら標的市場を決定し、具体的な販売方法を計画するとともに、対象顧客へ売り込むべき最適な商品やサービスを選んで活動します。逆に、注文の取れないセールスマンや、売上予算が未達の部門は、なんとも寂しく、お互いに憂いが漂う厳しい状況になりがちです。

しかし、そうした状況のなかでも、セールスマンの主要な仕事は、所属部門の販売計画(売上予算)に基づく自己の売上予算を達成することだということをしっかり押さえて、部門の販売計画の実現に貢献して存在感を示すようアピールしたいものです。

◇セールスマンの憂鬱を二つの事例でみると

セールスマンの憂鬱は、どこの職場でもよく見かけます。二つの事例でみてみましょう。

(1) 見込み客の評価が自分でできない事例

5人の部下をもつA主任は、某電気メーカーのコンピュータシステムを販売する部門で、地方銀行への売り込み活動を担当しています。A主任は、全国にある支店の販売部門と連携して個々の銀行と商談を行い、地銀グループの売上予算を達成する責任者でもあります。

A主任は、技術部門のSEを活用して毎日夜遅くまで、商談のための「提案書」づくりなどに努力していますが、売上見込みと実績との差異は惨憺たる状況でした。そんなある日、朝礼が終わった後、A主任はC部長から「なぜ、こんなに見込み違いが出るのかね」と聞かれたのです。

A主任は、「支店からの情報で作戦を立てて、きちんと対応しているんですが、アプローチのタイミングが十分に掴めないんです。いつも商談が後手に回ってしまうんです」と応えたところ、C部長から即座に「A主任、それは進捗管理ができていないんだ。見込み客の評価は自分でするもんだよ」と言葉が返ってきました。

「はい…」といったA主任は、「何せ全国の支店が相手では、全部が有望な見込み物件だからな…」と独り呟くのでした。

隣の席で聞いていた保険業界担当のM主任は「担当市場は自分でみえるようにしなければ、勝ち負けはわからないもんだよ」とアドバイスをくれたのですが。

…A主任は、今日もまた、C部長から厳しい叱責を受けています。

(2) 経験のない土地で広い地域を移動して商談する事例

家電商品の卸販売会社でルートセールスを担当するK君は、入社5年目で千葉支店に転勤しました。それ以前は、担当地域の家電量販店や町の電気店を計

画的に訪問し、積極的な商談をしていたのですが、いつもながら計画の未達成が続き、意気消沈の状況にありました。

　転勤と同時に千葉県南部にあるN町の電気店35店ほどがK君のテリトリーでしたが、支店からは大変遠く、移動時間に往復5時間も要する有様でした。

　K君は、経験のない土地で広い地域を移動する商談に、大きな不安を抱いていましたが、不安の払拭と汚名挽回を密かに期しています。

　そこで、担当地域を理解するために、訪問ルートや他社との取引状況、販売店の売上スケール等を調べてみました。結果をみてK君はビックリしました。従来から訪問頻度は他社の半分、各店の店内シェアは一桁でバラついているではありませんか。

　早速K君は、「こんな状況では最初から負けですよ」とT主任に報告しました。しかしT主任に「だから君に頼むんだ。今度は頑張ってくれよ」といわれたK君は愕然としたのでした。

　心機一点、気を取り直したK君は憤然としながらも、訪問先の取引店台帳をつくるかたわら、白紙の縮尺地図に自分のルートマップをつくり販売活動を開始したのです。

◇**見込み客を戦略的に探索するには**

　セールスマンが自分の対象市場にアプローチしたり、商談を仕掛ける場合には、その活動や行動が次なる販売活動に波及的効果を生み、効率的な販売活動が展開できる状態をつくることが重要です。

　現在もっている対象市場の中で、販売活動を展開しているだけでは、熾烈な販売競争に巻き込まれ、単なる顧客管理に終始しているにすぎません。訪問販売では、対象市場の中で安定的に受注を確保するため、セールスマンは常に潜在的ニーズを顕在化して、新たな「見込み客をつくり出す活動」が求められるのです。

　ルートセールスでは、自分のテリトリーの中で取引高を継続的に拡大するために、既存取引店の品揃えを拡充し、店内シェアの拡大を図るととともに、常に担当地域のチャネル販売力を増強して、自社商品の「シェアを伸ばす活動」が主要なミッションです。

　セールスマンは、新しいテリトリーや得意先が与えられると、一時は喜んだり落胆したりで大騒ぎとなります。しかし、志のあるセールスマンなら、前任者からの引継ぎを受けたあと、新たな対象市場に向けて自分の戦略目標をつくり、冷静にして着実な実行計画を立てて、具体的な行動を起こすものです。

　戦いの世界は、何事も"敵を知り、己を知らば百戦危うからず"ですが、毎

【図表2　標的市場の階層的三角形】

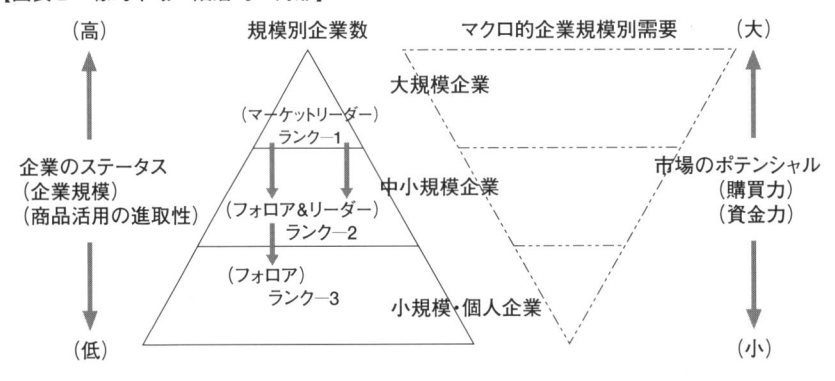

（高）　規模別企業数　　マクロ的企業規模別需要　（大）

企業のステータス
（企業規模）
（商品活用の進取性）

（マーケットリーダー）ランク－1
（フォロア＆リーダー）ランク－2
（フォロア）ランク－3

大規模企業
中小規模企業
小規模・個人企業

市場のポテンシャル
（購買力）
（資金力）

（低）　　　　　　　　　　　　　　　　（小）

実行レベルの階層的三角形（標的市場）

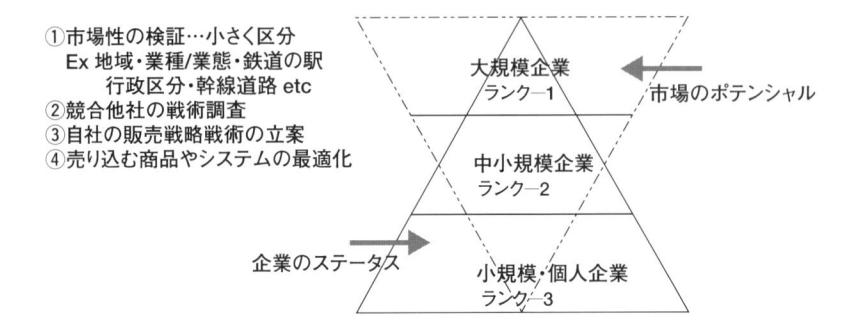

①市場性の検証…小さく区分
　Ex 地域・業種/業態・鉄道の駅
　　　行政区分・幹線道路 etc
②競合他社の戦術調査
③自社の販売戦略戦術の立案
④売り込む商品やシステムの最適化

大規模企業　ランク－1　← 市場のポテンシャル
中小規模企業　ランク－2
企業のステータス →　小規模・個人企業　ランク－3

日が戦いの連続である販売の世界でも、同様に常に戦いに勝利することが求められていることには変わりありません。

◇**小さな階層的三角形を活用して標的市場を鮮明にしよう**

　戦士としてのセールスマンは、まず自分の対象市場を細かく分析して、誰よりも深く知らねばなりません。

　対象市場の分析は、生産財や消費財などの商品特性を考慮して、顧客の企業規模や商品活用の進取性、商品の取扱量等により、テリトリー内のすべての対象顧客を階層的に区分することから始めます。

　対象顧客の階層的区分は、結果として必ず三角形を形成したものとなります。対象市場をさらに深く知るためには、顧客の状況を詳しく理解するために、この「階層的三角形」をより小さく区分して、分析することが必要となります。

　「階層的三角形」による市場の探索は、①業種、業態別、②取扱商品別、③

流通経路別、④年商規模別、⑤地域別（行政区分、戦略重点地区、道路・鉄道など）のような基準により区分し、分析するのがよいと思います。

自分の対象市場をこれらの基準要素を2～3組み合わせて、階層的三角形をつくってみると理解できます。結果として、図表2のような三角形が描けます。

階層的三角形の形成は、一般的に売り込むマーケット（対象市場）の需要として、商品の活用面と量的規模が決定されていない後発型マーケットで顕著なものになります。

一方、商品の活用面と量的規模がすでに決定している先発型のマーケットでは、顧客の購入動機や効果効用、その評価に対して、顧客固有の特異性がある場合には、必ずしも三角形を形成しません。しかし、活用面での評価が分かれても、自社商品やシステムの望ましい活用方法が理解され決定していれば、階層的三角形は形成されます。

図表2のように分析区分された階層的マーケットでは、商品やシステムの活用方法や、購入規模の大きさ、さらには活用に対する考え方や進取性などによって、リーダーとフォロアの関係が必然的に生まれます。

◇標的市場のリーダーを狙おう

分析し区分された階層的市場では、売り込むべき市場の中で、商品の特性によって、活用面での進取性や取扱商品の量的規模等により、「リーダーとフォロアの関係」を必然的に見つけ出すことができます。

図表2のように階層的市場の中のリーダーは、フォロアに対して、大変大きな影響力を保持しています。

セールスマンは、自らつくった階層的三角形を活用して、最も高いポテンシャルをもっている「ランク－1」の顧客市場を計画的に攻略すればよいのです。その攻略では、対象市場の中のリーダーとフォロアとの関係と影響力とを常に把握し、いかにしてマーケットリーダーを自社のファンに取り込むかが鍵となります。

市場のポテンシャルは、取扱商品の特性等により質や量の規模の面から分析・評価すると、階層的三角形でつくられた対象市場に対して、図表2のように逆三角形の関係となります。この関係は、対象市場の導入活用台数や商品の販売量などを調査し、分析するとよくわかります。

したがって、セールスマンの販売戦略は、標的市場としての購買動向、購買力、企業規模などをもとにして、担当市場のすべての顧客を基準要素で区分し、階層的三角形をつくりながら、自らの標的市場を決定するところから始まることを銘記してください。

3 販売戦略を具体的に定量化しよう

Point

- 予算や数字ありきは、「たかが予算」として主体性のないものです。「されど予算」とするためには、自ら販売の行動パターンを変革して、市場攻略の戦略や戦術を決定することが基本です。
- 予算や販売目標は、自分の販売戦略を具体的に数値化したものであり、戦略の定量化が予算となるものです。

◇ "はじめに数字ありき" の販売予算はトップダウンで決定される

　販売部門や支店の現場では、期の始まりやキャンペーンのスタートダッシュ等にしばしばキックオフ大会が行われます。支店長や会社の幹部が居並ぶ前で、セールスマンが自分の販売目標をノルマとして、「目標必達！」「頑張るぞ！」などと大きな声で宣誓し、自らを鼓舞している光景が演出されます。

　販売部門の関心事は、「予算と商品と人事」が常です。販売部門における予算の執行は、事業の好調不調を問わず、セールスの勝者も敗者にも一様に事業計画部門から示達され、まずは「数字ありき」でスタートします。

　この事業予算は、会社の目標や事業展開の中期計画などを基調として、予算数値が策定されますが、販売部門における単年度の予算数値は、概括的には生産部門の事業計画を基本として、商品やシステムの生産計画、市場の需要動向、自社のあるべきシェア目標等によって、トップダウンで決定されます。

◇ 他人がつくった販売目標は大変辛いものなり

　販売部門の予算編成では、計画部門のスタッフが商品単位の事業予算を商品の販売政策や対応制度などをもとに策定し直して、受注予算や売上予算に置き換えます。

　この受注・売上予算は、販売の事業担当部門から市場対応の販売部門に示達され、相互に"喧喧諤諤"の議論がなされるところとなります。しかし、商品主体の販売部門では、会社の経営方針や事業部門の生産計画などが優先的に支配されることによって、受注計画や売上予算も確定する状態となってしまいます。結果として、販売予算は、「与えられるもの」であり、販売部門においては、主体性が失われるという認識をされがちです。

　そして、与えられた予算は「部門のノルマ」として受け取り、担当地域の中

で、商品別や取引先別、顧客別に配分されます。これが「組織要員の義務として予算化」され、セールスマン個人の１年間の活動目標となります。

これは、多くのセールスマンにとっては辛いものです。

◇予算は「会社との約束ゴト」である

しかしながら、予算というものは、会社の経営方針や事業の目的をきちんと実現する「会社との約束ゴト」です。仕事のノルマは、「自分ゴト」として受け止めるべきなのですが、「他人ゴト」になりやすいのです。

こんな事例があります。

事務所の喫煙室で、予算のことをルートセールス担当のＤ君とＧ君が話をしています。

「今日課長から、来月の売上を5,000万円つくるようにいわれて困っている」というＤ君に、Ｇ君が「頑張りますっていっておけば大丈夫だよ。そのうち忘れちゃうよ」と応えました。しかし、Ｄ君が心配そうに「先月の未達分もあるし、また怒鳴られるからな…」といい、続けて「販売店には在庫もあるし、今月頑張るとまた在庫が増えるんだ」。

「予算は課長が勝手に受けたんだよ。君のも課長が勝手に決めたんだから、全部課長の責任だよ」とＧ君。

しかし、Ｄ君はスッキリしないまま、席に戻りました。

次は、公立高校にパソコンを売り込む、いわゆる学校物件を担当する２人の主任の事例です。Ｓ主任は埼玉県の地域を担当、Ｔ主任は神奈川県を担当していますが、２人の主任は大変対照的な販売活動を展開しています。

Ｓ主任は、埼玉地域を担当した時点から、地場で事務機器を扱う販売会社と提携して、県内の学校を市町村別にドア・ツー・ドアで個別訪問を行い、販売会社と大きな信頼関係を築いてきました。またＳ主任は、パソコンのメーカーであるＮ社の埼玉支社の担当部門とも連動し、展示ショウルームの利用やパソコンの講習会等、販売促進の環境づくりを行う一方で、県庁の担当部局を定期的に訪問し、「パソコンの教育システム」の説明や関連情報の提供に多くの時間を割いていました。

しかしながら、受注の成果はなかなかあがりません。

「どんなに活動しても、売上がなければ評価はゼロだよ」というＫ支店長に、Ｓ主任は「私一人では力不足ですので、提携販売で芋づる式の受注を考えて動いています、来月からは予算が確保できますよ」と答えたのでした。

一方、神奈川地域を担当しているＴ主任は、市や町の教育委員会を訪問しな

【図表3　行動パターンの変革】

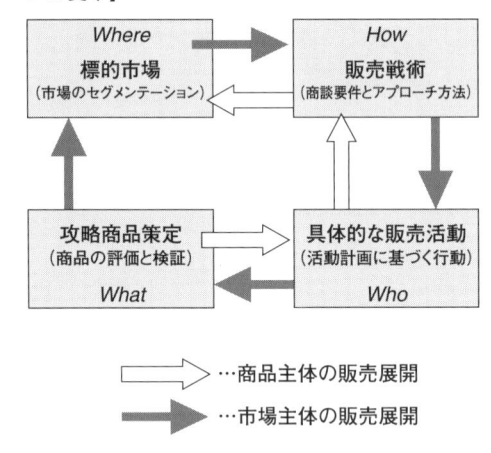

```
    Where              How
   標的市場    →      販売戦術
(市場のセグメンテーション) ← (商談要件とアプローチ方法)
    ↑                  ↓
  攻略商品策定  →    具体的な販売活動
(商品の評価と検証) ← (活動計画に基づく行動)
    What              Who
```

⇨　…商品主体の販売展開
⬛▶　…市場主体の販売展開

がら、パソコン導入の予算が決まった学校を訪問して商談していますが、ほとんどの商談がF社やI社との厳しい価格競争の中で、敗戦を重ねていました。

　F支店長が「導入予算がついた学校は、競争になるのは当たり前だよ。なぜ君のペースで提案したり商談することができないのか」というのに対して、T主任は「価格を何とかしてください、実績をつくりたいんです」と答えました。その後も、メーカーのN社とも競合が続き、成果は散々な結果となっています。

　仕事のノルマは「他人ゴト」に陥りやすいものです。予算や目標の実現性は、自分で冷静に分析して評価することにより、「自分ゴト」に置き換えることが大切です。

◇単なるモノ売りのセールスマンは迷える子羊になる

　会社の運営組織は、業務機能と対応範囲を定義して、業務単位で縦割りの組織体系をとっています。販売部門の組織は、扱い商品が限定されている場合には、対象市場別に組織化して、流通経路別や業種別、対象顧客の規模別などにより、運営されています。しかし、商品群が多岐にわたる場合は、取引先や対象顧客にわかりやすくするため、また扱い商品の事業責任を明確にするために、商品主体の販売組織として運営されています。

　このように、販売部門は、事業単位や商品単位で組織が構成され、対象市場が形成されます。したがって、図表3のように、セールスマンの行動パターンは、概略次のようになります。

　「行動パターン」　　What- Who-How-Where

　上記のパターンによるセールスマンの行動は、商品のライフサイクルによっ

て活動が左右されるため、戦略的な販売展開が継続できにくいのです。また商品主体の販売活動は、技術や活用の進展に伴い、扱い商品の不明瞭化を生み、商品の対象市場が輻輳して、標的市場が不明確になります。

このため、大半のセールスマンは、商品のカタログと価格表だけを抱えて元気よく飛び出しても、"行き先不明の迷える子羊"となり、単なるモノの運び屋になってしまうのです。

◇「商品ありき」から「はじめに市場ありき」に活動は変革

存在感溢れるセールスマンは、担当地域の中で、扱い商品の効果効用や楽しみを顧客の利益として、市場の探索を行い、まず「標的市場（Where）」を区分します。

また標的市場へアプローチするためには、「販売方法を（How）」策定して具体的な活動項目とスケジュールを決定します。

さらに「アプローチの実行者（Who）」を決定して、関連組織の活用や販売チャネルをアサインし、自らの販売力の強化を図ります。

そして、これらの販売戦略と戦術に「商品（What）」を適合させる活動を行うのです。

◇行動パターンの変革が戦略を定量化する

このような一連の活動により、セールスマンの行動パターンは、次のように変化します。

　　「戦略的行動パターン」　　Where－Hou－Who－What

行動パターンの変革は、次のような大きな利点をもたらします。

(1)　担当地域の標的市場が明確になるので、個々の顧客がよくみえる。
(2)　競合他社の情報が把握できるので、競合相手が鮮明になる。
(3)　階層的三角形の市場区分により、攻略方法が立てやすくなる。
(4)　標的市場が決まっているので、ニーズに適合した商品提案ができる。

つまり、このセールスマンの行動変革が生み出す大きな利点は、①対象市場の需要見込みを容易にするとともに、②担当セールスマンにとって競合排除の戦術などを織り込み、「（販売力×商品の競争力）×企画力＝販売量」として、受注や売上のスケールを定量的に計画することといえます。

このように、販売活動の基本は、訪問販売やチャネル経由のルートセールスにかかわらず、「はじめに市場ありき」を常識として、販売戦略を具体的に定量化し、予算を策定することに留意してください。

4 戦術の中心を「モノ売り」から「コト売り」に変えよう

Point

- ●販売は、「モノ売り」から「コト売り」に転換して、単に商品を売るのではなく、商品の活用から生まれる効果効用や個人の楽しみを売り込まなければなりません。
- ●セールスマンは、顧客のために役立つ情報や活用のノウハウを付加価値として提案し、価格競争を排除することで、競合他社との差別化を図り、正当な利益を獲得するようにします。

◇単なるモノ売りは無益な価格競争と大きな損失を招く

　多くの会社は、セールスマンの販売戦力を地域ベースに組織化して、活動しています。その場合の販売組織は、商品が主体の縦割り型が大半を占めていますから、商品主体の販売活動を第一義のミッションとして、自分の担当商品を専門に売り込むことがセールスマンの金科玉条になっています。

　もちろん、セールスマンとしても、担当商品を唯一の武器として販売戦術を考え、地域の対応市場に提案し商談を行っています。しかし、担当商品のみの商談は、商品固有の価格と性能機能とによって商品力が決定するため、多くの場合、厳しい価格競争を招きますし、正当な利益をも損なうのです。

　特に、同じような商品群を取り扱う販売では、対象市場に重複した販売展開がなされるため、自社内での販売部門間の競争を引き起こすだけではなく、販売の効率も大きく阻害されることになってしまいます。

◇活用提案が商品の付加価値と差別化を生む

　訪問販売の活動は、顧客との商談過程で必要性を喚起し、特定の顧客単位に商品やサービスの提案を行うことが、主体的な仕事になります。

　中でも、扱い商品が生産財や耐久消費財などの販売活動は、商品知識がいかに優れていても、多くの場合、対応する個別の顧客を説得し、購入の納得を得るまでには至らないものです。というのは、商品が発信するカタログ情報や商品開発のコンセプトなどが、顧客にとっていかに有益で、確かなものであるかを、提案して明確に説明することが求められているからです。

　ルートセールスでも、いつもながらの商談とはいえ、チャネルの利益を確保する売込みは、常に新規顧客への提案活動と商談の積み重ねがなければ、取引を拡大することはできません。

地域をベースとする販売活動は、訪問販売やルートセールスのいかんにかかわらず、同じ地域で、同じ商品を、同じ方法により、同じ価格とサービスをもって、競争他社との販売合戦が行われています。こういう状況下での販売活動では、従来の"三河屋さん方式の御用聞きセールス"は通用しません。

　セールスマンは、顧客の目線で商品の効果効用を明確にして、顧客に対して競合他社よりも早く商品の必要性と活用の提案を行い、相手の懐に飛び込むことがどうしても必要になります。

◇販売の関連情報が商品を差別化する

　こんな事例があります。

　家電卸の販売会社で秋葉原の量販店を担当しているM君は、年度末の3月に得意先のN販売店と小型冷蔵庫の商談を行いました。彼は、事前に店頭の表示価格や他社の提案価格をチェックし、上司と相談して仕入担当のNバイヤーに一括1,500台の取引条件を提示し、積極的な商談を行ったのです。

　「転勤や入学などの移動マーケット向けには、当社の小型冷蔵庫がどのお店でもよく売れるんですよ。この仕切価格なら十分利益が出せますよ」とT君が説明したのに対し、Tバイヤーは「韓国製はコンテナ単位で大変安いし、昨日はSメーカーからも、君の提案より安い値段の話があってねぇ。この価格では無理だよ」といいます。

　M君は「これはどこのお店でも同じ価格でお願いしていますので、御社だけ特別というわけには…。実売価格はいくらにするんですか」と切り返しましたが、Tバイヤーは「他の店より3,000円下げるつもりだよ、値入れはその線からだよ」と譲りません。

　価格交渉で頓挫したM君は、商談状況を上司に報告した。上司に同行を依頼し、再度商談に臨んだのです。Tバイヤーは、昨日と同じでした。M君の上司が説明した「お奨めの商品は、他社と違って自社製です。納期の指定ができますので倉庫要らずですよ。また、この商品は国内シェアが26％もあり、サービスが充実していますので、どのお店でも安心して売れるんですよ」。

　Tバイヤーは、上司の顔を見て頷いたのです。

　M君は、他社との差別化に気がつきました。

　冷蔵庫は、どのメーカーがつくっても、冷蔵庫です。他メーカーとの違いは、「どれだけ売りやすいか」「販売経費と利益率の優位性」「サービス体制からの安心や安全」など、商品に関する情報をきちんと提供するという「会社の総合力を提案する」ことです。これが商品提案による競合からの差別化の第一歩と

いうことを教える事例です。

◇**商品活用の効果効用が新たなニーズを堀り起こす**
　次は、商品活用メリットの説明の必要性を示す事例です。
　コンピュータを販売しているHデーラーのB君は、2年前にシステム部門から販売部門に異動し、中小の建設会社を担当していました。彼は、部内の販売会議に参加することが堪らなく嫌でした。というのは、セールスレポートの記入が不十分なために、大勢の前で課長にしばしば叱責されているからです。
課長「お客さんへの訪問目的が様子伺い、と書いてあるが、何事かね」
B君「コンピュータの内容は知っている限り十分説明したので、その後の状況を知るための訪問なんですが、駄目でしょうか」
課長「説明だけでは売れないよ。相手の必要性を引き出して、どれほどの効果があるかを説明し、納得させて次の行動をしなければ…君のは商談ではない」
課長「Pユーザーの事例を勉強して、共通点を探して説得することだよ」。
　B君は、どうやら次の訪問活動がわかった様子です。
　セールスマンは、いかにコンピュータの知識があっても、それだけでは顧客に興味をもたせて、必要性を喚起することはできません。相手に対しては、提案商品の効果効用を提示して、商品活用のメリットを明確に説明すると同時に、「例えば…、例えば…」を繰り返して、顧客にフィットする活用事例を証拠として出して、アプローチすることが必要です。

◇**顧客の立場で活用の効果や楽しみを提案しよう**
　さらに、商品活用の提案をした事例を紹介します。
　N社で小型コンピュータのチャネル販売を担当するS主任は、香港のデーラー・リクルートと併せて、モデルユーザーづくりのために1週間の海外出張に出ました。
　香港の駐在員と一緒に、マーケットリサーチを兼ねて日系企業を訪問し、コンピュータの説明をして廻るのです。最初に訪問した会社で、説明が終わったあと経理担当の部長さんから「事務処理制度を安定させて、早く日本に帰りたい」との悩みを聞きました。早速次の会社を訪問したとき、S主任は事務部門の責任者に話しかけました。「早く日本に帰る方法について一緒に考えてみませんか」というと、先方の相手は、ビックリして身を乗り出してきたのです。
　当時40社を超える香港の日系企業は、ジョブホッピング（賃金格差による転

【図表4　「モノ売り」から「コト売り」への転換】

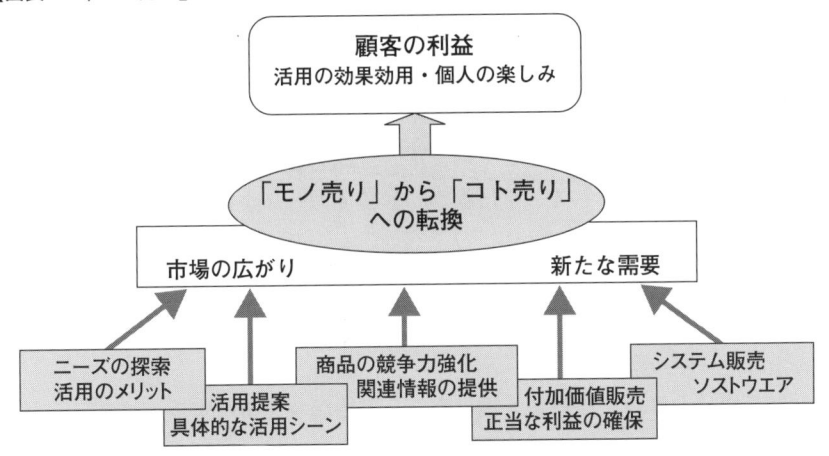

```
                    顧客の利益
              活用の効果効用・個人の楽しみ
                        ↑
            「モノ売り」から「コト売り」
                  への転換
         ↑              ↑              ↑
    市場の広がり                    新たな需要
    ↑       ↑        ↑        ↑        ↑
 ニーズの探索          商品の競争力強化            システム販売
 活用のメリット  活用提案  関連情報の提供  付加価値販売  ソフトウエア
         具体的な活用シーン        正当な利益の確保
```

職）により社員の定着率が悪化し、さらに事務の専門職が個別に賃上げを要求するなど、極めて不安定な状況にありました。

S主任は、オフィス用の小型コンピュータが「現状の事務の流れの中で、いかに身近で、役に立つものなのか」に加えて、「事務処理の手順さえわかれば、操作が簡単にできる」ことだけに注力し、アプローチしたのです。

S主任の第1回目の香港出張が終わる頃、ファスナーのY社、証券会社のD社やM社、エレベーターのC社等から再度の訪問を強く要請されたのを受け、その準備のために帰国しました。

間もなくして準備万端整えて、4社への2度目の訪問を行い、先方の事務処理を中心に説明会をしたところ、いずれも十分な理解と納得が得られたのです。

その後、Y社とは滞在中に商談を重ねて仮契約を行ったので、駐在員をビックリさせました。

この事例のように、セールスマンは、顧客や商談相手の関心や興味の中心がどこにあるものかを意識して対応し、相手の立場に立った「活用するコト」をベースとして、活用シーンや利益（効果効用や個人の楽しみ）を得ている状況などを明確に提案することが極めて重要です。

◇販売戦術の要諦は顧客の「活用するコト」が中心

通常、販売の対象市場を同じくする販売活動は、業界や扱い商品のいかんを問わず、必ず競争状態が生まれて、販売合戦やシェアの陣取り合戦になるものです。

多くのセールスマンは、与えられたカタログと価格表とによる商品主体のモノ売りで、販売競争の中に埋没して販売合戦の敗者となります。

知識を磨き知恵のあるセールスマンは、最寄品や買回り品の消費財、耐久消費財や生産財のいかんを問わず、扱い商品に必要な情報を付加して、常に他社との差別化を行いながら、他社に優位する商品として商談を勝ち抜いています。
　単機能の商品といえども、関連知識や活用情報などにより、扱い商品に付加価値と競争力をもたせて販売しています。特に耐久消費財や生産財への対応は、顧客固有の必要性に対して、常に顧客の目線でニーズを指摘することがポイントです。
　前述した事例のように、自らニーズに基づく標的市場をつくることが、販売戦術展開上不可欠になっています。

◇「コト売り」は新たな需要を掘り起こし価格競争を排除する
　セールスマンは常に顧客の目線に立って、自分の扱い商品やシステムを「活用するコト」の状態をいくつも想定して、顧客が満足する効果効用や個人の楽しみを「コト売り」として提案することが重要です。
　「コト売り」の戦術展開は、自分が売り込むべき商品やシステムについて、図柄やパネルを利用して、活用しているシーン「活用するコト」を顧客がみてわかる提案方法に変えることがポイントなのです。
　「コト売り」では、商品の活用方法によって、新しい個人のライフスタイルやビジネススタイルなどをつくり出すため、①関連する他の商品との併売や他社とのアライアンス（販売提携）などを含めてタイアップしたセット販売、②さらにはソフトウエアを含めたシステム販売などが狙い目となります。
　要するに、図表4で示したとおり、セールスマンは販売戦術を「モノ売り」から「コト売り」にシフトすることによって、自分だけの標的市場を確かなものとして、対象市場の広がりと新たな需要を掘り起すことができれば、価格競合も排除することができることに留意してください。

◇「コト売り」の必要条件は
　「コト売り」は、訪問販売やルートセールスにかかわらず、次の事項が必要条件です。
(1)　顧客管理と分析を行い、活用事例や顧客の楽しみを知る努力を継続する。
(2)　自分の眼で対象市場を確認して、常に市況と戦術の整合をはかる。
(3)　顧客や販売店からの要望や意見を聞き取り、十分に理解する。
(4)　商品の効果効用や楽しみを、必要な顧客や販売店に必要なだけ提案する。

5 自分が売り込む「モノやコト」を分析しよう

Point

- 他社との差別化は、販売の競争要素をよく理解することです。
- 販売活動は、会社と会社の取引であり、会社の総合力に基づく信用を売り込むことです。
- 信用を支える要素は、セールスマンの日頃の具体的な活動です。セールスマンは、商品を売り込む前に、まず自分自身を売り込むことです。

◇**商品だけが売りものではない**

　セールスマンは、担当商品はいうに及ばず、扱い商品以外の事柄も含め、顧客に売り込むべきものを数多くもっています。

　販売の局面になると、「性能が悪いから…」「機能は優れているのに…」「値段は安いけど…」など、売れない理由を扱い商品に転化する決り文句をしばしば耳にします。

　こうした場面では、決められた担当商品を決められた方法で売り込むことに専念するあまり、自分の成果に妥協して、その場凌ぎの言い訳に終始します。このようなセールスマンは、仕事の資質に欠ける"二流のセールスマン"といってよいでしょう。

　日常の商談活動や、対象市場の販売活動は、単に「商品を売る」ことだけではなりたちません。

　セールスマンが特定の顧客や、自分の標的市場に売り込むべきものは、次のようなものがあります。

(1) 「会社の信頼性」「組織の対応力」「取引制度の有効性」などの企業文化
(2) 「サービス・サポートの利便性」「情報提供の継続性」「販売施策の有益性」「商品の優位性」など、扱い商品に関わる事柄。
(3) 「提案活動の新規性」「セールスマン固有の人間性」や「個人の資質」等、『自分自身』そのものであり、個人の信用に関する大切な事柄。

　これらの大切な事柄は、セールスマンが日頃から売り込むべきものですから、商品を売り込む前に、自分自身を売り込むと同時に、これらの事柄を顧客にきちんと説明して、他社との違いを鮮明にすることが大変重要なことを再認識してください。

◇すべての競争要素を売り込むセールスマンは社長の代理

　商談は、他社との差別化に極めて重要な要素となるものです。というのも、他社との差別化は、大多数のセールスマンにとって、同じ地域で、同じような商品の商談を勝ち取るために、厳しい競合の中で優位に戦えるための固有の戦術になるからです。

　ですから、セールスマンは、常に変化する販売の競争要素（セールスマンが売り込めるすべてのモノやコト）を、自分で意識して、自分だけが売り込める商品として磨きを掛けなければなりません。

　他社との差別化は、広告宣伝活動でも重要な要素で、いろいろなメディアを通じて社会性や必要性・新規性などを加えて、対象市場に売り込まれています。

　したがって、セールスマンには、広告宣伝活動を含めて、対象市場に販売の競争要素を売り込む「社長の代理」として、顧客や対象市場から期待されていることにほかなりません。

◇一流のセールスマンは自社の総合力を売り込む

　初歩的な販売活動では、担当商品の付加価値と、商品の競争力とによる売り込みが一般的に行われています。

　しかし、販売競争を優位に勝ち抜くためには、売り込むべき「モノやコト」を競争他社に勝る販売の競争要素として、顧客との日頃の面談や商談活動を通じて、必要な人に必要なだけ的確に提供することが重要です。（図表6参照）

　会社を代表するセールスマンは、担当商品の商品力「品モノ」の訴求はもとより、個別顧客の必要性に対する活用シーン「活用するコト」を幅広く提案しなければなりません。商品の活用から生まれる効果効用や個人の楽しみ「顧客の利益」を明確にすることが求められています。

　また、日頃の販売活動を通じて、自分自身はもとより、販売の競争要素をきちんと売り込み、顧客や商談の相手から選ばれる「信頼されるコト」の構築が強く望まれます。

　これらの事柄に自ら総合的に対応してこそ、一流のセールスマンといえるのです。

◇プロポーザルそのものが「コト売り」の商品

　こんな事例があります。

　家電卸の販売会社で量販店のR社を担当するY主任は、家庭用ファックスの取引量の拡大を意図して積極的にアプローチをかけていました。

そんなあるとき、仕入担当のＨ部長に面談の機会が巡ってきたのです。Ｙ主任は、Ｓ支店長に同行を依頼し、勇躍Ｈ部長に面談しました。
　Ｙ主任は「バイヤーのＴさんとは３回ほど商談させていただきました。御社とはこのような取組みをお願いしたいと思いますので…」といって、Ｈ部長に２枚の資料とカタログを提示。資料には、前期までの取引の実績推移、ファックスの商品紹介、今回の商談内容と今後の期待値が明示されていました。
　Ｈ部長「内容はＴ君から聞いている。会社としての対応がわからなければ安心できないし、継続は無理だよ」。
　Ｓ支店長「申し訳ありません。御社との御取組みについて再度ご提案致しますので、よろしくお願いします」とカバーしました。
　２人は、ほうほうの態で辞去しました。
　Ｓ支店長がＹ主任に「すぐにプロポーザルをつくりなさい。項目と内容はこのように」といって、次のような指示を出しました。
(1)　日頃の取引に対する御礼と、会社としての今後の取組みに関する決意。
(2)　過去の取引状況の図示と、両社における具体的な成果の分析。
(3)　わかりやすい商品紹介と商品計画。
(4)　Ｒ社のセルアウトを支援する当社の具体的な販売支援機能関連図。
(5)　Ｒ社に対する販売促進の支援策と、具体的な取組み目標の提示。
　プロポーザル（個別顧客への提案書）は、「会社と会社の約束ゴト」であり、顧客企業に対して、他社との差別化を明確にするドキュメントとなるものです。
　つまり、プロポーザルは、セールスマン固有の商品であると同時に、会社を代表する重要な商品となることを銘記してください。

◇常に販売競争要素の強みと弱みを分析しよう

　従来から販売合戦では、地域の特定顧客への売込みや、対象市場における扱い商品のシェア拡大などで、競争他社との「有利・不利」が明確になったとき、前述した「自社の不足要素」「他社の優位要素」を比較して、少しでも販売に優位な要素を売り込みの戦術として戦っています。（図表６参照）
　一方、顧客や市場のニーズは、デジタル化の進展等により、技術革新やマーケティング手法の変革、さらには業際化の進展による販売ルート・チャネルの変化等、販売の競争要素が大きく変化し、そのスピードが著しく速くなってきています。
　このような市場環境の中では、自社の販売活動が常に優位に展開するとは限りません。また、販売の競争要素のすべてを、競争優位に整えることは、大変

困難なことです。

といって、手をこまねいていても始まりません。セールスマンは、競争他社への優位性を常に確保するために、自分が売り込むべき「モノやコト」について、販売の競争要素としての「強み・弱み」を分析して、「強みを磨き、弱みを補完」しなければなりません。

◇多岐にわたる「モノやコト」を認識しよう

売り込むべき「モノやコト」の内容は、図表5のような項目になります。

【図表5 売り込むべき「モノやコト」】

項目	説明
(1) 自社の信頼性	会社の歴史、経営幹部の構成や経歴、技術領域と商品領域、売上高推移、取引先と得意先、工場や支店など。
(2) 組織の対応力	販売対応組織、商品対応組織、技術部門、生産部門等の組織機能、顧客との関連機能のわかりやすさなど。
(3) 取引制度の有効性	業務窓口組織、契約項目の運用方法、各種リベートの運用などの有効活用を分析。
(4) サービス・サポートの利便性	保守サービス拠点、サービスメニュー、サポート機能などによる安心、安全の訴求。
(5) 情報提供の継続性	商品や技術情報、市場情報、販売情報、活用事例等、他社を凌駕する鮮度の高い情報の継続的な提供力を分析する。
(6) 販売施策の有益性	セルアウトの拡販施策、セルインの各種報奨施策、プロモーションミックスによる販売促進活動など。
(7) 商品の優位性	売り込む商品の特徴を、可能な限り具体的に列挙する。特徴が何のために役立つか、利点になるかを明確にする。その利点が、どのような満足を顧客に提供できるかを分析する。
(8) 提案活動の積極性	創意工夫、合理化や効率化、改善活動など、個有のアイデアを具体的に分析する。
(9) 自分自身の人間性	自分がどのような人間なのか、人生哲学や性格、自分の社会性や信頼性、人脈など。
(10) 個人の資質	感受性(センス)、社交性、特技や趣味の領域、仕事の実績など。

このように、売り込める「モノやコト」は、販売合戦を前提として大変幅広く多岐にわたるものです。

【「モノやコト」の分析方法】

分析ステップ	例示
ステップ1	項目を具体的に表現する。 例えば、「当社の販売組織は、業種別に対応しています」
ステップ2	それが何の役に立つのかを具体的に表現する。 例えば、「そのため、業種や業界の改善点や課題がよくわかるんです」
ステップ3	顧客にとって、どのような効果効用があるかを具体的に表現する。 例えば「だから、お客様のプランを一緒に実現できますので、安心なんです」

【図表6　自分が売り込む「モノやコト」】

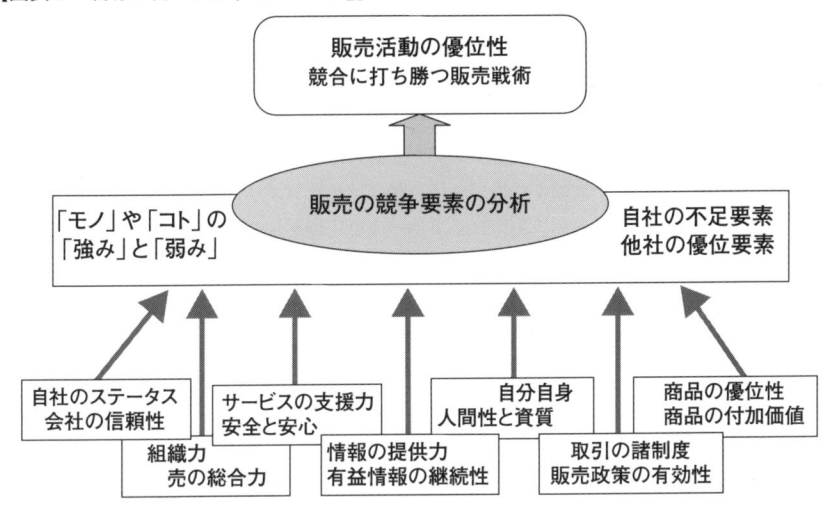

```
                    販売活動の優位性
                  競合に打ち勝つ販売戦術
                          ↑
                   販売の競争要素の分析
   「モノ」や「コト」の                      自社の不足要素
   「強み」と「弱み」                        他社の優位要素
         ↑    ↑       ↑      ↑       ↑    ↑
   自社のステータス  サービスの支援力   自分自身      商品の優位性
   会社の信頼性    安全と安心      人間性と資質    商品の付加価値
         組織力        情報の提供力      取引の諸制度
         売の総合力     有益情報の継続性   販売政策の有効性
```

◇すべての「モノやコト」を分析してセールスポイントに置き換えよう

　これらの「モノやコト」の分析方法は、前頁下の表のような手順になります。

　ステップ１～ステップ３の「…」を連続すると、一つのセールストークになります。例えば、「当社の販売組織は、業種別に対応していますので、業界企業の改善点や課題をよく理解しています。ですから、お客様のプランを一緒に実現できますので、安心なんです」。

　この分析方法は、「FABアプローチ」というものです（詳細は101頁参照）。

◇セールスポイントの多さが他社を差別化する第一歩

　セールスポイントは、セールスマンが売り込めるすべての「モノやコト」をきちんと分析して、セールストークに仕立て上げることです。

　セールスマンのなすべきことは、モノやコトの分析を通じて、自社の「強み」や「優位要素」をピックアップして、顧客や商談相手に対する有益性（お役立ちの要素）と、競合他社への相対的な優位性（他社を区別する要素）をより多く探し出すことです。

　自社の「弱み」や「不足要素」については、モノやコトを複合化したり、関連情報などを加えることによって、新たな付加価値と競争要素をつくり出すことができます。このような分析活動の中で、セールスポイントをできるだけ多くつくり出し、顧客や商談相手に対するアプローチの決め技とすることが、他社に優位する販売活動の第一歩になるのです。

6 行動や成果の差異分析をきちんと行おう

Point

- ●計画を立てる大切さと必要性は、誰でも認識していることですが、実績や成果の分析と評価は、なおざりにされがちです。
- ●販売活動では、実績や成果に対する分析と評価が、進歩を生む訓練になります。
- ●差異分析は、新たな行動と進歩をつくり出すベースになることを認識しなければなりません。

◇仕事は"段取り八分で仕事二分"

　旧来の販売活動は、人を対象とし、上手な話術や義理と人情による個人の技術が主流となっていました。これは、「俺についてこい」というアナログ型の勘と経験とど根性の世界です。いわば"化石スタイルの販売活動"です。

　この旧式の販売活動の成果は、活動過程が不明確になるため結果だけの評価となり、成功の要因や失敗の原因を分析することができません。そのために、セールスマンには生まれながらにして、向き不向きがあるといわれる所以でした。

　東京の優秀な大学を卒業して、某保険会社の事務部門に配属されたTさんが、あるとき課長から「君、アノ資料をもってきてくれ」といわれて、「はい、わかりました」といいながら、書庫まで"アノ資料"を取りに行ったという話があります。事程左様に、"飛脚の早とちり"は、その場限りで通用しても継続的には困難なことを例示しています。

　セールスマンの行動を、今流の科学的な販売活動に変えるには、販売を企画する段階から、データに基づいて販売目標を設定し、その目標を達成するための活動内容・時間軸の設定と、実行可能な具体的な行動計画が不可欠です。

　巷間、"仕事は、段取り八分で仕事二分"といわれています。これは、何事も、分析して計画することの重要さを意識させる言葉です。

◇行動の分析が販売戦術を拡大する

　セールスマンの行動は、先方への訪問面談が中心となるため、月単位の活動計画と実績との比率が平均50％内外になることが通例です。

　訪問販売では、70％を超える状態が一般的ですが、ルートセールスでは、40％程度になります。訪問販売では、特定顧客とのアポイントをベースに、当初の活動計画をなぞりながら行動するため、大きな差異は生じません。ルート

セールスでは、訪問・面談のほかに多くの担当販売店との関係（受発注の事務処理からクレーム処理に至るまで）が幅広く多岐にわたるために、スケジュールが大きく損なわれることになります。

いずれにしても、セールスマンの活動は、行動計画と実績が同じになることはありません。したがって、セールスマンは、これらの状況を前提に、計画と実績との差異を鮮明にして、「なすべき活動を素早く明確にする」ことが重要になってきています。

そのためには、計画と実績の差異を速やかに分析すると同時に、差異を少なくして、効率よく効果的な行動を行うために、活動計画表を月単位から週単位に置き換えることが必要となります。

週間活動計画表の作成と活用は、次のような利点があります。
(1) 活動目的が明確になり、行動が具体的になります。
(2) セールス日報で日次に消込みができるため、行動の差異が明確になります。
(3) 活動内容が早く評価できるので、戦術の反復活用が容易になります。
(4) 積残しや計画倒れを、自分自身にカムアップできます。

◇**行動の差異分析は自分に対する訓練である**

さらに、セールス日報を応用して、当日に明日の予定を記入し、実績を対比して「なぜか」を含めて報告すると、カムアップ機能も含まれることになります。

セールスマンにとって、これらのことをきちんと実行することは大変苦痛かもしれませんが、自分に対する訓練としてぜひやるべきことなのです。

◇**活動計画は自分自身に対する動機づけである**

販売活動は、相対的に「時間の自由」と、「行動の自由」があるため、セールスマンは自分を縛る活動計画がなければ、仕事をきちんと追いかけることができません。そこで、「自縄自縛」をするために、次のことを提案します。
(1) 部門長は、半期単位の活動計画を策定し、月次の実行計画で行動します。
(2) リーダーは、四半期単位に計画を立案し、旬単位の実行計画で行動します。
(3) セールスマンは、月単位の販売計画を、週単位でトレースします。
(4) セールスマンは、週単位の行動計画を、日次で行動を評価します。

◇**成果の差異分析は新たな行動の始まりである**

近年、デジタル化社会が到来する中で、技術革新や生活スタイルの変化などによって、顧客や対象市場への販売活動が大きく変化しています。激しく変化

する市場環境の中では、常に「リスク」が生じて、安定的な成果や実績を継続的に確保することが、大きな課題になっています。

　販売の「リスク」に対応するには、企画する段階から、阻害要因となるリスクを意識して織り込み、販売戦略を具体的に予算化し、自らの標的市場と担当商品について競合状況の把握と分析を行って、戦術としての攻略方法を立てなければなりません。

　訪問販売のセールスマンは、階層的三角形（18頁参照）により自らセグメントした、標的市場へのアプローチを戦略として掲げ、時間軸と具体的な活動内容を戦術として明確化し、競合要件を含めた実行可能な行動計画を作成する必要があります。

　ルートセールスでは、対象地域の「階層的三角形」の中で、戦略的に取引先や得意先を個別に選定して、期間内の戦略目標を策定すると同時に、時間軸と具体的な取組み活動を計画しなければなりません。

　特に、ルートセールスマンは、個別の取引先や得意先に対して、期間内の取組み方策について「会社と会社の約束ゴト」として、プロポーザルに基づき相互に整合をはかる活動が極めて重要です。

　販売活動の成果や実績は、セールスマン固有の販売の競争要素を、いかにして維持し強化するか、市場の変化や他社との競合から生じるリスクを、いかに排除するかにかかっています。

◇成果の分析は新たな戦術を生み出す基本活動である

　販売活動の成果の分析は、時間軸をベースとした具体的な活動項目と活動内容について、自らの計画との差異を比較し評価することにあります。

　訪問販売の成果の分析は、特定顧客との商談展開の進捗状況と商談計画との差異を分析して、戦術の評価と商談計画の修正を重ねて、戦術やアプローチの方法を見直すことによって具体的な活動項目と内容を設定し、必要な成果を獲得することにあります。

　ルートセールスでは、販売店固有のプロポーザルに基づいた販売活動をきちんと実行するとともに、取引要件や実売状況の変化などに伴う成果をきめ細かく分析し、常に成果目標との差異をチェックしながら、他社を凌駕する取引条件などにより、販売店の取組みを実現することにあります。

　このように、成果の差異分析は、自らの販売計画の遂行過程で、販売活動の成果目標に対して、成功の要因や失敗の原因が明確になるため、他社との競合に打ち勝つ「次の一手を鮮明にする」という基本活動に注目してください。

7 商談の成功と失敗を分析して反復活用しよう

Point

● 訪問や面談活動は、「確認の質問」を積極的に活用して、目的を達成し、成約に至る過程を確実にステップアップすることです。
● 販売活動は、事前の準備と結果との差異を分析して、成功の要因と失敗の原因を明確にすることが大事なことです。
● 成功した事柄はノウハウとして反復活用し、失敗した内容は改善して、試してみましょう。

◇二種類の商談活動を意識しよう

商談には、面談の目的別に二つの活動があります。訪問販売では、顧客との面談を積み重ねて契約に至るまでの過程で、それぞれの面談ごとに「面談の目的」をもっています。例えば、「ユーザー見学の約束をする」「説明会の日程を決める」などであります。これらの一つ一つを「商談」として意識し、顧客との間で「理解と同意」に基づく「約束」を獲得することです。

この「約束」は、顧客が購入に至る過程の中で、セールスマンが訪問面談を繰り返し、顧客や商談相手の納得と決断を支援する販売のプロセスです。

したがって、セールスマンは、面談の中で、顧客をさりげなく観察し、何回でもトライアルクローズ（受注の試み）を行い、「契約のチャンス」を逃さないことが肝心なことです。

もう一つは、顧客との面談の目的が「契約を獲得する」本来の商談として、顧客の納得と決断を促す活動です。

ルートセールスでは、店舗の巡回や販売拠点への訪問面談と、企業法人の仕入部門や店主との面談活動があります。商談の活動は、仕入部門や店主との面談によって、プロポーザルに基づく取組み課題や取引要件の折衝などが行われ、本来の商談場面が設定されますが、店舗や販売拠点への訪問面談の中でも、商談のチャンスが派生するので、常に「商談活動を意識する」ことが必要です。

この顧客との面談は、販売活動を進めるプロセスの中で、①顧客の理解と同意を獲得する商談と、②顧客が納得と行動を起こす商談という「二種類の商談」を常に意識して、目的の達成に励んでください。

◇商談の流れは意識的に顧客を主役にする

顧客との商談場面では、ややもすると持論や知ってる限りの知識をもって、

自分のペースで顧客を説得しがちです。

　そういうときの顧客は、納得した様子を見せるか、反論を考えているかのどちらかであり、決して同意するには至らないものです。

　こんな事例があります。

　あるとき、普通紙用ファックスの新発売に向けて、商品の展示と商談会を行いました。

　Y主任は、自分の取引先を集めて、商品の先進性と省スペースの効率を訴求する事前の説明会を開き、参加した各社のバイヤーから手応えを感じていました。K販売店との商談に臨んだとき、バイヤーのCさんから「この商品は、デザインが悪いし、他社に比べて大きく見えるので売りにくい」と指摘されたのです。Y主任は「そんなことはありませんよ。商品の上部が膨らんでいるだけですから」と応酬しましたが、その後もCさんと議論になり、結局は大きな商談を逃す結果となりました。

　商談は、「顧客の目線」が大切です。押しつけではなく「顧客の立場」で一緒に考えて、解決する姿勢が大切なポイントです。

　面談や商談は、常に「顧客が主役」であることを、忘れてはなりません。

◇商談の流れやペースは自分でつくろう

　セールスマンは、商談で、顧客に説明や説得をしたときなどには、「おわかりいただけましたでしょうか」「これでよろしいですか」等の「確認の質問」を必ず実行し、意識して「顧客中心の流れ」をつくることが大切です。

　商談は、顧客や商談相手の納得と決断を支援する活動であり、理解と同意を積み重ねて一点の疑念も残さないことが必要なのです。

　それというのも、販売活動の面談や商談では、顧客を中心とした内容や流れの中で、顧客の反論を未然に防ぐとともに、自分のペースを自分でつくらなければ、契約を獲得することができないからです。

　それ故に、セールスマンは、常に契約の獲得を頭に描き、競合を排除しながらアプローチの成果（約束）を重ねて、商談に勝利しなければなりません。商談に勝利すれば、それが大きな喜びとなってかえってくるのです。

◇事前の準備が商談の決め手なり

　訪問販売やルートセールスにかかわらず、販売活動として顧客を訪問するときは、きちんとした訪問目的と面談の要件をもっていることが通例です。といって、初回の訪問で商談を行っても、契約の成立に至ることはありません。

特に商談活動は、アプローチの過程で訪問面談の目的をクロージングに向けて、競合を排除しながら「顧客の理解と同意を積み重ねる」重要な販売のプロセスであり、最終的には、顧客に納得と行動を起こさせる"メインイベント"です。この点をふまえて、訪問面談に際しては、常に前回までのアプローチの成果をきちんと分析し、可能な限りの十分な準備と対応方法を整えなければなりません。

商談は、次の事柄を基準に分析して評価することができます。
(1) 顧客の立場で一緒に考え、解決のための相談や姿勢を確保したか。
(2) 顧客中心の内容や、商談の流れを自分のペースで進められたか。
(3) 確認の質問で反論を未然に克服し、理解と同意が得られたか。

◇訪問目的達成の積み重ねが商談展開を左右する

訪問販売では、見込み客への訪問目的を達成するために、図表7のような準備をするとよいと思います。

訪問面談に臨むときは、これらの資料を存分に活用してセールストークをつくり、「確認の質問」を行い、自分のペースをつくっておくことが必要です。つまり、いつでも契約のタイミングを計りながら、「確認の質問」を有効に活用して反論を克服しながら、商談を優位に行わなければなりません。

【図表7　準備すべき資料】

項目	説明
(1) 提案商品の関係資料	面談相手に合わせた説明資料
(2) 自社の紹介資料	技術力、業界専門ノウハウや取組み姿勢の説明
(3) アプローチブックと活用事例資料	顧客の業界固有の説明と証拠資料
(4) サポート・サービスの関係資料	顧客中心の機能関連図
(5) 顧客へのプロポーザル	前回までの内容を含めた最新の提案資料
(6) 契約書のサンプルと見積書	価格の提示と契約要件の関連資料
(7) 顧客固有の資料	商談目的の達成を計るインパクトの高い個別資料

◇ルートセールスの商談は他社を凌駕する速さが勝負

ルートセールスでは、取引先に対してはプロポーザルによる具体的な商談活動が、日常の訪問面談の目的になります。

それだけに、ルートセールスでは、他社との競合や販売状況の変化などによって、相互に取引要件が変化します。取引要件の変化を他社より速く"リスクやチャンス"として捉え、訪問面談と同時に、商談活動を展開しなければなりません。

いずれにしても、セールスマンは、訪問目的の明確化（商談、店舗巡回、施

【図表8　商談の成功と失敗の分析】

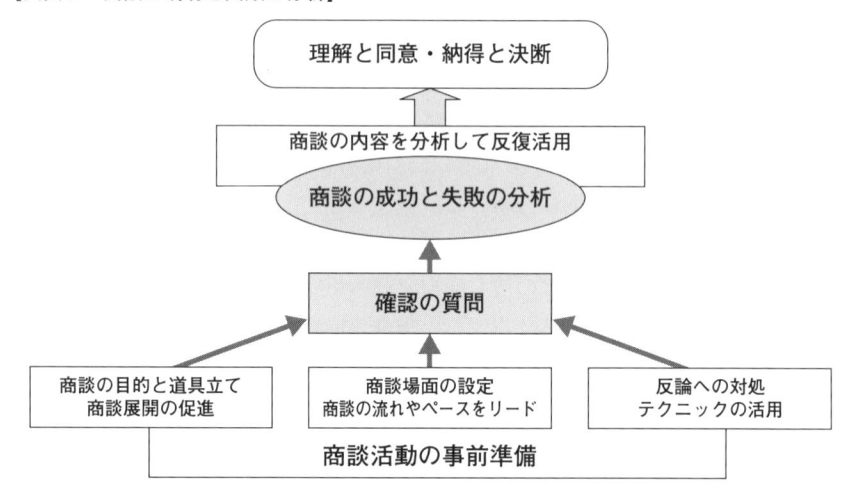

```
         ┌─────────────────────┐
         │ 理解と同意・納得と決断 │
         └──────────▲──────────┘
                    │
         ┌──────────┴──────────┐
         │ 商談の内容を分析して反復活用 │
         └─────────────────────┘
              商談の成功と失敗の分析
                    ▲
         ┌──────────┴──────────┐
         │      確認の質問      │
         └──────────────────────┘
          ▲          ▲          ▲
┌─────────┴──┐ ┌─────┴─────┐ ┌──┴─────────┐
│商談の目的と道具立て│ │商談場面の設定 │ │反論への対処 │
│商談展開の促進  │ │商談の流れやペースをリード│ │テクニックの活用│
└────────────┘ └───────────┘ └────────────┘
              商談活動の事前準備
```

策説明、情報提供、商品説明など）と、次の事項を事前に準備して、整えておく必要があります。

(1) 目的の達成要件と道具立てを整える

　商談メニューと取引条件、提案商品と拡販施策、成功事例と拡販ツールなど。

(2) 商談場面の環境を整える

　タイミング、時間と場所、キャスティング等。

(3) 予想される反論への対応策を整える

　商品市況、商品動向と販売方法、他社動向、取組み要件など。

◇**販売活動は分析して反復活用する過程である**

　セールスマンの商談は、販売形態や扱い商品の特性によって、タイミングや商談内容、活用資料などが大きく異なります。

　しかし、それぞれの訪問面談に必要な事前の準備と、訪問目的の達成状況や、商談の成功要因と失敗の原因について、自分で評価する基準をもつことの大切さは同じです。

　したがって、図表8に示すとおり、いずれのセールスマンも、面談や商談に対する「事前の準備」と「確認の質問」の有効活用などに基づいて、日常の面談活動や商談活動の成果を、意識して分析し評価することが欠かせません。

　そうした活動の結果、成功した事柄は自分のノウハウとして大いに反復活用し、失敗した事柄は原因を明確にしたうえで改善し、それを別の顧客や別な場面で反復活用して「ためしてみる」ようにしてください。

8 デジタル型の販売活動を意識的に進めよう

Point

- ●活動の起点は、データによる検証と理論に基づく説得方法によって、科学的な販売活動を展開することです。
- ●科学的な販売活動とは、各種の分析手法の活用と情報の武装化によって、デジタル型の販売活動を実行することです。
- ●セールスマンは、習得した知識を戦術に置き換え、実践の場面で意識して実行しなければなりません。

◇「やります、できます、…頑張ります」は通用しない

　徒弟制度で習得した販売方策や商談方法は、勘（K）と経験（K）とど根性（D）として、"販売のKKD"といわれています。さらにいえば、"土下座とハッタリ"そして、"義理と人情と浪花節"です。

　このような販売活動は、昔ながらの付き合いや、人脈によるセールスマンの"好き嫌い"など、個人の資質が優先するため、仕事の継続性を危うくする要因になります。

　販売の責任者が、セールスマンの売上実績や契約の見込みを検証し、進捗状況を確認するとき、多くのセールスマンが「やります、できます、大丈夫です」を連発するのが常です。ではどうするのか、と問えば「頑張ります」となります。頑張り方をさらに問えば、「何が何んでも、やるだけです」としか、答えられません。

　これでは、厳しい販売合戦に打ち勝ち、継続的に成果をあげることはできません。

　このような販売活動は、単なる結果の積み重ねとして終始し、商談の過程や契約に至るまでの活動方法を不明確なものにしています。もちろん、成果の分析や評価を困難にするとともに、コーチングによる販売戦術の相談も不十分なものになります。

◇セオリーやノウハウの体得がセールスをおもしろくする

　販売活動の展開は、①顧客ニーズの顕在化、②提案活動、③顧客の説得技術など、それぞれの活動で販売のノウハウがあります。

　顧客固有のニーズや対象市場のニーズの喚起は、商品の特性や活用の効果効用などを、戦略的なプロモーションミックス（販売活動と広告展開の連動）により、継続的に攻勢を仕掛けて、商品の「新しい需要をつくる」ことが基本です。

販売展開の活動は、日常的にプッシュ活動（販売活動によるニーズの押し込み）とプル活動（需要の掘り起こし）とをきちんと区別して計画し、販売活動として対象顧客に対する具体的なアプローチ活動が基本となります。
　商談を進める説得の技術は、セールスマンが「顧客が期待する満足」に「商品やサービスから得られる活用の効果や楽しみ」をわかりやすく説明し、相手に説得と納得の橋を架け「顧客の揺れ動く心を止める」ノウハウです。
　これらのセオリーやノウハウの習得は、セールスマンが販売活動を具体的に展開するうえで、必須の要件です。
　セオリーの活用は、顧客の心理や面談場面での行動などが予見できますから、「次の一手が楽しみ」となり、販売活動がおもしろくなります。
　販売を科学するセオリーの体得は、自らの変革をめざして、日頃の活動の中で意識して実行し、自分で無意識に実行できるまで、訓練しなければなりません。

◇ベンチマークテストで競争優位を確保しよう
　販売活動は、戦略的に設定した標的市場の中で、常に競争他社との戦いの連続です。
　セールスマンは、階層的三角形による自分のセールスマップを活用して、常に戦況の検証を行い、成果の分析とともに、活動目標の再設定と販売の競争要件を改善し、競合に打ち勝つための販売戦術を整えなければなりません。
　そのためには、ベンチマークテスト（競争要素の分析）の手法を活用し、標的市場における自社の相対的ポジション（取引高順位）と、個別敵対競合の勝ち負けなどについて、市況や競合の変化を見極めながら、優劣を分析する必要があります。
　なお、販売形態が異なる訪問販売とルートセールスでは、分析項目が大きく異なりますので、注意してください。

◇競争力の比較はデジタルに分析しよう
　販売の競争要素は、できる限り具体的に数値化して、デジタルに比較分析をすれば、競争他社との違いが明確になります。
　したがって、比較分析の対象項目の内容は、①数値や％、②時間や日数、③金額や台数、④店舗数や人数、⑤商品の種類や性能機能、⑥サービスメニューの種類や難易度などです。これらについて具体的に調べる必要があります。
　訪問販売における比較分析項目は、扱い商品の特性（生産財・耐久消費財）により図表9のような項目になります。

1 科学的な販売活動にチェンジしよう

【図表9　訪問販売におけるベンチマークテストの主要分析項目】

項　目	説　明
(1) 商品の開発力	ハードウェア、ソフトウェア、システム構築などの技術力。
(2) 販売の提案力	販売組織と対応機能、組織要員と専門ノウハウなど。
(3) 顧客支援の対応力	サービス・サポート体制と支援機能、支援拠点数と支援機能、メニューなど。
(4) 価格の競争力	コストパフォーマンス（性能価格比）、運用費用など。
(5) 顧客の満足度	顧客の目線を基準にした各種の評価項目など。
(6) その他	対象商品固有の競合分析項目。

　ルートセールスにおいては、図表10のような項目を比較して分析するとよいでしょう。

【図表10　ルートセールスにおけるベンチマークテストの主要分析項目】

項　目	説　明
[標的市場をベースに、エリアマーケティングの視点から比較分析項目を設定]	
(1) 対象販売店の売上高	既存店舗別売上推移
(2) 売り場面積	全体面積、フロア面積、商品別占有面積など。新規店舗の売上高など。
(3) 店舗要員	スタッフ、売り場店員数、商品別店員数など。
(4) 扱い商品構成	品揃え領域と商品展示数、商品展示方法の有効性など。
(5) 来店者へのサポート	駐車収容台数、子供の対応施設、レジ台数など。
(6) 販売促進政策	顧客維持、特売施策、サービスメニューなど。
(7) その他	既存店舗・新規店舗に関する分析項目。
[自社の商品力・価格競争力を視点とした比較分析項目]	
(1) 商品の生産ウェイト	対象商品の生産計画、出荷状況など。
(2) 商品の性能機能	価格帯別ラインナップ、競合状況、販売店別の重点取扱い品種などについて、ユーザー視点とメーカー視点から分析。
(3) 価格の競合	仕切価格、実売価格、特別価格について、発売時よりメーカーごとに時系列に把握し分析。
(4) 拡販施策	メーカーごとの施策、販売店固有の施策について個々に分析、広告やチラシの掲載率、マニュアルやカタログのみやすさなど。
(5) 販売状況	実売と在庫状況を週単位、月単位で時系列に把握して分析。
(6) 店員の資質	商品知識のレベルや販売技術のレベルを把握して分析。
(7) その他	関連項目を設定して比較分析を行う。

　ベンチマークテストは、活用目的に応じた分析項目を設定して、販売競合の優劣を客観的に測定し、戦力の過不足を見極めるのによい方法です。
　それぞれの分析内容は、できる限りデジタルに把握して測定し、具体的に比較検討ができる状態にすることが大変重要です。

◇学んで考え、意識して実践しよう
　昨今の厳しい販売合戦の中では、"販売のKKD"はいまや化石となり通用し

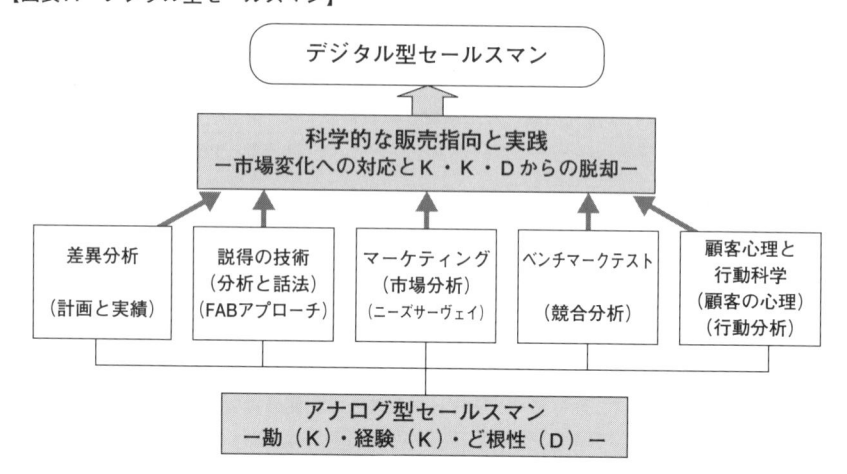

【図表11　デジタル型セールスマン】

```
                    デジタル型セールスマン
                            ↑
              科学的な販売指向と実践
              －市場変化への対応とK・K・Dからの脱却－
      ↑         ↑         ↑         ↑         ↑
   差異分析   説得の技術  マーケティング ベンチマークテスト 顧客心理と
  （計画と実績）（分析と話法）（市場分析）  （競合分析）   行動科学
             （FABアプローチ）（ニーズサーヴェイ）        （顧客の心理）
                                                    （行動分析）
              アナログ型セールスマン
              －勘（K）・経験（K）・ど根性（D）－
```

ないと述べました。

　いまや図表11で示すとおり、科学的な販売思考と実践が強く求められますから、セールスマンは、販売の専門職としてのマーケティング手法や説得の技術を学び、知識をきちんと習得しなければなりません。

　また、常に競争他社との競争優位（相対的な競争力）を確保するため、ベンチマークテスト等の分析手法を活用して、自ら意識して"デジタル型の販売展開"を実践することが必要です。

　これは、まさに、"知識は知恵の母なり、知恵は戦術の泉なり"が大変よく似合う事柄といえます。

◇知ってるつもりから「ためしてみる、そして反復活用する」

　セールスマンは、しばしば「わかっています」「知っています」「本で勉強しました」等の言葉を口にします。

　販売活動の世界は、知識を習得しただけでは、何の成果も生むことができません。

　これはまさに、"販売は机上の空論にあらず、成功と失敗を体験せねばならず"として、習得した知識を戦術に変え、販売の実践の場面で意識して繰り返し実行することが必要なことを示唆しています。

　セールスマンは、これらの事柄を誰よりも速く、自分に対する訓練として進んで実行し、従来のアナログ型からデジタル型に変革しなければならないことに留意してください。

2 訪問面談を楽しくやろう

準備なくして訪問なし・面談なくして提案なし

1 準備なくして訪問なし・面談なくして提案なし

Point
- 面談の内容は、事前の分析に基づいた顧客に役立つ提案が、何よりも優先すべきものです。
- また相手の反論への十分な準備が、訪問面談を楽しくおもしろくするポイントです。
- 常に面談の内容は、相手の心理的要因を考慮して、有益で楽しいものにしなければなりません。

◇何をするために顧客を訪問するのか

　販売活動は、セールスマンが顧客を訪問する「フェイス・ツー・フェイス」が基本であり、これが販売のアプローチ活動（顧客への働きかけ）の原点です。

　昨今、様々なメディアを活用した通信販売やネット販売は、ヴァーチャルストア（仮想店舗）の店頭販売として定着しつつありますが、顧客の購買動機と購入活用の責任が顧客サイドに偏在するため、様々な問題を生じると同時に、無機質な人間関係と無闇な価格競争を招来しています。

　それに対し、アポイントによる顧客訪問は、目的をもった面談活動として、お互いに関心と興味を喚起するものです。

　訪問面談を繰り返す販売活動は、顧客や取引先の購買動機を喚起し、活用の効果や効用に対して、相互に販売購買の責任を有するものです。

　したがって、セールスマンにとっては、販売戦略や戦術を自らの意思として、特定の個別顧客を訪問して、提案活動を展開することが、楽しくもあり、また苦しみを生み出すものとなります。まさに、"販売の苦楽は糾う縄の如し"であり、"販売の苦楽は己に由る"ものですが、いずれにしても"楽は苦の種、苦は楽の種"となります。

　そのことをふまえて、自分の思いを意識してやってみることが、標的市場に対する個別顧客への販売展開の始まりになるといえます。

◇訪問前の準備がゆとりと楽しみを生む

　顧客への訪問は、飛び込みや紹介、あるいはアポイントを取っても、「最初になにをいったらよいのか」、スムーズな会話と進行に対して、"常に不安と緊張が伴う"ものです。

　顧客を訪問し、面談や商談の相手を前に、最初にやらなければならないこと

は、相手の注意をセールスマン自身に引きつけ、胸襟を開かせて、話を聞いてもらう状態をつくることです。相手の注意を引きつけるには、「相手が興味や関心をもっている事柄を簡単に話す」ことです。これなしには、面談や商談は始まらないからです。

　セールスマンは、相手の注意を引く方法として、"竿持たずの魚釣り"を慎まなければなりません。「CMQSINGERS」(相手の注意を引きつけるテクニックを活用しよう。68頁参照)を上手に活用することによって、スムーズに会話をスタートするように務めるべきです。

　顧客との訪問面談は、訪問の目的や面談場面によって、様々な状況が想定されますが、訪問の準備は、単なる雑談や閑談に対処するものではなく、顧客の納得と購入の決断に向けて、「顧客の同意を積み上げる」いくつもの具体的な訪問目的を達成する事前の活動という認識をもっておく必要があります。

　例えば、料理人は、秘伝のタレと料理の下拵えに精を出し、お客様の喜びを楽しみます。野球の選手は、観客から大きな拍手と賞賛を浴びるために、シーズンオフに地獄の特訓を行うなど多大なる準備を積み重ねています。

　まさに、諺が教えるところの"事を為すには必ず始を謀れ、言を出だすには必ず行いを顧みよ"を実現しなければならないのです。

　セールスマンが自ら自分の訪問活動を楽しむためには、訪問目的に相応しい"面談の準備"と、顧客の同意を獲得する具体的な方策について、事前に準備してかからなければならないことに注意してください。(図表12参照)

◇競争他社との違いを示そう

　セールスマンの訪問活動は、顧客の貴重な時間を割き、仕事のスケジュールを大きく損わせます。ですから、訪問面談は、顧客にとって有益なものであることはもちろん、自らの販売計画に対しても、面談のたびごとに成果を効果的に高めるものでなければなりません。

　成果を高めるためには、対象市場の市場動向、商品情報や技術開発などの業界動向、地域経済のトレンド、日本経済の主要指標の推移などを"データとして整備する"ことが肝心です。

　これらのデータをもとに、フィアプローチ(相手に恐怖感をもたせる働きかけ)を行い、①現状を維持することの危険性を認識させること、②顧客の問題点や改善点を浮き彫りにすること、③そして自分のペースで問題解決の提案を行い、競争他社との差別化を図ることです。

【図表12　訪問面談を楽しくしよう】

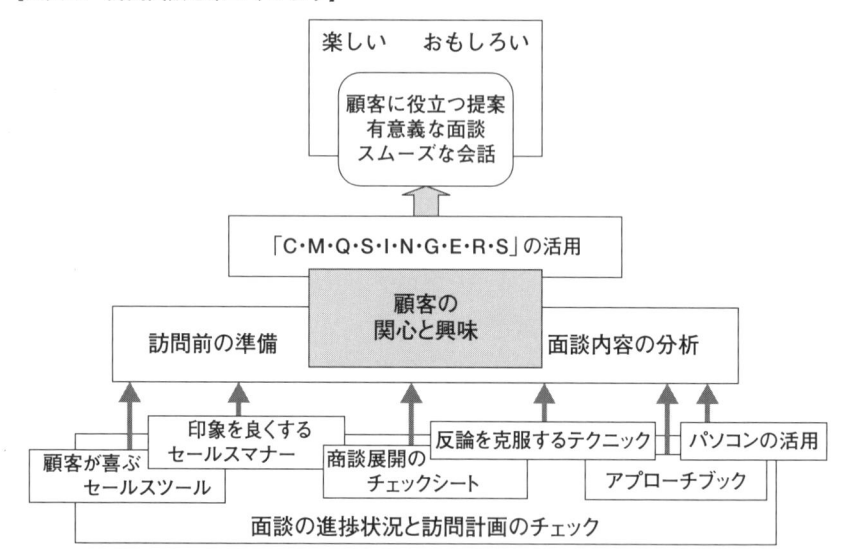

```
                    楽しい　おもしろい
                  ┌──────────────┐
                  │  顧客に役立つ提案  │
                  │   有意義な面談   │
                  │   スムーズな会話  │
                  └──────────────┘
                         ↑
              ┌─────────────────────┐
              │「C・M・Q・S・I・N・G・E・R・S」の活用│
              └─────────────────────┘
                    ┌─────┐
                    │ 顧客の │
      ┌──────┐    │関心と興味│    ┌──────┐
      │訪問前の準備 │    └─────┘    │面談内容の分析│
      └──────┘                   └──────┘
         ↑         ↑         ↑         ↑
    ┌────┐ ┌──────┐ ┌──────┐ ┌──────┐ ┌──────┐
    │顧客が喜ぶ│ │印象を良くする│ │商談展開の │ │反論を克服する│ │パソコンの活用│
    │セールスツール│ │セールスマナー│ │チェックシート│ │テクニック  │ │アプローチブック│
    └────┘ └──────┘ └──────┘ └──────┘ └──────┘
         面談の進捗状況と訪問計画のチェック
```

◇顧客が喜ぶ訪問戦術を活用しよう

　顧客や取引先は、セールスマンの来訪に対して、心底喜ぶことは稀なことでしょう。しかし、面談した内容が顧客にとって有益な事柄であれば「また会いたい」と期待されます。

　顧客や取引先から期待され、喜ばれるセールスマンは、相手が会いたいときに、有益な面談内容で、わかりやすい事柄を上手に扱うことができます。

　もっとも、面談の相手が人間である以上、面談に対する抵抗やセールスマンの説得に対する反論や質問は、相手の「心理的要因」を考えていないときに起こる現象です。

　そこで、相手の心理的な要因、すなわち、相手の情緒や性格、起床時間や繁忙時間、趣味や習慣、さらには知識水準などを事前によく理解しておくことが肝心です。

　訪問や面談活動を楽しくするためにも、意識的に実行することを心掛けてください。

◇反論克服の研究が訪問面談を楽しくする

　販売は、常に何らかの"NO"で始まるものと思っていたほうがよいのです。新人やベテランを問わず、セールスマンには断りの文句はつきものです。

　いつものとおり、元気のよい笑顔で、礼儀正しく、熱意をもって面談しても、

NOに遭遇しないことは稀ですから、セールスマンは、常に反論への対処を心掛けておかねばなりません。

顧客に対して好きか嫌いか、訪問すること自体が楽しいか、おもしろくないかを決めるのは、概して顧客の反論に対する対処法を知らないことが要因になっていると思われます。

顧客の反論には、日頃の販売活動の中で、仲間同士でできるだけたくさん集めて、類別に整理して分析し反論の対処法に基づいて、セールストークを準備するのが効果的です。"備えあれば憂いなし"を銘記することです。

面談中に顧客から断り文句が出たときは、ベテランのセールスマンといえども、何の準備もなく、咄嗟に対応することはなかなか難しいからです。

ゆとりや楽しみをもった面談活動は、販売のプロセスと説得の技術を習得して、セオリーに基づいた不断の探究とライバルに負けない努力をすることがポイントです。

それには、訪問前の準備をきちんと実行するという基本的な態度が強く求められることに留意してください。

◇アプローチブックを活用しよう

セールスマンの訪問面談活動は、訪問目的の設定と顧客や面談相手とのアポイントが基本です。

顧客との面談は、初回訪問であれ継続訪問であれ、十分な事前準備があっても、ベテランといえどもスムーズな話の切り出し方には躊躇するものです。

多くのセールスマンは、顧客や面談相手の注意を上手に引きつけても、本題への話題の切り替えができないままに、いつまでも注意の段階にとどまって無駄話を続けていますが、本題への入り方は、相手の話の切れ目にタイミングよく、「ところで」の言葉を上手にを挟みながら、興味をそそる話題を投げ掛けることがポイントです。

相手の興味を喚起する話題の提供は、TPOにフィットしたセールスツールを積極的に活用することが大事です。中でもアプローチブックは、自分のセールスストーリーに基づくオールマイティのセールスツールとして、セールスマンの最良のアシスタントです。

面談相手に対する興味の引き出し方や提案は、アプローチブックのつくり方や活用次第ですが、ベテランセールスと同じレベルの面談活動ができる優れものであり、自分のセールススタイルをつくる道具立てになります。

2 販売のプロセスに基づくアプローチ活動を展開しよう

Point

- ●販売のプロセスは、販売活動の一定の流れとして、成果の獲得に至までの販売の基本活動です。
- ●顧客へのアプローチ活動は、販売のプロセスの各段階を確実にクリアするために、有益的で効果的な活動が求められています。
- ●それぞれの段階におけるアプローチ方法やテクニックは、顧客心理を基調として、タイミングよく効果的に活用することが肝心です。

◇販売のプロセスは成果を獲得する販売の基本活動である

販売のプロセスは、次の段階があります。
(1) 対象市場のなかで見込み客を見定めて、見込み客へのアプローチを開始するための調査や分析を行う「準備の段階」
(2) 顧客との面談を上手にスタートして、相手の注意や関心をセールスマン自身に向けさせる「注意の段階」
(3) 注意を引きつけた相手に、興味や関心を呼び起こさせる「興味の段階」
(4) 相手の興味や関心事に焦点を当てて、相手に説明と説得を行い、相手の納得を獲得する「理解と同意の段階」
(5) 最終的に、納得した相手に発注を促す「行動の段階」

販売活動を押し進めるこれらの段階は、それぞれが別々に存在するのではなく、必ず一定の流れ(プロセス)として、販売の基本活動となるものです。

ですから、販売活動は、成果の獲得に至までの一定の段階(プロセス)が必然的にあり、どのような商談でも、必ずこの段階を踏みます。

もっとも、生産財やシステム商品などの販売活動は、アプローチ期間が比較的長く、販売のプロセスの各段階を何回、何十回も繰り返すことによってはじめて、成果のゴール(クロージング)に至るものもあります。

アプローチ活動は、これらの各段階を確実にクリアして、顧客や商談相手の欲求を高めて購入することが間違っていないという確証を提供し、相手の納得と決断を促すために効果的に行うことが求められます。

以下、販売のプロセスの流れと各段階のポイントを説明しましょう。

◇準備の段階(Preparation)

通常、対象市場のなかで見込み客を見定めて初回訪問をするためには、個別

顧客の調査や分析を行い、予備知識としてより多くの情報を入手しなければなりません。

具体的なアプローチや販売活動を優位に展開するためには、いろいろな方法を活用して相手企業を十分に調査し、さらに深く勉強することが必要です。

個別顧客への継続訪問に対する準備は、顧客や面談相手を攻略するための訪問計画に基づいて、活動項目ごとに訪問目的を達成するための事前準備をきちんと行います。特に、継続訪問は、前後の面談内容を分析して有益な面談内容と十分な道具立てを準備することが重要です。（詳しくは65頁参照）

◇注意の段階（Attention）

初回訪問または継続訪問にしても、顧客に面談して最初にやらなければならないことは、相手の注意を自分自身に向けさせると同時に、自分の話を聞いてもらう状況をつくることです。

通常、顧客や面談の相手は、訪問客への対応や仕事の打合わせなど、相手の関心が他にある場合が多いのです。多忙な顧客に話を聞いてもらわなければ、面談・商談はスタートしません。

相手の注意を引きつけるには、顧客や面談相手が興味・関心をもっていることについて、簡単に話すことがポイントです。

セールスマンの多くは、面談のきっかけづくりのために「最初に何を話したらいいのか」と、いつもながら悩ましく思うのです。

訪問や面談活動を楽しくおもしろくするには、相手の注意を引きつけるテクニック「OMQSINGERS」を習得して、意識して十分に活用することが肝心です。（詳しくは68頁参照）

◇興味の段階（Interest）

注意を引きつけて胸襟を開いた面談の相手に対し、「それで」「どうして」という興味・関心を引き出すためのセールストークを展開する段階です。

そのためには、次の三つのテクニックをうまく活用することです。

(1) テクニックその1／直接法

これは、顧客や商談相手の利益（効果効用や楽しみ）を直接訴求する方法です。

直接法は、相手の利益を直接説明するために、うますぎる話として疑問をもたれたり、相手の興味をそぐことにもなりかねません。相手の利益を説明する場合は、必ず定量化して提示するなど、工夫する必要があります。

(2) **テクニックその2/間接法**

これは、「直説法＋第三者の活用証言」として、顧客や面談相手に対して直接利益を訴求するのではなく、実際に活用して効果を得ている第三者の事例を証拠として提示しながら、間接的に顧客の利益を説明する方法です。

この方法は、事実に基づいた具体的なアプローチとして、顧客や面談相手に不信感や疑念を与えずに興味を喚起することができます。また、第三者の活用事例は、相手を説得する確かな証拠となります。

(3) **テクニックその3/一覧法（リスト法）**

これは、「間接法＋リスト」の説明スタイルでアプローチする方法です。

リストとは、活用事例の第三者が導入以前の主な問題点・課題、活用後の改善状況を具体的にリストアップしたものをいい、事前に作成したリストを相手に説明しながら提示して、相手が最も興味をもつことがらを探り出す方法です。

この方法は、相手の興味を引き出すと同時に、興味の中心を探し出す大変よい方法といえます。一覧法の活用は、販売活動の効率をよくし、興味のポイントに焦点を絞った効果的なアプローチを実現します。

興味の段階で最も大切なことは、相手に「確認の質問」をすることです。

確認の質問は、説明したり提示した内容を相手が本当に理解したかどうかを明確にする行動です。また、販売のプロセスを確実に無駄なく進めるための重要なテクニックでもあります。（詳しくは、78頁・101頁参照）

◇**理解と同意の段階（Understanding & Agreement）**

この段階は、顧客や商談相手に、提案商品を購入することが間違っていないという確信をもたせるための最も重要なステップです。

セールスマンに対しては、提案した商品・システムから得られる効果効用を十分に説明して、顧客や商談相手の理解と納得を支援することが最大限に求められます。

ですから、理解と同意の段階は、販売のプロセスのなかでも、販売活動の成果を左右するほどの重要な段階です。

この段階で重要なポイントは、次の三つです。

(1) **FABアプローチの活用**

FABアプローチは、顧客の利益（効果効用や個人の楽しみなど）を論理的にわかりやすく訴求するためのセールスポイントの説明手法で、誰にでも使える説得の技術です。

またFABは、売り込むすべての「モノやコト」を分析して、相手にわかりやすく説明するためのセールスポイントをつくり出す分析手法にもなります。

したがって、FABアプローチの活用は、顧客の必要性や利益に焦点を合わせて、証拠を添えて説明し説得することが基本です。(詳しくは、101頁参照)

(2) 反論の上手な対処法

顧客や商談相手からの反論には、機会あるごとに集めて分類し、事前に分析して模範解答を準備しておきます。

商談中の理解と同意の段階で新たな反論にであったときは、「反論を克服するテクニック」を活用して上手に対処することが必要です。

反論を克服した後には、必ず「確認の質問」を忘れないようにしてください。(詳しくは82頁参照)

(3) トライアルクローズ（受注の試み）

トライアルクローズは、商談中での理解と同意を得るなかで、顧客や商談相手の買いそうな仕草や買い信号を機敏にとらえて、決断と行動を促すことです。トライアルクローズで効果をあげるポイントは、顧客心理をうまく利用することです。(詳しくは、119頁参照)

◇行動の段階（Closing）

行動の段階は、顧客や商談相手の納得を支援して、決断の行動を促す最後のステップですから、販売プロセスの最終段階になります。

この段階は、1回1回の面談活動や商談を締めくくるクロージングと、比較的長期間にわたる販売活動の締めくくりとしてのクロージングがあります。この二つのクロージングは、目的はそれぞれ異なりますが、決断を促すタイミングやクロージングを促進するテクニックは、ほとんど同じ手法です。(顧客の決断を促すタイミングやテクニックについて詳しくは、119頁参照)

以上のポイントをよく理解され、実戦で反復して活用されることをお勧めします。

3 商談の進捗と訪問計画をきちんとチェックしよう

Point

- ●販売活動は、まず最初に、訪問計画表を作成することです。アプローチの状況や商談の進捗管理は、訪問計画表が鏡となります。
- ●訪問計画表は、商談展開のチェックシートとして、商談状況との差異を分析して評価する羅針盤です。
- ●見込み客の評価は、商談展開のチェックシートによって、見込み予算の正確性を意図して早期に自分で評価します。

◇確実な見込み予算をつくろう

　セールスマンは、自己の技量によって継続的な顧客の維持と、安定的な成果を獲得するところに、存在感とともに高い評価が得られるものです。また、部門やグループの一員として、販売予算の確保と成果の充実を担うミッションがあります。

　見込み予算は、月の半ばや期の半ばにおいて、セールスマン個々人が自分の意志で予算物件の進捗状況を分析し、計画予算の実現性を評価すると同時に、確実な販売計画に置き換えます。

　見込み予算の策定は、セールスマンはもとより、部門やグループにとって極めて重要な事柄であり、企業経営を左右する基本的な事柄でもあります。

　したがって、図表13に示したとおり、確実な成果を確保するためには、週単位・月単位に、顧客企業との商談内容やアプローチの進捗状況をきちんとチェックし、成約に至る要件を明確にして、商談の進捗状況を的確に確認する必要があります。

　商談の進捗状況をチェックするには、顧客企業を攻略する訪問計画が必要です。いうまでもなく、訪問計画の立案は、セールスマンの基本ですから、これなくして販売はありません。

◇訪問計画は販売活動の羅針盤である

　通常は、対象市場の中で見込み客を発掘したとき、販売対象の顧客企業として、顧客管理カード（60頁の図表15）や見込客調査カード（61頁の図表17）などを作成し、事前に収集した情報に基づき、取組みへの期待度と受注や売上の獲得を評価しながら、訪問計画とアプローチの手順を策定していきます。

　訪問計画は、アプローチの手順とともに、顧客企業を攻略する具体的な販売

②訪問面談を楽しくやろう

【図表13　商談の進捗と訪問計画】

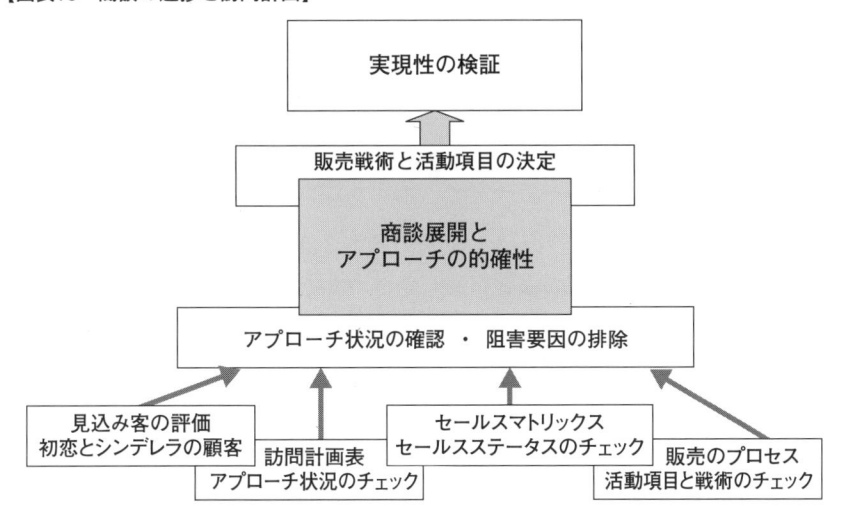

```
            実現性の検証
                ↑
      販売戦術と活動項目の決定
                ↑
         商談展開と
         アプローチの的確性
                ↑
   アプローチ状況の確認・阻害要因の排除
        ↑      ↑      ↑      ↑
  見込み客の評価         セールスマトリックス
  初恋とシンデレラの顧客  訪問計画表  セールスステータスのチェック  販売のプロセス
                  アプローチ状況のチェック        活動項目と戦術のチェック
```

戦術を検討し、クロージングに至るまでの主要な活動項目と、スケジュールを定めることです。

訪問計画は、面談活動を具体的に行い、成果の分析とともに活動項目の進捗をチェックできる羅針盤の役割をもつものですから、アプローチを開始する前に、訪問計画表としてきちんと期日どおりに作成されなければなりません。

こうした点は、訪問販売とルートセールスにおいて大きく異なるところはありません。ルートセールスにおいても、品揃えを拡充する商談や新商品の展示導入の商談は、新規のルート開拓と同様に、訪問販売がベースです。

とにかく販売活動を楽しく、おもしろく展開するには、固有の見込み客を1～2回訪問して、見込み客へのアプローチをどのように展開すべきかを検討して、訪問計画と販売展開のストーリーをできるだけ具体的に、「紙に描いてみる」ことです。

◇セールスマン自身で見込み客を評価しよう

セールスマンは、自分の対象市場や戦略的な標的市場を攻略するとき、自ら見込み客を評価する基準と販売戦術を明確にすることが、大事な要件です。

販売は、優勝劣敗の世界であり、すべての見込み客と成約することは困難です。

したがって、自分の販売戦略の中で自ら見込み客を評価して、効率的な販売活動と、効果的に予算の達成を図ることが求められています。

見込み客は、次のような基準で評価するとよいでしょう。

⑴ 売らねばならない見込み客…戦略的に予算化する顧客企業。
⑵ 売れる見込み客…自社のシンデレラとして予算化する顧客企業。
⑶ 売らない見込み客…情報収集などの戦略的に活用する顧客企業。
⑷ 売れない見込み客…離れがたい初恋の顧客企業。

　セールスマンは、「初恋の顧客企業」をいつまでも大切にするクセがありますが、効果的な販売活動は、進捗のチェックと、いかに早く評価するかにかかっています。

◇**戦略を決定し、戦術を駆使しよう**
　販売の楽しみやおもしろさは、戦略と戦術を、思いのままに実現することにあります。
　こんな事例があります。
　コンピューターメーカーのN社で入社6年目のS君は、東京と大阪に集中している生命保険会社12社と、損害保険会社12社を対象市場としていました。
　S君は期の初めに、販売の計画をつくる中で、見込み客の活用状況を細かく調査し、生保のC社を含めて6億円の受注予算を計画しました。
　あるとき、東京の銀座に所在する生保のH社と、目黒に所在するC社がコンピュータの更新時期を迎え、導入計画を検討していたのです。
　S君は、C社に全精力を投入して、H社を競合他社のオトリにする陽動作戦の中で、C社の受注を確保する戦略と戦術を計画しました。
　上司のM主任と相談し、訪問計画を早速ながら実行に移しました。
　H社への陽動作戦が功を奏して、4ヶ月目に、H社へは従来のT社が厳しい出血受注を余儀なくされ、S君はC社との契約に成功し、満足する結果となったのです。
　この事例のように、自らの販売戦略を実現するためには、収集した情報や調査資料に基づいて、見込み客を攻略する活動項目と戦術をきちんと設定することをお勧めします。

◇**具体的な取組み項目を設定しよう**
　見込み客としての顧客企業の攻略は、顧客のニーズを高め、説得による顧客の理解と同意を引き出し、商談要件を相互に納得してクロージング（成約）す

ることにあります。

　セールスマンによる日常的な販売のプロセスは、商品の特異性や販売形態、などによって、若干の相違があります。

　例えば、ルートセールスの定常活動では、期初に整合した取組み内容を予算化して、プロポーザルをベースに、見直しを図りながらの商談活動となります。

　訪問販売は、商品の種類が幅広く、商談の内容が業種や業態、さらには、商談のスケールなどにより、訪問面談の期間や場所が異なるものとなります。

　しかしながら、訪問回数、面談の目的、商談の進め方などは、経験上ある程度パターン化できるのです。

　図表14は、訪問販売における主要な活動項目をパターン化した「訪問計画表」です。

◇面談のTPOを考えよう

　セールスマンは、顧客企業攻略の戦術を決めたら、図表14で示した訪問計画表に基づいて、活動項目ごとに具体的なセールスツールを準備する必要があります。

　セールスツールの活用は、面談や商談の相手に対する説明や説得を容易にするとともに、訪問目的の達成と面談や商談の進捗を推し量る道具となります。また、セールスマンが面談や商談を自分のペースで進めることを意図して、楽しくおもしろいものにするための具体的な道具立てとなります。

　セールスツールは、販売のプロセス（販売活動の基本的な流れ。①準備Preparation、②注意Attention、③興味Interest、④理解と同意Understanding＆Agreement、⑤行動Closing）や、AIDMAの法則（Attention・Interest・Desire・Memory・Actionの略称。購買動機の５段階法則）などを基調として、セールスマンがそれぞれに自分の個性を生かして、自分のために創意と工夫をすることが大切です。

（セールスツールとして、準備することが望ましい項目については75頁参照。）

◇商談展開のチェックシートを活用しよう

　セールスマンは、顧客との商談内容やアプローチ状況を常にチェックする必要があります。

　このアプローチの進捗状況は、前述の訪問計画表の活動項目単位に、日程やスケジュールを設定して「商談展開のチェックシート」（図表14）としても活用できます。これにより、実績との対比で、積み残しや、なすべき活動を明確

【図表14　訪問計画表（商談展開のチェックシート）】

	活動項目	計画	実施状況			コメント
		予定月日	1次	2次	3次	
1	顧客企業調査	/	/	/	/	
2	見込み客の開拓訪問	/	/	/	/	
3	問題点・改善点（ニーズ）の確認	/	/	/	/	
4	導入検討の動機づけ	/	/	/	/	
5	導入PJ・検討委員会の確認	/	/	/	/	
6	決定権とキーマンの確認	/	/	/	/	
7	競合状況の確認	/	/	/	/	
8	現状分析・検討資料の提示	/	/	/	/	
9	商品説明と提案資料の提示	/	/	/	/	
10	競合排除のアプローチ	/	/	/	/	
11	資料に基づく提案活動の積み上げ	/	/	/	/	
12	導入購買スケジュールの確認	/	/	/	/	
13	プロポーザルの作成と提出	/	/	/	/	
14	説明会の実施と提案内容の確認	/	/	/	/	
15	提案内容の説明とトップセールス	/	/	/	/	
16	デモンストレーションの実施	/	/	/	/	
17	プロポーザルの確認と見積書の提出	/	/	/	/	
18	トップセールスによるクロージングの促進	/	/	/	/	
19	稟議書・計画書に対するアドバイス	/	/	/	/	
20	顧客の社内説明会への参加	/	/	/	/	
21	稟議書・購入計画に対するフォローアップ	/	/	/	/	
22	内定	/	/	/	/	
23	契約	/	/	/	/	

にすることができます。

　また、面談や商談相手の理解や納得の度合いによって、阻害要因を排除して後戻りしながらでも、商談展開を確実に推し進めることが肝心なのです。大事なことは、アプローチの成果に対して、中途半端に妥協しないことです。

　販売活動は、売り手側だけの一人相撲は成り立ちません。したがって、

　販売第一線の責任者やリーダーは、セールスマン個々人の、販売活動を確認するために、販売のプロセスに基づく具体的な活動項目と、顧客サイドのセールスステータス（購買手順の進捗状態）とをクロスさせた「セールスマトリックス」（221頁参照）によって、それぞれのアプローチ状況をチェックすべきです。

　「セールスマトリックス」による商談状況のチェックは、セールスマン個々人の個別顧客に対するアプローチの不足や不備を明確にします。アプローチの確実性や受注の実現性までも確認できます。

4 顧客をさらに深く勉強しよう

Point
- ●販売合戦を優位に展開するには、情報を基軸として顧客との信頼関係を構築することです。
- ●顧客との信頼関係や信用の大小は、自ら勉強した相手の企業に関する、情報の多さに比例します。
- ●顧客企業を中心に、企業間のつながりや内容をよく理解し、人脈や商い脈を上手に活用して、面談や商談を優位に展開すべきです。

◇自信に満ちた面談活動をしよう

　顧客を訪問し面談することは、初回訪問や継続訪問にかかわらず、また訪問販売やルートセールスのいかんを問わず、訪問の目的をきちんと達成するために必要なことです。

　いずれの面談活動も、商談の成約に向けて訪問目的の達成を積み上げる中で、競争他社を排斥して、「販売合戦を優位に展開する」ことが必須の要件となっています。販売合戦を制するには、取引先や顧客をどれほど多く知っているか、そしてどれほど多くの信用と信頼関係をもっているかにかかっています。

　そのために、訪問企業の情報はもとより、業界情報、地域の経済情勢、さらには競合他社の情報などをこまめに調査して、常に最新の状況をパソコンなどで種類と活用の目的別に整理し、いつでも活用できる状態にすることが必要なことに留意してください。

　セールスマンは、これらの準備を十分に整えてこそ、顧客との訪問面談の場面で、顧客や面談相手の注意を引きつけ、関心と興味を喚起する面談活動が可能になることを認識しておかねばなりません。

◇顧客の企業内容や最新の状況を理解しよう

　顧客は、法人企業であれ個人企業であれ、事業環境の変化に対応して、事業領域や展開方法の変更、組織体制の見直しなどを、機敏に変革する生き物です。

　セールスマンは、これから訪問する顧客について、企業の沿革、扱い商品やサービス、取引先や得意先、対象地域などを十分知っておくことが必要です。

　これらの項目については、市販の出版物を活用すればすぐにわかることですが、さらに内容を深めるためには、帝国データバンクなどの調査機関を利用（調査対象を地域や業種・年商や店舗数などを組み合わせて1件2,000円程度）

【図表15 顧客管理カード】

調査年月日　　年　　月　　日

会社名		設立 年月日	年　月　日
所在地		電話番号	
		ファックス番号	
事業領域 営業品目		特記事項	

	企業規模		取引先関係	
資本金		億円	取引銀行	
売上金		億円	主要仕入先	
従業員数		名	主要販売先	
事業所数	事業場		主要株主	
	営業拠点		当社との取引	
	関連会社			

	メーカー名	機種名	概算金額	使用状況
設備稼動状況				

関係組織				
役員氏名	担当（委嘱）	生年月日	出身校	備考

備考：

【図表16 見込み客の状況把握項目】

項目	説明
(1) 顧客の業容を把握する	資本金、年商推移、利益高推移など。
(2) 企業のスケールを把握する	組織表、従業員推移、工場・支店数など。
(3) 企業の信用を把握する	主要取引先、主要得意先、取引銀行など。特に取引先については、具体的な取引状況をチェックして、自社のポジションを常に把握しておくこと。
(4) 主管業務の責任者を把握する	決定権者、支出権限者、運用責任者など。特に役員の異動や主管業務の変更、社内の組織変更などに注意して、キーマンの動静をチェックすること。

して調べるのも一法です。

【図表17　見込み客調査カード】
記入担当者　氏名　＿＿＿＿＿＿＿＿＿＿＿＿＿　　　　　　　記入　　年　　月　　日

資 本 金	年	年	対象主要組織		
売 上 高	年	年			
利 益 率	年	年	役 員（委嘱）（主管業務）	年	年
業 界 地 位	年	年			
事 業 領 域			従 業 員 数	年	年
主要取引先売上			設 備 投 資 額	年	年
仕 入			主 要 社 歴		
大 株 主			企業理念（社長）		
系列 金融系列 企業系列 コンピュータ系列			広告宣伝展開		
当社 納入実績			その 他		
他社 導入状況					

　調査の内容は、顧客管理カード（図表15）やカスタムカルテとして、内容の整備と更新を図っていけば有効に活用できます。

◇顧客ファイルは常に最新の情報を確保しよう

　セールスマンは、訪問を継続する中で図表16のような事項について、その状況を確認して見込み客調査カード（図表17参照）や顧客の分析表などを作成し、見込客のファイルを常に最新のものにしておくことが必要です。

◇会社のつながりを理解しよう

　顧客は大なり小なり、どのような企業でも独自に存在することはできません。というのも、すべての企業は、必ず他の多くの企業や業界団体をはじめいくつ

【図表18　企業間のつながり】

タテのつながり…・（生産・販売・流通・サービスなど）

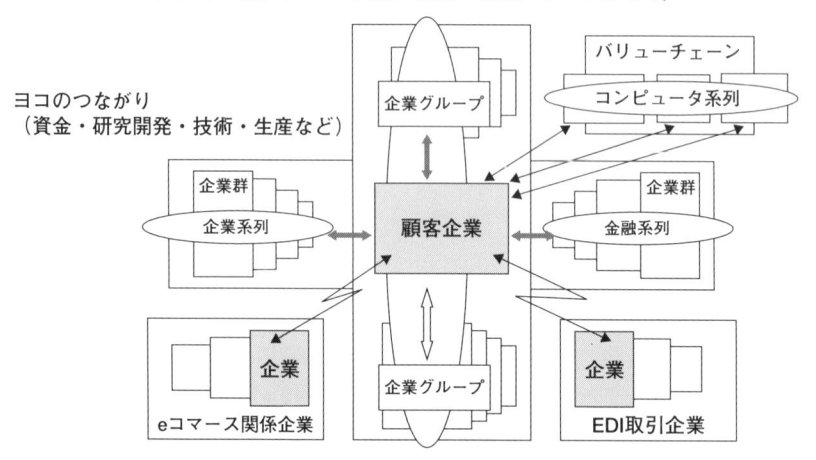

ヨコのつながり
（資金・研究開発・技術・生産など）

バリューチェーン
コンピュータ系列
企業グループ
企業群
企業系列
顧客企業
企業群
金融系列
企業
eコマース関係企業
企業グループ
企業
EDI取引企業

かの団体と、友好な関係をもっているからです。

　近年、企業の存在は、ネットワーク社会の到来による事業展開の国際化、規制緩和に伴う金融業界の再編や、事業構造の変革による企業間の統廃合の進展など、従前の常識を覆す激しい変化の中にあります。

　しかしながら、民間の企業をマクロ的にみれば、事業の資金調達による金融系列（三菱系列・住友系列など）、関連事業のグループ化による産業系列（東芝グループ・NECグループなど）が一種の企業文化として存在しています。

　これらは、"企業間のヨコのつながり"ですが、"タテのつながり"としては、同一ブランドの販売業者、下請け業者、業界関連の諸団体などがあります。

　さらには、昨今のデジタル化社会の進展に伴い、取引関係の企業をコンピュータと通信でつなぎ、バリューチェーン（企業間の価値連鎖）の運用で相互に生産性を向上させるコンピュータ系列があります。また、eコマースやEDIなどで具体化されている電子取引系列があります。

　これは、取引先と得意先を相互に結ぶ"タテとヨコのつながり"です。（図表18参照）

◇**企業のつながりを意識的に活用しよう**

　こうした企業の様々なつながりは、俗にいう"金脈・商い脈"として理解を深めることが、販売活動を優位に展開する「販売の競争要素」になります。セールスマンは、訪問面談を展開して行く中で、網の目のようにつながっている様々な関係を上手に活用すれば、商談を決定する大きな要素を得ることにな

ります。

　また、これらのつながりを自らの戦術として活用し、訪問の目的を意識して達成することが、面談を楽しくする要因でもあります。

◇社長やキーマンの個人的なつながりを知ろう
　こんな事例があります。
　電力料金を節約する「省電力システム」の販売を担当するM君は、家電量販店のZ社にプロポーザルによる売り込みを掛け、導入部門では内定の段階にありました。業務を主管するK専務に稟議書が上がったとき、M君は突然K専務から呼び出しを受け、大慌てでS支社長と一緒に訪問して、提案内容について説明をして理解を求めました。
　K専務の「Y社のサービス会社のT社長から、私も同じ提案を受けている。昔からの付き合いだから安心なんでねぇ」という一言ですべてが終わったのです。
　ですから、企業としてのタテやヨコのつながりのほかに、社長や経営幹部、キーマンの個人的な関係を知ることは極めて大切なことです。
　面談相手の実力のいかんは、組織表をよく観察して、仕事機能と業務権限を判断することです。それがはっきりしないと、商談の成約には至りません。
　また、キーマンは必ずしも社内にいるとは限らず、外部からの影響が強い場合もありますから、四方八方チェックして関連を押さえておくことが必要です。

◇人脈の活用は目的を明確にしよう
　もっとも、人脈やキーマンを把握し得たとしても、それを上手に活用しなければ"宝の持ち腐れ"になります。
　人脈の活用は、次のような目的に使うことが望ましいのです。
(1)　キーマンは誰なのか。なかなか会えないキーマンと面談する。
(2)　購入の検討対象に参入する（俗にいう土俵に上がる）
(3)　競合他社の状況を把握する。導入の検討状況を把握する。
(4)　自社商品の購入を決断させる場合など。

◇同業他社の状況を知ろう
　顧客企業は、常にライバル企業の動向に敏感であり、大きな関心をもっています。

セールスマンは、自分の対象市場や標的市場の中で、導入活用をリードするマーケットリーダーとしての顧客の活用状況や効果的な導入事例を調査し、面談や商談活動に役立てなければなりません。

　それは、顧客が抱えている共通の問題点や、商品の購入動機、さらには商品の活用効果など、商談の決め手になる「ヒント」が山ほどあるからです。

　訪問面談の中で、これらの情報をもとに質問や提案を行いながら相手の関心事や興味に焦点を合わせて、的を得た有益な面談を行えれば、顧客の信頼を獲得することができます。

　これらの事項を効果的に行うためには、18頁で述べたように、階層的三角形のマーケットリーダーを戦略的に自社のファンに取り込むことが大切な要件となります。

◇**会社の雰囲気を敏感に察知しよう**

　顧客や訪問企業に関する情報は、セールスマンの意識次第で、いくらでも集めることができます。訪問企業の受付や事務所の入り口から、面談の場所に至る間にも顧客情報がころがっています。

　例えば、社是や社訓、スローガンや職場規律など、顧客の経営姿勢や事業状況などを知るうえで、大変貴重な情報です。また、受付や従業員の態度、掲示板のビラやポスター、書かれている文字や図表など、建物や事務所の外見だけでなしに、目に触れ、耳で聞く事柄を敏感に捉えて、顧客の周囲の雰囲気を敏感に察知することができます。

　これらの事項を意識して、注意と関心をもつか否かが、顧客を深く勉強するか否かの分かれ道です。

　セールスマンは、意識と僅かな努力で、訪問面談を楽しくすることができるのですから、顧客との心をつなぐ信頼の掛け橋をつくることに腐心してください。

◇**顧客をさらに知る努力を継続しよう**

　顧客や面談相手を訪問するときは、初回訪問であれ継続訪問であれ、十分な商品知識と販売ノウハウ、さらには最近の経済社会の話題などと併せて、訪問企業の状況を理解していれば、自信に満ちた面談ができます。

　訪問する顧客企業については、調査項目のすべてを知り得ることは難しいので、できる限りの努力を払って、たえず情報のアップデートを図ることが肝心です。

5 訪問前に面談内容を分析しよう

Point
- 面談を効果的に行なうためには、常にTPOを考慮して準備することが前提です。
- 訪問計画表に基づく面談の準備は、相手に注意と関心を引くためのストーリーと効果的なセールスツールの準備が必要です。
- 顧客への訪問や面談の目的を達成するには、相手の説得と納得を獲得する環境づくりと、反論に対処する準備が不可欠です。

◇僅かな努力が面談内容を差別化する

　セールスマンは、訪問予定の顧客を調査して、収集した情報をいろいろな視点から分析し、顧客を攻略する訪問計画と戦術を設定しなければなりません。また、訪問計画を着実に実行し、成果を積み上げるため、活動項目単位に、目的を達成する事前の準備をしなければなりません。

　家電の販売会社でルートセールスを担当しているB君は、I社との面談を終えると、必ず同業のライバル会社で地域外に所在する店舗に立ち寄り、店員の説明内容、商品の品揃えや展示方法などを調査し、バイヤーへの「情報提供や次回の提案活動」に備えています。

　したがって、B君の提案内容は、I社のバイヤーにとって、自社の店舗に対する指示や、キャンペーンの企画などに役立つものとして、大変喜ばれています。

　セールスマンの多くは、ややもすると「ともかく行かなければ」が先行して、"出たとこ勝負"となりがちで、何の準備もないままに、訪問を繰り返す状況をつくりだし、自ら商談のチャンスを逃してしまって、訪問計画の進捗を阻害する結果を招いています。

　顧客は、多くのメーカーや販売会社から訪問を受け、貴重な時間を割いて真剣に面談をし、セールスマンの提案内容や情報の中味について、会社と自分のために有益か否かを見定めているのです。

　顧客に認められ、喜ばれる面談活動をするためには、多くの競合他社に意識して差をつけるための僅かな努力を惜しまないようにすることが大切です。

◇劇場の演劇場面を想定しよう

　顧客への訪問は、販売活動を自分のペースで進めるために、顧客の理解や納得を検討して面談の場面を想定し、面談の内容とキャスティングを決めなけれ

ばなりません。

　すなわち、成約までの段階や販売のプロセスを、それぞれのステージとして区分し、アプローチの進捗状況に適合した場面をつくり、訪問の目的に沿って顧客の理解と同意を確保して、納得を積み上げることです。

　セールスマンにとっては、まさに訪問計画表が"演劇の脚本"であり、販売のプロセスが"幕目"となります。したがって、それぞれの面談活動は、"幕目の場面"になることを認識し、顧客からは大きな拍手としての、納得を得ることにあります。

　セールスマンは、プロデューサーとして、訪問前には必ず幕目の場面を想定して、面談を演出する説明用具や資料を準備し、訪問目的に適した「キャスティングとセリフ」を用意して、最も効果的な面談を行うことが求められています。

◇面談をスムーズに進行するための道具立て

　面談のスムーズな進行と、次回訪問の課題や約束を取り交わすには、面談場面を演出する訪問前の準備として、幕目の場面に適合した"道具立て"が必要です。

　準備する内容は、74頁の「面談場面のＴＰＯにフィットさせよう」で概略述べていますが、これらの道具を面談のストーリーの中で、効果的に組合わせて活用する方法を予め考えておかなければなりません。

　特に、提案資料や、手づくりのリーフレット、個別の資料などは、相手企業の名称を記して、自尊心を大事にする小さな気配りが大切です。

◇パソコンで面談活動を楽しくしよう

　日常的な訪問活動では、道具立てとしてアプローチブックを目的別に作成し、携帯用のノートパソコンを活用して、説明や説得を行う例もあります。

　セールスマンは、訪問前に面談のストーリーを予め準備して、パワーポイントなどを利用して図柄や写真を取り込み、見てわかる説明や顧客と一緒に操作しながら楽しむ説明を行うことにより、短時間で密度の濃い面談を実現できます。

　また、説明会や面談相手が多い場合などには、パソコンと簡易型のプロジェクターを活用し、効果的なプレゼンテーションを行うのも一法です。

　いずれにしても、セールスマンは、訪問目的を達成するための面談内容につ

いて、説得力のある道具立てを準備することを心掛けてください。

◇目的と課題を区別しよう

　訪問面談は、常に目的に合った提案や解答が必要であり、そのための話材と資料を必ず準備しなければなりません。

　訪問計画を着実に進捗させためには、相手に必要な情報を提供してきちんと説明を行い、「確認の質問」を活用して、面談内容の理解と同意を積み重ねることです。

　セールスマンは、得てして相手を気遣うあまり、次回の面談内容についての質問の投げかけや課題の相談が忘れがちになりやすいものです。

　面談内容の分析は、訪問目的と次回の課題を区分して、準備するためのものです。

◇説得と納得の環境づくりをしよう

　面談で、顧客を説得し納得を得るには、訪問の目的に合った場面と環境を設定しなければなりません。

　道具立てはもとより、キーマンと相手の責任者や、自社の上司や関連部門の同席を求めて、目的を達成する環境を整えることが必要です。

　特に面談場面の環境づくりは、タイミングとキャスティングを考えて面談内容をよく分析して、心理的な要因を含めて、時間や場所を設定することも大切なことです。

◇反論への対応をきちんと準備しよう

　販売は、常に何等かの「ＮＯ」がつきものとわれています。顧客との面談の中で、説明や説得を行う場合には、必ず何らかの反論が生じることを予期しておくべきです。

　予想される反論は、予め答えを用意して、反論が出る前に説明するか、あえて相手を認知するために、反論が出てから答えるなど、相手の心理や性格を理解して、準備しておく必要があります。

　面談相手の質問や反論は、日頃の販売活動の中で、親しい仲間同士などできるだけたくさん集めて、種類別に分類して分析を行い反論の対処法を活用して、セールストークを準備することが必要です。"備えあれば憂いなし"です。

　顧客の反論への準備があってこそ、ゆとりのある有益な面談を可能にするものです。(反論の克服や対処法については、82頁参照)

6 面談をスムーズに始めるテクニックを活用しよう

Point

- ●面談の話題づくりや話のきっかけづくりは、ベテランといえどもそう簡単なことではありませんが、やはり上手に本題につなげる、スムーズな面談のきっかけづくりが大切です。
- ●相手の注意を引きつけて、スムーズな面談を行なうテクニックを習得して意識して活用することが、面談を楽しくおもしろくする大きな要素です。

◇顧客との面談は不安と緊張が伴うもの

　顧客への訪問は、初回訪問、継続訪問、商談や謝罪など、どのような面談であっても、また新入りやベテランにかかわらず、常に不安と緊張が伴うものです。

　セールスマンは、相手とのスムーズな会話と進行に対して、「最初に何をいったらよいのか」「趣味の話か、それとも仕事のことにしようか」などと、いつもながら悩ましく思うものです。

　面談する相手に会って、最初にやらなければならないことは、セールスマン自身に相手の注意を向けさせると同時に、話を聞いてもらう態勢をつくることです。

　通常、顧客は、大勢の訪問客の対応で忙しいとか、仕事の途中であるなど、相手の関心がほかに所在する場合が多いのですが、このような多忙な顧客に話を聞いてもらわなければ、面談や商談はスタートしません。

　相手の注意を引きつけるには、"思い内に在れば、詞外に現る"として、顧客や面談の相手が興味をもっていることを簡単に話すことです。

　つまり、販売のプロセスや、AIDMAの法則などに基づくテクニックを活用して、相手に胸襟を開かせ、面談を開始する注意（Attention）の段階を上手にクリアし、「ところで、…」をタイミングよく使いながら、自分のペースで話題の転換を図っていくようにします。

◇相手の注意を引くテクニックを活用しよう

　セールスマンは、面談場面における最初の言葉は、えてして、無意識に使っています。

　しかし、セールスマンが自分で意図した事柄や、自分のペースでスムーズな

面談をリードする場合、"網持たずの淵覗き"を自ら戒めることはいうまでもありません。

訪問や面談の活動を一層楽しく、おもしろくするには、相手の注意を引きつけるテクニックの意識的な活用を図ることです。

以下に、その効果的な実践のテクニック「CMQSINGERS」を紹介しましょう。

◇テクニックその1　誉め言葉を使う（COMPLIMENT）

日本人は、通常相手を誉めることが下手だといわれています。しかし、お世辞ではなく、本当のことについて誉められれば、どんな人でも嬉しいものです。

面談の相手や、顧客の周りに一寸した注意と関心をもち、気がついた事柄や事実を素直に誉めることです。浮いたお世辞や、単なる誉め言葉はやはり禁物です。

商談先で、事務所に掛けてある賞状や感謝状、応接室の絵画や社是、事務所の雰囲気や業容などで、いろいろな話材を見つけて大いに活用します。また、面談相手の昇進や昇格、趣味の領域など、上手に誉めることが大切です。

例えば、「事務所の全員の人が、大きな声で挨拶していますね。活気があっていいですね。部長さんのご指導ですか」「部長さん、この間のゴルフコンペで優勝されたそうですね。おめでとうございます。ハンデが厳しくなったでしょう」など。

◇テクニックその2　相手に推理させて期待をもたせる（MYSTERY）

「このセールスマンは、何をいおうとしているのかな」と思わせるのです。

すなわち、これから話そうとするセールストークについて、相手に漠然とした期待をもたせることであり、相手の注意を引きつける効果的な方法です。

例えば、「課長さん、今日は御社の人件費が、3人分要らなくなるお話をもって参りました。いかがですか」「今日は部長さんの趣味を応援するために、新しい助っ人を連れてきましたが、いかが致しましょうか」等など。

◇テクニックその3　顧客や面談相手に質問する（QUESTION）

例えば「部長さん、パソコンでの伝票発行は、御社の場合は何枚ぐらいのコピーが必要になるんでしょうか？」「課長さん、紳士用のスーツの型取りは、何人位の人手をかけておられるんですか？」など。

これらの質問は、相手の注意を引くためには、至極当たり前の質問です。しかし、出会い頭の質問は、質問の内容とそれ以降のセールストークの内容が必ず一致したものでなければ、意味のないものとなります。

相手に質問をするテクニックは、相手の注意を引きつけ、「アプローチの核心や訪問目的の達成を図る最も効果的な方法」です。意識して、大いに活用すべきです。

◇テクニックその4　誠意のこもったサービスをしよう（SERVICE）

例えば、「課長さん、ＸＺの設計作業は、予定どおりに進捗していると思いますが、私共の技術サービスに、何かご不満はございませんでしょうか」「係長さん、先日納入させて戴いたパソコンの具合はいかがでしょうか。何かありましたら教えてください」など、誠意のあるサービスは、顧客へのアプローチを優位に展開して販売を成功に導くとともに、継続的な受注を約束してくれるものです。

ある販売会社の社長曰く"サービスに勝る商法なし"、当を得た言葉です。

顧客が失われる最大の原因は、セールスマンのサービス精神の欠如によることを、決して忘れてはなりません。

セールスマンは、好意的に注意を引くことに努力をすべきであり、決して「近くまできましたので、ついでにお邪魔しました」などといってはなりません。相手に好意をもたせるために、一寸した工夫が必要なのです。

◇テクニックその5　アイデアを提供しよう（IDEA）

このテクニック5は、顧客サイドの効果的な仕事の進め方や時間の短縮、あるいは売上の増加や費用の節約など、相手のニーズの手掛かりになる事柄が望ましいのです。

セールスマンは、知り得た他業界の商慣習や業務処理の考え方などをヒントにして、知識や経験を組み合わせてアイデアとして提案することです。

例えば、「課長さん、ｉモードのケータイとパソコンをつないで、販売効率を50％も上げている会社がありますが、御社でも活用できると思いますが…」など。

◇テクニックその6　重要な人や会社の名前を利用しよう（NAME）

物事を判断する場合、多くの基準は、関連する実績を重視するものです。特

に安全性の高い人は、その傾向を強くもち、評価や判断の基準となっています。
　すなわち、尊敬に値する著名な人や権威のある人や有名な会社や業績の高い会社などは、相対的に信憑性と信用は高いものです。したがって、それらの人や企業の言動に影響を受けやすいのです。
　これは、人間の心理を応用して顧客や面談相手にアピールすることです。
　例えば、「課長さん、N社のスカイライン、T自動車のセルシオ、H社のレジェンドをご存知と思いますが、これらの電子コントロール部分には、当社のLSICが使われているんですよ」など。

◇テクニックその7　ホットニュースを話そう（NEWS）
　顧客や面談相手は、信頼できるセールスマンの情報を、待っているものです。相手は、企業として、また個人としても、価値のある情報であれば、セールスマンの話の腰を折ることなく、心耳を傾けてきます。
　真に有益なものであれば、顧客の側からもセールスマンに対し、時として、有意義な企業情報を提供してくれることもあります。

◇テクニックその8　ギフトを活用しよう（GIFT）
　多くの企業は、自社の宣伝や記念行事、新商品の発売などにあたって、顧客やユーザー向けに「試供品」や「ノベルティ」「アドグッズ」などを用意しています。アイデアのあるセールスマンは、これらのものを効果的に活用して、顧客の注意を引きつけて興味と関心をもたせるものです。
　新聞の勧誘員は、従前から新聞の銘柄を決定する家庭の主婦をターゲットとして、タオルや洗剤、はたまた野球のチケットなどを活用して、顧客の心をつかんでいます。また、最近は金融機関までも、規制緩和やペイオフなどを契機として、いろいろなアドグッズを活用して、「顧客の注意と関心を引き出す努力」をしています。
　一般のセールスマンも、大いに見習って、こうした方法を活用すべきです。

◇テクニックその9　提示物を上手に使う（EXIHIBIT）
　顧客や面談相手に手渡す提示物は、カタログが代表的なものです。
　アイデアのあるセールスマンは、モバイルパソコンを利用したり、写真や統計資料、技術データなど、たくさんの提示物で話のきっかけづくりをしています。
　例えば「課長さん、私どもでいろいろと調査してみた結果、こんなデータが纏まりましたので一寸ご覧ください。ご意見は…」など。

顧客が関心をもつ提示物の活用は、セールスマンに対する期待と存在感を大きくするものです。

◇テクニックその10　第三者からの紹介を利用しよう（REFERENCE）

　このテクニックは、顧客や面談相手にとって、権威や好意をもつ第三者を上手に利用して、注意を引く方法です。

　紹介を利用する方法は、確実に相手の注意と関心を引きますが、そのためには紹介状の持参や事前のアポイントが必要です。

　例えば、「部長さん、今日はB社のC社長さんの紹介で参りました。C社長さんのお話しですと、御社では新しい人事管理制度の導入で、お困りになっていると伺いましたので、早速ご提案したいと思いまして…」など。

◇テクニックその11　ビックリする言葉を使う（STARTLING-STATEMENT）

　例えば、「部長さん、このシステムを導入されると、事務所が10分の1の広さで済むんですよ。信じられますか？」「課長さん、100万円の設備を運用するために、毎年100万円以上の費用を払うのは、馬鹿らしいとは思いませんか？」など。

　この方法の活用には、きちんとした裏付や根拠が提示できる状況が必要です。相手が驚くことは、注意を引きつけるうえで、大変有効なテクニックです。

◇顧客の注意を引きつける「CMQSINGERS」を意識して活用しよう

　以上11の顧客や面談相手の「注意を引くテクニック」について実践的に説明をしましたが、これらのテクニックは、次のように覚えてほしいのです。

　　Compliment（誉め言葉）　　　News（ニュース）
　　Mystery（推理）　　　　　　Gift（ノベルティ・試供品etc）
　　Question（質問）　　　　　　Exhibit（提示資料）
　　Service（サービス）　　　　　Reference/Referral（紹介）
　　Idea（アイデア）　　　　　　Startling-Statement（ビックリさせる言葉）
　　Name（権威ある重要な名前）

　覚えやすくするために、面談のはじめに、必ず「CMQの歌を歌う」ことを忘れないようにしてください。

◇注意を引きつけた顧客を、興味をもつ顧客に変えよう

　多くのセールスマンは、日頃これらのテクニックを、意識せずにに使ってい

ます。意識して複数の方法を組み合わせて上手に活用することによって、顧客は、このセールスマンは「どういうことなのかな」「何をいいたいのかな」などとの、興味と関心を示す姿勢に変化するものです。

顧客へのアプローチや面談は、いかに早くスムーズに注意を引きつけた相手を、興味をもつ状態に変えるかにかかっているのです。

◇顧客や面談相手に、関心と興味を喚起するためには

販売を推し進めるアプローチ活動には、必ず一定の流れがあり、成果の獲得に至る五つの段階（プロセス）が必然的に存在します。(50頁参照)

注意を引きつけた相手に関心と興味をもたせる「興味の段階」は、訪問目的の本題に入るために「ところで」の言葉を上手に利用して、相手の興味や関心を引き出すための、セールストークを展開する段階です。

相手の興味や関心を素早く引き出すためには、次のような三つの方法があります。

(1) セールスマンが顧客や面談相手にとっての利益（効果効用や個人の楽しみ）を、直接説明する「直接法」です。

(2) 実際に活用して効果を得ている第三者の事例を証拠として提示しながら、間接的に顧客の利益を説明する「間接法」です。

(3) 活用事例をもとにして、導入以前の状態と購入活用後の状況を具体的にリストアップし、相手に選ばせることによって相手が最も興味をもつ事柄を探し出す「リスト法」です。

ここでは、誰にでも簡単にできて、効果的な「間接法」を紹介しましょう。

「A課長さん、B社のC部長さんをご存知ですか？」

「あー知ってるよ」

「C部長さんも、A課長さんと同様に、店舗の経費削減を考えておられました」
「いろいろ検討された結果、この省電力システムを3か月前に導入されましたが、C部長さんは、以前に比べて電気料が20％も節約できたことを、大変喜んでおられました。御社にも、同じような効果が期待できるものと確信しておりますがいかがですか」。

このテクニックは、既存顧客の活用事実に基づいた具体的なセールストークとして、相手に不信感や疑念を与えずに興味を喚起するものです。

このように、自社ユーザーの活用事例を上手に活用しながらセールストークを行うことによって、相手の関心と興味を引き出すことができます。

7 顧客が喜ぶセールスツールを準備しよう

Point
- セールスツールは、自分を売り込む最良の武器です。TPOを考えてアイデアと工夫を凝らして、自分で作成することが必要です。
- セールスツールの内容は、セールストークとの整合性を考えて作成します。
- タイミングのよいセールスツールの活用は、効果を倍増して相手に喜ばれるものです。

◇セールスツールは戦いの武器である

販売活動の基本的な要件は、自分の対象市場の中で、自らの戦略に基づいて標的市場を決定し、セールスマップを作成して、個々の顧客単位に販売計画を立案し、目標と戦術を明確に設定することです。

設定した戦術を具体的な訪問活動に反映するためには、セールスツールを活用して、顧客への効果的なアプローチを展開することです。アプローチ活動でのセールスツールの活用は、顧客を攻略するための、目に見える最も具体的な戦術です。

セールスマンが自ら作成するセールスツールの活用は、図表19のとおり個々の顧客に対して、説明や説得をする道具として必須であることはもちろん、競合他社との販売合戦を、優位に展開する"鉄砲の弾"として、なくてはならない極めて重要なものでもあります。

したがって、日頃の訪問活動を通じて自ら作成して、蓄積した様々なセールスツールを、目的別や活用の場面ごとに分類し、整理しておくことが必要です。

これらのツールは、活用の度ごとに新たな内容を加えて、"磨きを掛ける"ことにより、一発必倒の強力な武器として準備し、活用することも忘れないでください。

◇面談場面のTPOにフィットさせよう

セールスツールの作成は、販売のプロセスやAIDMAの法則などを基調にして、セールスマンがそれぞれに個性を生かして、自分の武器をつくるために、アイデアと工夫を凝らすことが大切な要件です。

特定顧客向けに作成するセールスツールは、相手の認知欲をくすぐり、自尊心を高めると同時に、顧客を喜ばせる効果抜群のものが求められます。

２ 訪問面談を楽しくやろう

【図表19　顧客が喜ぶセールスツール】

```
        ┌─────────────────┐
        │   顧客の納得      │
        │ 効果的な説明と説得 │
        └─────────────────┘
                 ↑
      顧客が喜ぶセールスツール
        ┌─────────────────┐
        │   商談展開と      │
        │ アプローチの的確性 │
        └─────────────────┘
     ↑      ↑      ↑      ↑
  販売のプロセス         AIDMAの法則
```

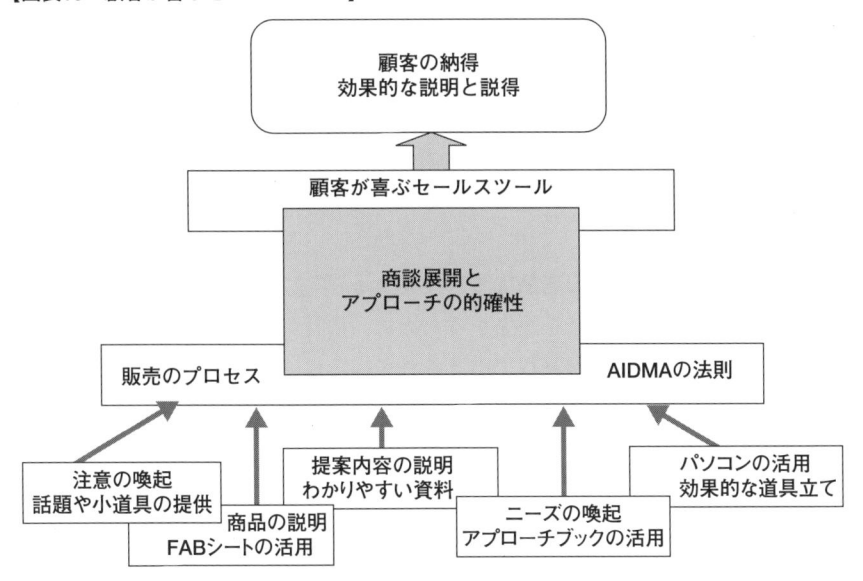

注意の喚起 話題や小道具の提供	提案内容の説明 わかりやすい資料		パソコンの活用 効果的な道具立て
	商品の説明 FABシートの活用	ニーズの喚起 アプローチブックの活用	

【図表20　セールスツール】

項　目	説　　明
(1) 相手の注意を喚起する	業界情報、各種の統計資料、カタログ、写真、紹介状、名刺、会社概要、宣伝用グッズなど。
(2) 関心やニーズを引き出す	活用事例集、納入実績表、個別リーフレット、商品マニュアル、アプローチブック、商品サンプルなど。
(3) 商品説明	商品カタログ、動画カタログ、モデル商品、価格表、比較表、アプローチブック、同業他社の活用事例、個別資料など。
(4) 提案説明	プロポーザル、稼動予想図、説明会資料、現況確認と分析資料、課題検討と確認資料、説明会資料、自社の組織表、業界納入実績表、サービス拠点一覧表、サポートメニューなど。
(5) デモンストレーション	展示方法（ショウルーム、ユーザー、工場）、ディメンションパネル、デモのしおり、ビデオ、記念品など。
(6) その他	活動項目に見合う各種の説明、提案資料など。

　したがって、セールスマンは、顧客を攻略する販売戦術の展開に対して、活動項目ごとに具体的なセールスツール（図表20）を準備しなければなりません。

　準備に際しては、常に活用の場面を想定して、目的や面談相手、時間や場所柄などを十分に考慮し、効果的に活用することがどうしても必要です。

◇セールスツールの活用とタイミング

　セールスツールには、活用目的や面談場面に対して、図表19のようなものを準備するのが望ましいでしょう。

　昨今のセールスマンは、セールスツールをパソコンで作成し、説明や説得のためにパソコンを有効に活用して、顧客へのプレゼンテーションの道具として、効果的な面談活動を行っています。

◇セールスツールを自分の商品に置き換えよう

　セールスツールは、商品を販売するために、自社の宣伝部門や販売促進部門で、予めカタログや説明書として用意されているはずです。しかし、これらは不特定多数の様々な顧客に対応する一般的な商品説明と商品固有のメッセージを提供するツールです。

　商品化技術の進展に伴い、商品の同質化が進む中で、競合他社との販売合戦はますます厳しくなっています。もはや、小手先のセールステクニックや、単なるセールストークだけでは、顧客を説得することが難しくなってきています。

　したがって、セールスマンは、競合他社を差別化して、顧客を自分のペースで説得するために、セールスツールを存分に活用することが重要です。セールスツールは、自分自身の創意と工夫でつくるものであり、自分の顧客に、自分が活用してこそ、大きな効果が生まれるものです。

　セールスツールは、自分の説得力を高める道具であると同時に、"セールスマン固有の商品"として、顧客から喜ばれ、選ばれるものでなければなりません。したがって、自ら作成したセールスツールは、自分を代表する商品として認識し、販売の競争要素に置き換えることが極めて重要なことです。

　積極的に活用されることをお勧めします。

◇セールストークを裏付ける内容の充実を図ろう

　近年、セールスマンには、厳しい販売競争の中で、顧客のニーズを引き出し、興味や欲求を喚起して、商品の購入を促進する動機づけと、質の高い説得力が求められています。

　セールスツールを活用して、説得力を高めるには、必要なセールスツールを反復活用しながら、鮮度の高い情報を取り入れて、内容の充実を図らなければ、顧客に喜ばれず、意味のないものになります。

　そうしたセールスツールは、使わなければサビが出て、役に立たない代物になる反面、使えば使うほどに磨きがかかり、ここ一番の大きな説得の道具にな

【図表21　セールスツールの活用とタイミング】

項　　目	説　　明
(1) 顧客の検討状況を知る	今後の活動項目と戦術を確認する。
(2) 次回の面談を約束する	課題と面談内容を確認する。
(3) 相手の注意や関心を引きつける	自分の面談ペースをつくる。
(4) 面談時間や場所が限られている	要領よくわかりやすい説明をする。
(5) 相手を納得させる	説明や提案に理解と同意を求める。
(6) 相手が大勢同席する	相手をそれぞれ認知して話題を共有する。
(7) その他	セールスマン自身の存在感と自分自身を売り込む。

ることはいうまでもありません。

　セールストークを裏付ける証拠として、さらには、競合を排除する自分の商品としてセールスツールを認識し、活用目的に相応しい、具体的な中味を揃えることに注力することが望ましいのです。

◇活用のタイミングが重要である

　セールスツールの活用効果を高めるには、内容の充実はもとより、いつ、どのようなタイミングで活用すべきかを、常に考える必要があります。(図表21)
　顧客は、仕入活動や購入計画を予定どおり進めるために、必要なときに、必要な情報をわかりやすく、必要なだけ入手することを求めているものです。
　セールスツールは、相手のキャスティングや面談内容を見定めて、相手の欲求を先取りして、必要な情報をわかりやすく加工したり、相手のレベルに「ピタリと合わせる」ことが、喜ばれるもとになります。
　その反面、活用のタイミングを逃したり、"三日遅れの古新聞"では、折角のセールスツールがセールスマンの信用を大きく損なうものとなります。

◇活用のチャンスは自分でつくろう

　セールスツールを活用するチャンスとタイミングは、図表21のような目的や場面が効果的です。

8 アプローチブックで興味と欲望を喚起しよう

Point

- ●セールスストーリーに基づくアプローチブックは、自分だけのカタログで、面談で興味と欲望を喚起する最良のアシスタントです。
- ●アプローチブックは、つくり方や活用次第で、ベテランセールスマンと同じレベルの説明や説得を生み出す優れものです。
- ●活用の効果を認識し、訪問面談の決め技として、自分のセールススタイルをつくることが大事です。

◇顧客の必要と満足を売り込む伝道師である

　顧客が「モノを買う」という行動は、「これが欲しい」という必要性から、顧客が自らの欲求を満足させることにあります。これらは、単機能商品、所謂消費財の販売では、顧客が自ら来店して、欲しいモノを買い求める形態になっています。

　したがって、昨今、スーパーやコンビニ、量販店などでは、販売要員としての店員をおいていません。

　しかしながら、多機能商品の耐久消費財や複合的なシステム商品である生産財の販売では、顧客によって使用方法や活用目的が多岐にわたるため、それぞれの顧客の必要性に対して、個別に対応しなければなりません。

　耐久消費財や生産財の多くは、商品やシステムの用途、価値の多様性、顧客の必要性、購入動機やルートなどが様々です。これらの商品領域の販売は、特定顧客や業界固有の必要性を喚起し、それぞれの顧客が求める期待効果と満足を十分に説明して、売り込む必要があります。

　いわば、セールスマンは、商品やシステムを顧客に売り込む企業を代表する伝道師の役割を果たさなければならないわけです。

◇単なるカタログは商品訴求のメッセージでしかない

　カタログや新聞テレビで宣伝広告しても、顧客にとって関心や興味のないモノは、大凡必要性を感じることはなく、売れることはありません。特に、耐久消費財や生産財の商品は、「単なるモノ売り」では、売り込むことが困難です。

　したがって、会社が用意するカタログや、宣伝広告は、商品の単なるメッセージとして発信され、対象業界のニーズや顧客固有の興味や欲求などを明確に引き出すことはできません。

◇セールスストーリーに基づくカタログをつくろう

こんな実例があります。

コンピュータメーカーで、小型コンピュータの販売を担当していたS君は、新商品の発売を契機に、担当業界向けにカタログを企画して、上司に相談しました。

上司のM主任からは、「業界別のカタログは、時間がかかるし、部数が少ないので金がかかる。金のかかることばかりできっこないよ」との厳しい反対を受けました。

やむなく、S君は、自分の企画に基づいて、担当業界の新聞や雑誌、各種の統計資料などを集めて、課題や問題点をマンガやグラフにまとめ、ユーザーリストを活用して、同業他社の成功事例を、企業規模別にリーフレット形式でわかりやすく作成し、最後に、商品カタログと価格表を準備しました。

S君は、これらの資料を一冊のファイルに綴じ込み、自らセールスブックと命名したのです。

S君の「セールスブック」は、少なからず、自分のセールスストーリーを下敷きにして顧客の関心と興味を引き出し、顧客や業界固有の必要性を伝えて、活用の効果効用や楽しみを説明するとともに、顧客の理解と同意を獲得できる内容になっています。

このセールスブックは、訪問販売やルートセールスにかかわらず、アプローチを効果的に行う自分専用の「アプローチブック」として、積極的に活用することが重要です。

◇アプローチブックは世界でたった一つの自分のカタログである

厳しい販売環境の中で、現在セールスマンに最も要求されるものは、競合他社に勝る質の高い説得力です。

セールスマンは、説得力を強化するために、顧客への1回1回のアプローチを効果的に進めるアプローチブックを自分でつくり、自ら反復活用して磨きを掛けることが必要です。

セールスマンは、"口八丁手八丁"で、言葉や身振りで説明しがちですが、アプローチブックを活用することによって、説明の内容を目で見る視覚に訴えて、相手に確認させることができます。視覚に訴えて、相手が確認することによって、新人のセールスでも、ベテラン同様の訪問面談活動が期待できるのです。

アプローチブックは、自分のアプローチ方法やセールスストーリーにフィットしたもの、あるいは、自分の標的市場の顧客に合った有効なものをつくらな

ければ意味がありません。

　自分のために、自分でつくるアプローチブックこそ、世界に一つしかない自分だけのカタログです。

◇**アプローチブックは訪問活動を楽しくする最良のアシスタントである**
　アプローチブックは、次のような効果が期待できます。
⑴　商品知識や業界知識などの知識不足をカバーできます。
⑵　興味や欲望を喚起する話題の提供や必要性の提案がスムーズにできます。
⑶　相手の視覚に訴えて、正しく理解させることができます。
⑷　自分の不得手な事柄を補い、面談場面をリードすることができます。
⑸　商談を簡素化し、クロージングを促進することができます。

◇**アプローチブックをつくるポイント**
　アプローチブックは、次のような事柄を考慮してつくりますが、これは自分で作成することが大切です。
⑴　活用する目的に沿って、数冊つくることが望ましい。例えば、経営者向け、キーマン向けなど。
⑵　資料の収集は、時間をかけて幅広く集めること。材料は自分の身の周りから集める。例えば、新聞や雑誌、イラストやマンガ、カタログや写真、各種の統計資料など。
⑶　編集方法は、自分のアプローチ方法や、セールスストーリーを考慮して編集し、ルーズリーフ形式のファイルを利用する。頁数は20〜30頁で、余り厚くならないように工夫する。
⑷　編集のポイントは、文字表現を少なくし、見てわかる図解方式を工夫する。証拠として真実味を加える資料は、そのまま添付する。

◇**アプローチブックは訪問面談の決め技となる**
　アプローチブックは、自分の販売活動を促進する最良のアシスタントであり、商談を勝ち取る決め技となるものです。
　使い方次第では、その効果は倍増するものであり、磨きをかけるためにも、積極的に活用することが必要です。
　使い方は、効果を高めるために、次のようなことを意識して実行するとよいでしょう。
⑴　ロールプレイングで反復訓練し、さらに磨きをかけます。

―効果的なセールストークと、アプローチブックの欠点を補うために。
(2)　顧客に向けて指先での指示説明を行い、自分のペースでページを開きます。
　　　―相手の心を指先に引きつけ、興味と期待感をもたせるために。
(3)　必要な個所だけをみせる。書いてある文字や文章は相手に読ませます。
　　　―相手の反応を確かめ、同期を取りながら進めるために。
(4)　ホットニュースやトピックスを挿入し、新規性と話材を確保します。
　　　―アプローチブックを常に更新し、最新情報などを話題とするために。
(5)　常に確認の質問を行い、相手の理解を確認し、同意を得て進めます。
　　　―反論を未然に防ぎながら、後戻りのないようにするために。
　これらの活用ポイントに留意しながら、十分に意識して訓練し面談現場で大いに活用してください。

◇アプローチブックのつくり方にはこんな方法もある
　家電商品の卸販社で量販店を担当するＳ君は、最新の技術を活用したプラズマテレビの拡販に取り組んでいました。主要な家電量販店への展示導入に成功したのですが、実売は低調な状態が続きました。
　そこでＳ君は、ワーストワンの店舗を選んで、閉店後に店員との勉強会と開店前の朝礼に参加して、一口コメントの実行を計画したのです。
　早速Ｓ君は、プラズマテレビのベストワンを誇る量販店の店員にアドバイスを受けて、来店客にプラズマテレビを売り込むセールスストーリを組立てました。セールスストーリーは、デジタル化社会の進展と放送の多チャンネル化や、情報通信と映像放送の融合をはじめとして、ライフスタイルの変化とテレビの活用効果、プラズマテレビの楽しみ方などを設定します。それぞれに写真やマンガチックな絵をもとにして、キャッチフレーズやキーワードを書き加えて12枚のリーフレットを作成し、5分以内でストーリーが完結するようにしました。
　そしてＳ君は、ルーズリーフ式のファイルに「プラズマセールスファイル」と記入して、担当店舗のプラズマコーナーに"中味のない空のファイル"を吊り下げました。店員は空のファイルを見て、Ｓ君に「何をするの…？」。
　以来Ｓ君は、自分でつくったリーフレットを１枚1枚順番に持参して、開店前の朝礼に参加しながら説明しました。12回目の説明を終えたときに、空のファイルは見事「アプローチブック」になっていたのです。
　Ｓ君の活動は、プラズマテレビの販売ノウハウを提供して、売り場の店員を自社のファンにとり込みました。

9 顧客の反論を期待しよう

Point

- 反論は、たくさん集めて分類し、事前に分析して模範回答を準備することです。出る前に克服することが基本です。
- 新たな反論への対応は、反論を克服するテクニックを活用して、上手に対処することです。
- 反論に対処する最もよい方法は、「反論を質問に置き換えること」です。
- 反論を上手に克服した後には、必ず「確認の質問」をします。

◇反論を分類して整理しよう

　図表22に示すように、顧客との面談活動では、訪問前に想定して準備した反論以外に、いろいろな反論や抵抗が出てくるものです。

　これらは、新商品の発売やキャンペーンなどの機会を捉え、期間を定めて多くの仲間同士で収集し、いくつかの種類に分類して整理する必要があります。

　日常の販売活動の中で、収集した反論や断りの文句は、相手の立場や購入の期待効果などから、千差万別で際限がないように思われがちです。

　しかしながら、それらを分類してみると、反論の種類が以外に少ないことがわかるものです。

　代表的な反論の種類は、大別すると図表23のように分類することができます。

　反論への対応は、"備えあれば憂いなし"を旨として、仲間同士で、これらの反論や顧客の抵抗をそれぞれに分析して、答えを纏めて、いくつもの模範回

【図表23　主な反論の種類】

項　目	説　明
(1) 必要性	代替品や代替方法、必要度合いなどに関すること。
(2) 価格	商品やサービスの価格、導入工事費や活用のコストなど。
(3) 商品	性能、機能、デザイン、操作性、設置面積など。
(4) 競争品	他社ユーザー、他社ルート、他系列など。
(5) サービス・サポート	対応メニュー、対応レベルや時間など。
(6) 自分の会社	実績、対応組織、会社の信頼性など。
(7) 納期	生産出荷量、希望納期、流通方法など。
(8) その他	活用検討部門、相手の企業スケールなどの項目種類など。

【図表22　反論を期待しよう】

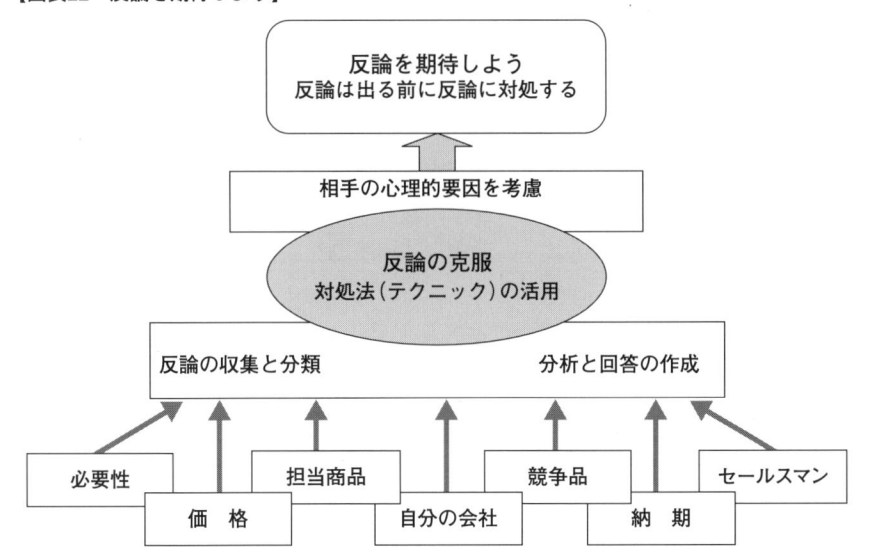

```
         反論を期待しよう
    反論は出る前に反論に対処する
              ↑
       相手の心理的要因を考慮
              ↑
          反論の克服
      対処法（テクニック）の活用
              
    反論の収集と分類    分析と回答の作成
    ↑    ↑    ↑    ↑    ↑    ↑    ↑
  必要性  担当商品      競争品   セールスマン
      価　格    自分の会社    納　期
```

答を作成しておく必要があります。

　また、ロールプレーイングなどによる練習で、自分のセールストークとして、早めに習得するのも一法です。

◇反論を克服するテクニックを活用しよう

　顧客の反論や抵抗は、どんなときにもところ構わず、出てくるものです。

　反論への対処は、「反論は、出る前に克服することが最良の方法である」といわれています。したがって、セールスマンは、予め想定した反論や質問はタイミングをみて、相手から出る前に、反論に対する答えを説明することが必要です。

　にもかかわらず、顧客から反論が出た場合には、次のようなテクニックを活用して、相手の自尊心を損なわずに反論を克服して、理解と同意を獲得しなければなりません。

(1)　テクニックその１／反論を間接的に否定する[間接否定法]

　この活用方法は、「十分によく聞く→理解する→気軽に証拠をつけて答える」です。

　反論に対処する方法は、相手のいい分を、十分によく聞くことが基本です。

　「相手の話を十分に聞くことは、話すことの２倍に相当する」といわれています。故に、巷間"話し上手は聞き上手"といわれる所以ともなっています。

面談の場面で相手に話をさせることは、アプローチの進捗状況と、相手の理解や納得の度合いを知るうえで、貴重なバロメーターとなるものです。

　セールスマンが理解するということは、反論としての相手のいい分がわかったことを言葉で表現することです。

　例えば「おっしゃることは、よくわかります」などの言葉で、相手と一緒に考える姿勢を示します。併せて、適切な活用事例や資料を証拠として、気軽に説明することが必要です。

　説明の後には「おわかりいただけましたでしょうか」と、「確認の質問」を必ず実行します。

(2)　テクニックその２／相手に「なぜですか」の質問をする[ＷＨＹ法]

　この活用方法は、「十分によく聞く→質問をする→証拠をつけて答える」です。

　この方法は、相手の反論の真意を知りたいときや、価格に対する反論などに最も適したものです。顧客が連発する「これは値段が高いよ」「うちの店では売れないから」などに対して、僅か一言「なぜですか」の質問で、相手の本当の気持ちを探り、証拠を示して十分な説明を行いながら答える方法です。

(3)　テクニックその３／相手の反論を、そのまま相手に返す[ブーメラン法]

　この活用方法は、「十分によく聞く→答える」です。

　この方法は、オオム返し法とも呼ばれ、相手の反論や質問を、そのまま相手に投げ返す対処法です。

　例えば、「機種が少ない商品は売れないよ」「機種の多い商品は売れないよ」などの反論には、「だから、展示場所や在庫量が少なくて済むんです」とか「ですから、お客様の選ぶ範囲が広がって、よく売れるんです」。

　このように、相手の反論を「だから」の一言を添えて切り返すことにより、自分のペースを取り戻すよい方法です。名付けて、ブーメラン法ともいいます。

◇反論を上手に克服するには

　反論を克服する最もよい方法は、セールスマンが、相手の反論を上手に質問に置き換えて、証拠をつけて答える「反論を質問に置き換える法」です。

　反論→十分に聞く→理解する→質問に置き換える→確認の質問→証拠をつけて答える
　　　　　　　　　　　　　　（置き換えに失敗した場合）
　　　　　　　　　　　　→相手に反論を整理させる→

　顧客は、セールスマンに対して、多くの漠然とした反論を常にもっています。

これらの反論を、セールスマンのペースで一つに集約させて、他の反論を封じ込める方法です。

これは、相手の反論をセールスマンが、相手に「お客様のおっしゃることは、こういうことですね」という具合に、質問に置き換えてしまう方法です。

例えば、相手の反論で「今度の新商品は、機種とモデルが多くて売りづらいよ」、セールスマン「おっしゃることはよくわかります。それでは、今度の商品はなぜ機種を幅広く揃えたのかについて、ご説明すればよろしいんですね」「ウン、そうだよ」というようになれば、後は、顧客と議論することなく、新商品のセールスポイントを十分に説明し、もう一度説得をするチャンスが到来することになります。

もしも顧客や面談の相手から「そういうことではないよ」といわれて、質問に置き換えることに失敗した場合は、「それでは、お客様の疑問な点はどういうことなのでしょうか」というように、質問を繰り返すことによって反論を顧客や面談の相手に整理させます。相手に質問を繰り返すことによって反論の真意を探り、本当の反論に対して的確な説明と説得を行う方法です。

この方法は、他の方法と異なり、次のような大きな利点をもっています。
(1) 反論を質問に置き換えることにより、反論の真意を探ることができます。
(2) もう一度、セールスポイントの説明と、説得のチャンスがうまれます。
(3) 顧客と争うことなく、新たなニーズを喚起できます。
(4) 自分のペースで面談や商談を進めることができます。

◇確認の質問で理解と納得を確保しよう

セールスマンは、顧客の反論に上手に対処して、克服した後には必ず「確認の質問」をすることを、忘れてはなりません。それは、相手の理解と同意を確認することにより、二度と"同じ反論が出ない状況"をつくる必要があるからです。

また、「確認の質問は」、面談のペースを取り戻すと同時に、後戻りさせないためのテクニックでもあります。

反論を上手に克服しても、「確認の質問」を怠ったために、同じ反論に出会うことが時々あります。この場合、時としてセールスマンを面談症候群や訪問恐怖症にするともいわれています。

「確認の質問」は、セールスマンが説明したことや提案した事柄を相手が本当に理解したかどうかを、きちんと確認できる簡単な方法です。

10 印象をよくする面談を常に心掛けよう

Point
- 顧客との面談は、相手の好感を得ることが大前提です。相手の関心事や、興味をそそる話題や話材の提供が必要です。
- 相手の反論や質問に対しては、議論や否定をすることなく、間接的な質問話法でソフトに対処することです。
- 面談の基調は、相手の心理的要因を意識して上手に対応することが肝心です。

◇多くのセールスマンは基本的な態度が実行できない

こんな事例があります。

あるとき、卸販社のY支店長は、S支社長に同行を依頼してM課長と3人で、説明会の出席を依頼するため、家電量販店のK社長を訪問しました。秘書に案内されて応接間に入った途端、Y支店長は、奥まった真中の椅子にどっかりと腰掛けて、S支社長にも、着席を促しましたが、S支社長は入り口のドアの近くで「私はこのまま、立って待っているよ」。

間もなく、K社長が現れて「立ったままお待たせしてすみません。Sさん、どうぞ真中の席にお掛けください」といって、Y支店長の席を指定した。S支社長は「これで、話は上手く進められる」と思いました。Y支店長は慌てて席を立ち、下座に着いたのです。

帰り道、早速S支社長が「業者は、お客より先に寛いでは駄目なんだよ」とY支店長にいいました。

このほかにも、多くの実例をみています。

例えば、面談場面の中で、「相手より先にたばこを吸う」「黙って先に御茶を飲む」「ケータイで別の顧客と話をする」「相手の名刺を直ぐにポケットに入れる」「相手の前で提出書類を粗雑に扱う」「後ろ手のまま、お辞儀をする」など、数え上げればきりがありません。

これらの態度や行動は、意味がわからずに無意識で行動しているように思われますが、注意をしてください。

◇自分で習得し、意識して実行し、訓練しよう

セールスマンは、まずはじめに企業の代表者であることを認識する必要があります。

基本的な態度と行動は、その意味するところを十分に、理解しなければなりません。

例えば、「たばこを吸う」行為は、「くつろぐ」という意味があります。したがって、面談中やクレーム対応、お詫びや依頼事などの場面では、極力避けなければなりません。まして、相手が禁煙者や嫌煙者の場合は、もってのほかです。

また、「あいさつをする」という行動は、「胸襟を開いて親しくなる」ことを意味しています。したがって、ハッキリとした言葉を添えて、素直な気持ちで対応することが、好意的な友好関係をつくるものです。

基本的な態度についての実例や、説明したい事柄は山ほどありますが、基本的なマナーやエチケットは、市販本などで研究し、自分自身で習得して欲しいのです。

重要なことは、習得したことを意識して実行することであり、何事も無意識にできるまで、訓練することです。

◇顧客の心理的要因を意識しよう

こんな事例があります。

２月のある日、小型コンピュータの販売を担当しているＳ主任に、ユーザーからクレームの電話が入りました。ユーザーは、六本木に所在する電子部品のメーカーで、生産管理の部品展開にコンピュータを活用していました。

運用担当のＤ課長が電話口で興奮しながら「おまえんとこのコンピュータは、いつも忙しいときにダウンする。こんなものはすぐにもって帰れ」といいます。Ｓ主任はびっくりして、早速、修理部門に依頼して技術者を派遣しました。

翌日、またＤ課長から電話で「治ったけど、こんなものは使いたくないから、引き取ってくれ」といわれましたが、Ｓ主任は、聞き流しておくことにしました。２日後、東京に大雪が降ったのです。Ｓ主任は、早速Ｄ課長に電話を入れ、空いている時間に訪問して、丁寧に謝罪しながら面談しました。

Ｄ課長は「こんな雪の日によくきてくれたね。一寸イライラしてたもんで勝手なことをいっちゃったよ。これがないと仕事ができないよ」といい、顔は笑っていました。

この事例のように、セールスマンは、顧客の心理や行動要因を意識して、対応することも肝心です。

◇顧客の心理的要因を意識して活用しよう

顧客の抵抗やセールスマンに対する反論や質問は、人間の心理的な要因と欲

【図表24　顧客の心理的要因】

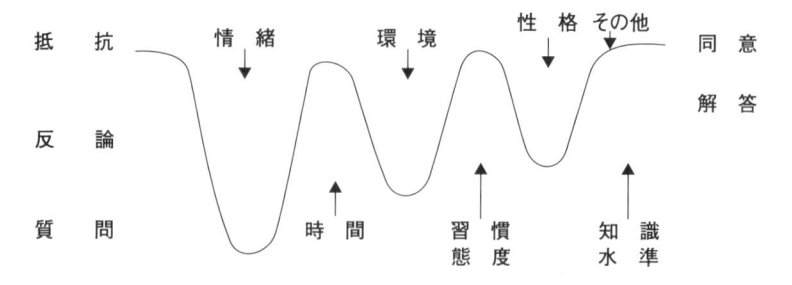

```
抵抗      情緒      環境      性格 その他     同意
　　　　　 ↓       ↓        ↓              解答
反論                              
質問      時間     習慣      知識
                  態度      水準
```

求を配慮しなかったときに、起こりやすくなるものです。したがって、面談や商談の内容などに、理解と同意をしてもらうためには、相手の心理的要因を十分に考慮することを心掛けなければなりません。

顧客の心理的要因は、相手の立場や職責、面談の目的や内容によって若干異なるものですが、概要を図表24に示しましたので、参考にしてください。

顧客は、セールスマンの説明内容や提案資料を、素直に受け入れないことがあります。例えば、難しい専門用語や新しい外来語などは、相手の知識水準をセールスマンが意識するか否かによって、抵抗や質問の出方が大きく異なります。顧客の性格やクセなども、日頃の面談を通じて見定めておくべきでしょう。

また、始業直後、昼休みの直前直後や終業直前などは、訪問面談には適さない時間帯であり、当然避けるべきものです。

逆に、クレーム処理など、難しい用件で訪問しなければならないときは、相手に疲労が多く、思考能力が減退する終業直前の時間帯を活用すると、効果が期待できます。

また、相手の起床時間に合わせて、"自分の冴える時間"をつくるのも、一策です。

◇興味をそそる話題の切り出しができるよう準備をしよう

顧客との面談は、いつまでも趣味や自慢話に、花を咲かせていてはなりません。ほどよく、「ところで」をいい添えて、場面を切り変えなければなりません。

面談場面の話題は、訪問企業の問題点や面談相手の課題を、具体的にわかりやすく加工して、タイミングよく投げかけることが大事なことです。

多くのセールスマンは、2～3回訪問すると、話題がなくなり困るといいます。

話題や知識は、何回でも訪問できるだけのものを、普段から身につけておく

ことが大切です。また、訪問の度ごとに、相手の関心事や課題の準備を怠ってはなりません。

特に、上司との同行訪問や初回訪問の話題や話材は、事前の準備を十分に行うようにしてください。

◇話題の切り出しはTPOを意識しよう

話題の提示は、次のようななポイントを意識して、実行すると効果的です。
(1) 顧客の関心がある話題で、結論がイエスで終わる事柄を準備する。
(2) 話題の内容は、できるだけ具体的に説明する。
(3) 政治や宗教などの、議論になりやすい話題は、極力避ける。
(4) 相手が多数同席する場合は、話題の共通性を配慮する。
(5) 話題に関連する事例や資料を準備して、タイミングよく活用する。
(6) 相手と一緒に考え、一緒に対処する姿勢を示す。

興味をそそる話題の切り出しは、相手に好感をもたせて、面談や商談をスムーズに進行させる"特効薬"として、TPOを意識して実行することが肝要です。

◇反論への対応はソフトな質問話法を活用しよう

顧客の反論や質問は、ほとんどが訪問面談の最中に生じるものです。

多くのセールスマンは、とっさに、「いいえ、それは違います」「そんなことは、ありませんよ」などを連発しています。これらの言葉は、相手の本心を見抜けずに感情を悪化させ、面談の進行を阻害する大きな要因になります。

セールスマンは、相手をねじ伏せノックアウトする言葉を使ってはなりません。

反論への対処は、相手の文句を肯定しながら、いい分をよく聞くことです。

そして、「なぜですか」という「五文字の言葉」で、顧客の体面を損なわずに本当の理由を引き出し、好感が得られる間接話法を活用することが大切です。

例えば、顧客の相手から「お宅の商品は価格が高いからダメよ」といわれて「いや、そんなことありませんよ」と言い返すのではなく、「なぜですか」「なにに比べて高いのですか」という質問をすることです。

相手は「A社に比べて1割以上高いんだよ」「当初の購入予算より20%もオーバーしているからねぇ」など、本当の理由がわかるものです。

また「まだこの装置を導入するほどではないよ」といわれた場合には、「なぜですか」「なにか理由でもおありですか」という質問をすることによって、相手は「会社のトップがそういうもんだからねぇ」など、顧客の反論は「買わ

ない」ということでなく、心理的要因としての一つの意思表示を行うものなのです。(反論への対応については82頁参照)

◇面談の締めくくりを大切にしよう

　顧客との面談が順調に進み、訪問の目的が達成されても、セールスマンの仕事は、終わりではありません。顧客の貴重な時間に対する「丁重なお礼」と「次回訪問の約束」が、面談の締めくくりとして重要な仕事です。

　次回訪問の約束は、訪問販売やルートセールスのいかんにかかわらず、次のような事柄に留意するのが得策です。
(1)　次回の訪問目的と面談内容を、顧客にとって有益な事柄を設定する。
(2)　面談内容の継続性を考慮し、事前準備を含めて訪問の日時を設定する。
(3)　自分のペースを考えて、二つ以上の日時を提示し、相手に選択させる。

◇辞去のタイミングにも細心の注意を払おう

　セールスマンは、面談や商談が終わると嬉しさや開放感を感じて、ついつい長居をしがちです。セールスマンの"余情残心"は、禁物です。

　顧客の印象をよくするには、相手の立場を考えて、用事が済み次第、周りの人にも気を配り、忙しそうに辞去することが好感をもたれる態度です。

　とかく長居をすると、相手に邪魔が入ったり、新たな反論や質問を思い起こすことにもなります。

　引き止められたとき以外は、すぐに辞去することが得策です。

　多くのセールスマンは、辞去する際に「今日はお忙しいところ、どうもすいませんでした」または「貴重な時間にお邪魔して、申し訳ありません」などと無意識のうちに、面談の相手に挨拶しています。

　謝罪やクレーム対応を除いて、顧客や面談の相手は、セールスマンからの貴重な情報や有益な提案などを期待していることが通例ですし、訪問面談活動は、これらの期待に十分に応える内容であると同時に、セールスマン自身の訪問目的を十分に達成することが大前提なのです。

　これらの事柄を踏まえれば、訪問面談に対するお礼の挨拶は、「今日は、大変貴重な時間をいただきまして、ありがとうございました」という、感謝の言葉でなければなりません。

3 商談を優位に展開するコツ

提案なくして商談なし・納得なくして販売なし

1 提案なくして商談なし・納得なくして販売なし

Point

- ●商談は、顧客や商談相手と一緒に考え、相談しながらやりとりをする場です。商談活動は、相手の納得を支援するための、具体的な活動です。
- ●商談活動の内容は、プロポーザルをベースとして、確かな提案による納得と信頼を獲得することです。
- ●商談展開は、確かな信頼関係を構築することです。

◇顧客の目線で顧客の納得を支援しよう

　販売の世界で、セールスマンが誇れるものは、成果の金メダルです。勝者は胸に輝く金メダル、敗者には屈辱の涙と惨めな心だけが残る、優勝劣敗の世界です。

　セールスマンにとって、商談は、競合を打ち破り、得意技で顧客を説得する、販売活動のメインイベントといっていいでしょう。それだけに、アプローチ活動が厳しく評価され、顧客の審判が鮮明になるプロセスでは人間模様が現出される興味深い場面となるわけです。

　通常、セールスマンの商談活動といえば、訪問販売やルートセールスにかかわらず、特定の顧客や商談相手と面談を積み重ねて、売り込むべき商品やシステムの説明と説得を繰り返し、競合を排除しながら、相手の理解と同意を積み上げるものです。そのうえで、受注のテクニックを活用して、相手に決断と行動を起こさせます。

　しかし、顧客は、説得されて、モノを購入することはしません。自らの判断で購入の動機づけを行い、自分が納得して購入するのです。

　したがって、図表25で示したとおり商談の展開は、顧客の納得を支援する対応が求められますので、顧客目線で相手の自尊心と納得の要件を確認しながら、いかにして相手の懐に上手に飛び込むかに腐心しなければなりません。

◇プロポーザルは商談の原点である

　すべての商談は、顧客への提案に始まり、提案に終わるものです。

　顧客企業の競争原理と欲求は、企業活動が続く限り、また個人が生活レベルの向上を望むところには必ず問題があり、課題の解決や改善すべき事柄が存在しています。

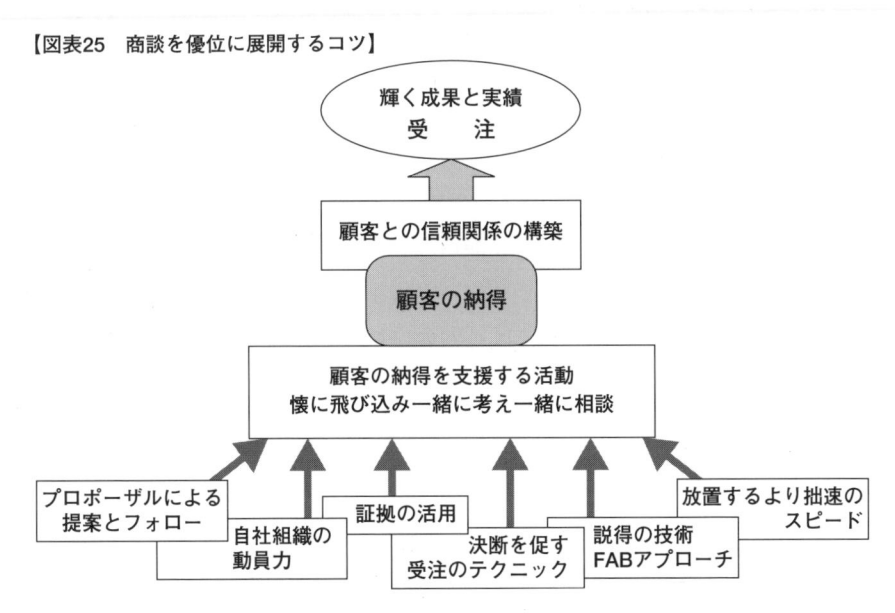

【図表25　商談を優位に展開するコツ】

```
                    輝く成果と実績
                      受　　注
                         ↑
              顧客との信頼関係の構築
                    顧客の納得
            顧客の納得を支援する活動
         懐に飛び込み一緒に考え一緒に相談
    ↑       ↑      ↑       ↑       ↑       ↑
プロポーザルによる         証拠の活用           放置するより拙速の
 提案とフォロー   自社組織の      決断を促す   説得の技術    スピード
           動員力      受注のテクニック FABアプローチ
```

　セールスマンは、これらの問題や課題を十分に理解して、自社の商品やシステムの導入活用を解決策として提案するために、プロポーザルを作成するわけです。
　プロポーザルは、特定の顧客に対して、顧客の目線で、活用のアイデアと顧客の効果効用や個人の楽しみなどを、具体的に約束するドキュメントです。

◇プロポーザルは他社を差別化する最良の商品である

　プロポーザルは、自社の企画力を結集して、顧客にフィットした効果的な活用方法やアイデアを提案し、内容の優劣を競い合うものです。顧客にとっては、自らの問題点や改善課題の解決が具体的に実現できる「珠玉のドキュメント」として、大変重要なものであり、宝物です。
　いいかえれば、"顧客の宝物"であるプロポーザルは、セールスマンが売り込む最良の商品であるとともに、競合他社を差別化し、商談を優位に展開する武器となるものです。（プロポーザルの内容やつくり方については96参照）
　それ故に、プロポーザルは、訪問販売やルートセールスのいかんを問わず、必要なものといえます。

◇FABアプローチ（説得の技術）を活用しよう

　顧客や商談の相手が、「モノを買う」という決定的なポイントは、相手が必要とする利益と、商品やシステムの活用から得られる効果効用とが、完全に一

致したとき、初めてセールスポイントになるのです。

　顧客との面談や商談時間は、相手の時間を含めて、限りがあります。

　セールスマンは、約束の時間の中で、相手に関心と興味を起こさせ、購入の意思決定に確信をもたせるためには、セールスポイントを上手に説明し、理解させるテクニックを活用しなければなりません。

　セールスポイントの説明は、誰が聞いてもわかりやすく、相手の関心や興味のポイントに焦点を合わせ、活用事例や実績などの証拠を添えて、相手の利益を十分に説明するというポイントで行わなければなりません。

　「FAB(ファブ)アプローチ」は、セールスマンが売り込むすべてのモノやコトを、「特徴（Feature）」「利点（Advantage）」「利益（Benefit）」のそれぞれについて分析し、その内容をセールストークとして組み立てるものです。（詳しくは101頁参照）

　「FABアプローチ」は、わかりやすい説明技法として、また、相手に理解と同意をさせる「説得の技術」として、大いに活用してください。

◇確かな証拠と説得の技術は納得を積み上げる必需品である

　諺に、"論より証拠""百聞は一見に如かず"というのがあります。

　販売の世界は、全く知らない人との出会い、あるいは関係のない会社と会社との出会いから始まるのです。お互いに理解を重ねて気心を知り得るまでには、相当の時間と労力がかかります。相互に理解が進んでも、商談場面での説得と顧客の納得の間には、大きな壁が存在しているのが常です。

　そこで、セールスマンには、「相手に的確な証拠を示して壁を取り除くこと」、相手の顔が見えたとき、わかりやすく説得して「相手の納得を得る」ことが最も必要なことになります。説得力を高める証拠と説得の技術は、商談を優位に展開する必需品であるということを念頭において戦術をプランしなければなりません。（詳しくは108頁参照）

◇スピーディな対応が商談を優位にする

　長篠の合戦は、鉄砲の弾を撃つスピードに工夫を凝らした戦術が、織田軍に大きな勝利をもたらしたといわれています。

　顧客の納得を勝ち取る商談は、競争他社と同じ戦場で戦術を巡らし、相手の心を的確に捉え、タイミングを見定めて、説得の技術を競い合う戦いの場です。

　結果として、同じ土俵の中で、自らの戦術と得意技を駆使して、行事役としての特定顧客から、軍配の裁きを受けて手刀を切り、大きな拍手と勝ち名乗り

を受けるのか、はたまた、手負いの負け力士として、涙で土俵を降りるのか、天と地を分ける感動の場面でもあります。

いずれにしても、戦いは、的確な判断と他社を凌駕するスピーディな対応力が決め手です。

したがって、セールスマンの行動は、相手の懐に速く飛び込むことであり、何事にも迅速に対応して、他社よりも大きな信頼を獲得することが求められわけです。（詳しくは115頁参照）

◇**人を動かす力が商談を左右する**

いつの世でも"三人寄れば文殊の智恵"として、"相談は智恵の始まり"です。これは、1人の人間の智恵や能力だけでは、自ずから限度があることを示唆しています。知識や経験、得手不得手などをお互いに補完して、大きな事柄を実現することです。

人は誰でも、人と相談することによって、人の心を動す力をもつことができます。企業を代表するセールスマンと相手のキーマンとの商談は、常に、会社対会社の取引であり、折衝ゴトです。セールスマンは、自分を取り巻くすべての人を、常に自分の戦力として認識し、十分に活用することが必要です。（詳しくは111頁参照）

自ら信念をもって周囲の人と相談し、組織力を積極的に動員する戦術は、顧客の信頼を獲得するために有効に働きます。

◇**受注を促進するテクニックを積極的に活用しよう**

顧客への訪問や面談の活動は、訪問販売やルートセールスにかかわらず、個別の特定顧客に対するアプローチを積み重ねて、成果としての確かな納得と、受注を獲得することにあります。とはいえ、販売活動は、競合他社との競争を前提として、顧客や競合他社の商談ペースがある限り、常に優位な展開を図ることができるとは限りません。

セールスマンが顧客へのアプローチ活動や商談展開を自分のペースでリードするためには、意識してトライアルクローズ（受注の試み）を行い、相手の決断と行動を促すことが必要です。そして、相手の買いそうな仕草を確認するなど、自分のペースで商談をリードする必要があります。

その努力の結果、競合を排除し、相手の理解と同意を確認したときは、間髪を入れずに相手の決断と行動を促す受注のテクニックを活用して、クロージングを図ることが大切です。（クロージングのテクニックについては119頁参照）

2　プロポーザルで顧客の納得を積み上げよう

Point
- ●商談活動は、プロポーザルに基づいて顧客の満足を提供する、ソリューションの提案活動です。
- ●プロポーザルは、顧客企業の問題点や課題の解決と利益を明確にする提案書で、受注を要請するバックアップドキュメントです。
- ●プロポーザルづくりや、顧客へのプレゼンテーションは、自分を売り込む最良のチャンスです。

◇商談展開のベースはプロポーザルにあり

　顧客へのプロポーザルによる販売活動は、対象商品や販売形態の組み合わせによって、若干の相違があります。ルートセールスでは、期初において、特定顧客との取組方法や取引要件などについて、会社対会社の取組み活動を相互に整合し、一定期間の取組みを約束するドキュメントです。

　図表26のとおり、訪問販売の生産財や多機能の耐久消費財などでは、顧客固有の問題点や改善点を顧客のニーズに置き換えたうえで、自社の解決策やノウハウを明確に提示して、顧客の理解と納得を確認し、商談を優位に展開するための提案書です。

　いずれにしても、プロポーザルは、特定顧客に対する自社の販売方針や、固有のノウハウを提示して、顧客の納得を支援しながら商談を競い合う最大の武器になることは間違いありません。

◇プロポーザルは商談を競い合う最良の商品である

　プロポーザルは、顧客固有のいろいろな必要性に対するソリューション（問題解決）として、自社の商品やシステムの正当性と有益性を明確にするドキュメントです。

　このプロポーザルには、次のような目的と内容が盛り込まれる必要があります。
(1)　顧客と面談を繰り返す中で、相互に同意した内容や提案した商品、活用方法などのセリングポイントが要約されていること。
(2)　顧客の現状分析に基づく、問題点や改善点、自社の提案内容、さらには期待される効果や利益が明確になっていること。
(3)　提案した商品やシステムの正当性を明確にし、関係者に対して説明説得が

③商談を優位に展開するコツ

【図表26　プロポーザルで顧客の納得を積み上げる】

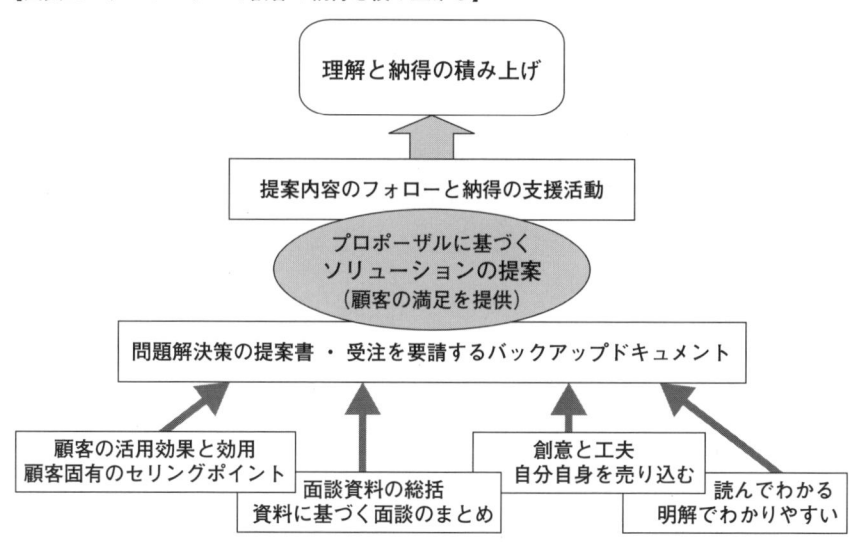

```
                    理解と納得の積み上げ
                           ↑
              提案内容のフォローと納得の支援活動
                   プロポーザルに基づく
                    ソリューションの提案
                    （顧客の満足を提供）
         問題解決策の提案書・受注を要請するバックアップドキュメント
              ↑           ↑            ↑           ↑
     顧客の活用効果と効用              創意と工夫
     顧客固有のセリングポイント         自分自身を売り込む
                     面談資料の総括                  読んでわかる
                     資料に基づく面談のまとめ         明解でわかりやすい
```

できること。
(4) 競争他社に対抗できる内容になっていること。

　プロポーザルは、特定の顧客向けに内容を1冊の提案書に纏め上げ、顧客固有の最良の商品として、競合他社との商談を競い合うものですから、まさに、プロポーザルそのものが顧客ニーズに最適化した最良の商品となるわけです。

◇検討資料や確認書を活用して顧客の納得を積み上げよう

　セールスマンは、顧客との面談や商談を継続する中で、相互の合意事項、問題解決の確認や提案内容を資料に取り纏めて、面談の都度提示しなければなりません。

　例えば、顧客の問題点や改善点、必要性などが判明した段階では、それらの事柄を確認しておく資料を提示して、お互いに理解と納得を確認します。

　また、解決策や改善方法などの検討結果を説明する場合にも、必ず検討資料や説明資料などを提示して、顧客の納得をきちんと確認しておきます。

　さらには、提案の商品やシステムの機能、性能などの仕様確認、概算費用の見積書なども機会を捉えて提示し、理解と同意を確認します。

　これらの検討資料や確認資料は、アプローチの各段階において、1回1回の面談活動を上手に利用し、積極的に顧客の納得を積み上げる重要なものとして受け止める必要があります。

97

【図表27　プロポーザル作成の基本的な資料】

(1) 顧客の問題点や、改善点の確認資料
(2) 必要性や課題に対する確認資料
(3) 解決策や改善提案に関する検討資料
(4) 解決策や改善提案の代替案の検討資料
(5) 解決策や改善提案の合意点に対する確認資料
(6) 対象商品やシステムの性能や機能などの仕様確認資料
(7) 概算見積り費用の資料
(8) 導入移行や稼動スケジュールの確認資料など

【図表28　プロポーザルの記載項目】

(1) 序またははじめに（提案機会に対する謝辞、提案の主旨）
(2) 問題点や改善点の提起と、提案商品やシステムの概要紹介
(3) 解決案や改善提案の優位点と期待効果（定量的効果、定性的効果など）
(4) 提案商品やシステムの活用要件
(5) 導入、あるいは入れ替え移行スケジュール
(6) 導入活用商品やシステムの評価（速度、費用、制度、ルール、etc）
(7) 提案商品やシステムのスペック
(8) 導入設置、稼動スケジュール
(9) サポート、サービス体制
(10) その他必要事項

◇フォローのないところに成果はない

　プロポーザルのすべての内容は、日頃の面談相手のほかに、キーマンを初めとして、購入部門、経理部門、運用活用部門など、各部門においていろいろな視点で、購入に対する厳密な検討がなされます。そして、競合他社のプロポーザルとの対比で、正当性や有益性についての妥当性が検討されます。

　セールスマンの多くは、プロポーザルを一生懸命に作成して提出し終わると、販売活動のすべてを、やり終えたかのように思いがちですが、セールスマンの商談展開は、むしろプロポーザルを提示した後の密接なアプローチによるフォローが、一番重要な活動になります。

　競争他社との販売合戦は、プロポーザルや見積書の内容をめぐって、競争要件が競い合って広範囲に変化しますので、顧客の反応をチェックして、他社より素早い対応が求められるところです。

まさに、「フォローのないところに、顧客の納得と成果はあり得ない」というわけです。

◇ "読んでわかり、みてわかる" 簡潔なプロポーザルをつくろう

プロポーザルは、顧客に提案する商品やシステムをよく理解させ、購入の必要性とセリングポイントをきちんと整理して、誰が読んでもわかりやすく、見てわかるように工夫して編集しなければなりません。

また、プロポーザルの内容をチェックし、比較検討する人は、主体的に検討する窓口責任者、購買部門や経理部門、さらには活用する運用部門の人達など、専門の知識や経験が異なる様々な人が対象になるため、わかりやすく、効果効用が理解できるものであることが大前提です。

加えて、重要なことは、「プロポーザルは、発注を要請するためのバックアップドキュメント」として、親切で、積極的で、簡潔でなければなりません。

ですから、セールスマン自身も、プロポーザルを自分の商品として、アイデアを盛り込みながら、創意と工夫で、競合他社との差別化を図ることを忘れてはなりません。

◇ **プロポーザル作成の基本は確認資料の積み重ねである**

セールスマンは、1回1回の面談や商談を行う中で、お互いの合意点や、問題点の解決に対する検討など、提案内容を資料として提示します。

そこで、顧客へのアプローチの最初の段階から、プロポーザルの作成と提出を意図して、資料に基づいた面談や商談を行う必要があります。

こうしたことが、必要なタイミングで最終的に取り纏められ、整理されたものがプロポーザルとなるのです。

プロポーザル作成の基本的な資料についてみると、プロポーザルの基礎的資料は、図表27のようなものとなります。

これらの検討資料や確認資料は、アプローチの各段階での面談や商談活動の中で提示するものであり、顧客や面談相手との間で確認されるものです。

セールスマンは、このようにいろいろな資料の作成を行うと同時に、顧客に対する資料の提供を行います。そこでの説明や確認を通じて自分自身を売りこむことにより、更なる信用を勝ち取るようにします。

◇プロポーザルの記載内容は読んでわかることが肝心

　プロポーザルの作成にあたっては、図表28のような記載項目が必要です。

　これらの記載項目は、最小限必要なものであり、商品やシステムの特異性によっては、細部にわたって補足するための項目が必要となります。また、項目の記載順序は、必ずしも一定ではありませんので、対象顧客によって工夫する必要があります。

　記載内容は、プロポーザルそのものを商品として認識し、見栄えよく、他社との違いを明確にすることが大変重要なポイントです。

◇プロポーザルの上手な書き方

　プロポーザルは、前述したとおり、特定顧客の問題点や改善点を解決するための、正式なドキュメントであり、受注を要請するためのバックアップ・ドキュメントでもありますから、その作成にあたっては、次の基本的な事項に留意してください。

(1)　表紙や全体の体裁をきちんと整え、顧客の会社や名前、日付、自社名などをバランスよくレイアウトする。
(2)　パソコンやワープロを活用し、誤字や脱字に注意して、表現は丁寧にわかりやすく、不明瞭ないいまわしは絶対に避ける。
(3)　図柄や図表を活用し、視覚に訴える。
(4)　文章の表現はできる限り平易にして、専門語は極力避ける。
(5)　顧客や相手の立場に立って書く
(6)　セールスマンの個性を盛りこみ、十分な時間をかける。
(7)　カタログなどは、安易に挿入しない。

　これらの留意事項は、極めて基本的なものです。

　セールスマン自らが主体的に編集し作成するプロポーザルは、それぞれの販売ノウハウを盛り込み、個性が反映されています。

　顧客は、商品やシステムの購入・検討はもとより、セールスマンの資質や人間性をも評価し、よき相談相手・よき協力者として、セールスマン自身をも購入しようとしているのです。

　したがって、プロポーザルは、前述の留意事項に十分配慮して、他社との違いを表現することが肝心です。また、自社の商品やシステムに対し、顧客の興味や検討の努力に謝意と、発注依頼の意思を十分に表現しなければなりません。

3 FAB(ファブ)アプローチで顧客の利益を明確にしよう

Point

- ●FABアプローチは、顧客の利益をわかりやすく訴求するためのセールスポイントの説明手法で、誰にでも使える説得の技術です。
- ●FABは、売り込める「モノやコト」を分析し、相手にわかりやすく説明するためのセールスポイントをつくり出す分析手法です。
- ●FABアプローチの活用は、顧客の必要性や商談相手の利益に焦点を合わせて、証拠を添えて説明し説得することが基本となります。

◇セールスポイントはバイイングポイントなり

　一般的に、個人がモノを買う場合は、その人の感情的な面に左右されます。

　例えば、商店街やデパートなどで、ショーウインドーの陳列品の中に、「欲しい商品」を見つけて、思わず買ってしまった経験は誰しももっています。

　しかし、購入の動機をつくり出す決定的なポイントは、「かっこいい」「私によく似合う」「柄が好きだ」など、その人が欲しがるポイント（個人の楽しみや効用）と、必ず一致するものです。

　これらは、企業が一般的に商品を購入する場合でも、全く同様です。

　その商品やシステムの活用から得られる効果効用が、企業に必要とされる事柄であったり役に立つことがわかったときに、購入が決定されます。

　このように、顧客が"モノを買う"という決定的なポイントは、顧客が必要とする利益と、その商品やシステムから得られる効果効用とが、完全に一致したときにはじめて、セールスポイントになります。

　顧客側からみれば、自分や自分の会社にとって、必要な利益が得られることを確信したときに、セールスポイントは、顧客にとってのバイイングポイントになるのです。

◇FAB(ファブ)アプローチはわかりやすい説明手法である

　顧客との面談や商談時間は、相手の貴重な時間を含めて、自ずと限りがあります。

　セールスマンは、約束時間の中で、相手に関心と興味を起こさせ、購入の意思決定に確信をもたせるためには、セールスポイントを上手に説明する技術をもたなければなりません。

　セールスポイントの説明は、誰が聞いてもわかりやすく、相手の関心事や興

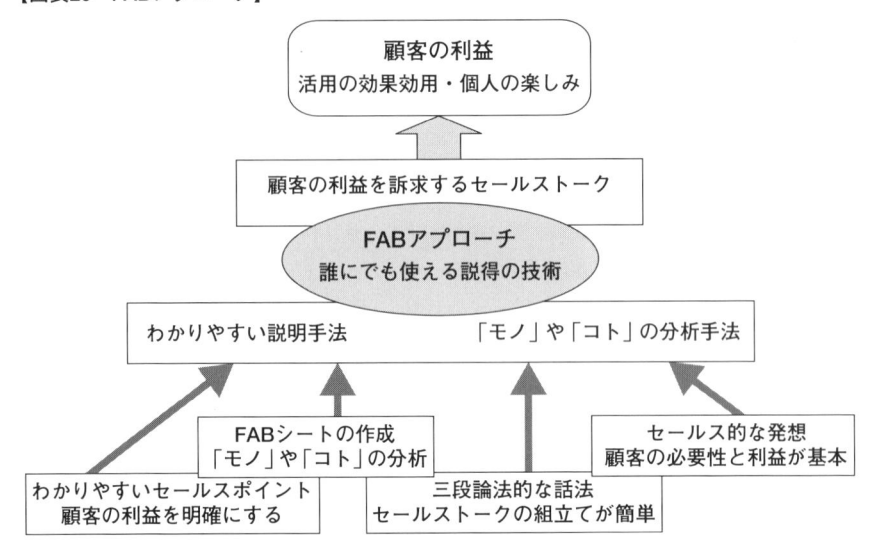

【図表29 FABアプローチ】

```
                    顧客の利益
              活用の効果効用・個人の楽しみ
                       ↑
         顧客の利益を訴求するセールストーク
                  FABアプローチ
                誰にでも使える説得の技術

    わかりやすい説明手法        「モノ」や「コト」の分析手法
         ↑        ↑              ↑              ↑
              FABシートの作成            セールス的な発想
              「モノ」や「コト」の分析    顧客の必要性と利益が基本
   わかりやすいセールスポイント    三段論法的な話法
   顧客の利益を明確にする        セールストークの組立てが簡単
```

味のポイント（楽しみや効果効用、いわゆる利益）に焦点を合わせて、十分な証拠（証明）を添えて、理解と同意を得ることが基本です。

　誰が聞いてもわかりやすく、効果的に説明するには、カタログや説明書に掲載されている商品固有のセリングポイント、すなわち『特徴（Feature）』、『利点（Advantage）』と『顧客の利益(Benefit)』のそれぞれについてきちんと分析し、その内容をセールストークとして組み立てることが必要です。

　このような分析方法とセールストークの組立て方は、『FABアプローチ』と呼びます。（図表29参照）

　この「FABアプローチ」は、わかりやすい説明手法として、また、相手の理解と納得を得るための説得の技術として、大いに活用すべきものなのです。

◇セールスポイントの説明はFABが基本なり

　FABの構成要素をわかりやすく説明するために、次に「ケータイ電話」を例に説明しましょう。

＊「特徴（F）ーFeature」…（それは何ですか）
(1)　ｉモードが使える。
(2)　折り畳み方式を採用している。
(3)　メールアドレスの検索機能を採用している。
(4)　イルミネーションウインドーがついている。
(5)　自動メールホルダー機能を採用している。

*「利点（A）－Advantage」…（その特徴は、何のために役立つのか）
(1) パケット方式により、通信速度が速くなる。
　　パソコンと接続して、簡単に事務所のパソコンに、アクセスすることができる。
(2) ボタン部分が露出しないため、いちいちボタンロックをする必要がない。
(3) メールの送信や電話をするときに、ワンタッチで相手の番号を探すことができる。
(4) 色によって、受信の種類が簡単にわかる。
(5) 個人のアドレスを、自動的に判別することができる。

*「利益（B）－Benefit」…（顧客にとって、どのような効果効用があるのか）
(1) パケット課金のために電話代が安くつく、大変経済的な電話機である。
　　いちいち会社に戻ることなく、出先で仕事ができるので能率が上がる便利なケータイである。
(2) 面倒なボタンロックをすることなく、誤作動を防ぐことができるので、安心である。
(3) 煩わしい電話番号の検索が、片手で操作できるので、大変簡単である
(4) 相手を待たせずに、即座に対応できるので、相手から喜ばれる優れものである。
(5) 個人別や会社別などに幅広く対応できるので、コミュニケーションの楽しみが増える。

　携帯電話には、このほかにもまだまだたくさんの特徴があります。例えば、「テレビカメラが内臓されている」「TFTの高画質画面を採用している」「待ち受け時間が460時間対応できる」などです。自分の携帯電話を使って、やってみてください。
　このように、どんな商品やシステムでも、それらが固有にもっている特徴をすべて網羅して、F・A・Bの三つの要素に分析できます。

◇FABに基づくセールストーク
　FABによって分析したものを特徴を基準にして、セールストークを組み立ててみると、次のようになります。
　例えば、「このケータイは、ｉモードが使えます。パケット方式によりまして、通信時間が速くなりますので、通話料金が安くなる大変経済的なケータイです」。あるいは「このケータイ電話は、ｉモードが使えます。パソコンと接続して、簡単に事務所のパソコンにアクセスできますので、いちいち会社に戻ることなく、出先で仕事ができるために、能率が上がる便利なケータイです。

いかがですか」。

このように、FABに基づいたセールストークは、相手にわかりやすく簡潔なものであり、F・A・Bのどこからスタートしても、明解に説明できるのです。

◇**FABを活用して顧客の利益を訴求しよう**

FABの「B」、すなわち顧客の利益は、顧客にとって、最大の関心事です。

顧客の利益は、常に二つの事項を、考慮しなければなりません。

(1) 顧客企業の会社にとっての利益

これは、商品やシステムの活用によって、どのような効果効用が期待できるのかに、応えるものです。

例えば、費用は何％節約できるのか、人件費はどの程度の削減が可能か、また、生産性はどの位向上するのか、さらには、災害防止に役立つのかなど、会社にとっての直接的な利益です。

(2) 個人にとっての利益

これは、購入や導入を決定する人、それらを運用したり活用する人にとって、利益になる事柄です。

顧客企業は、会社のために購入することとはいえ、取り扱うのは人間ですから、人間の心理をくすぐる認知欲や達成感に訴えることです。

例えば、「この商品を導入されれば、必ず運用される皆様から感謝されますよ」「このシステムのご採用は、御社が業界では一番なんですよ。いかがですか」「この装置は、障害診断を自動的に行いますので、安心なんですよ」などのセールストークは、安心感や安全に対する個人の欲求に応えられます。

さらには、「このシステムは、従前に比べて処理時間が半分になりますので、休日は、ゆっくりご趣味を楽しむことができますよ」という個人の楽しみを強調して訴求することが、個人の利益といわれるものです。

セールスマンは、対象商品のセリングポイントを分析して、FABアプローチにより説明するときは、顧客の利益について、でき得る限り定量化して、具体的に表現することが大切です。

例えば、「年間では、かなりの金額が節約云々…」よりも、「このシステムは、年間500万円もの費用が削減できます」といえば、顧客に対する説得力が全く違うものになります。

◇**意識して相手の利益を使い分けよう**

セールストークで説明する顧客の利益は、相手によって上手に使い分けると、

さらに効果の高いものになります。なぜかといえば、企業では、組織的に、また段階的に立場や責任が異なるために、期待する利益も違ったものとなるからです。ですから、顧客に対するセールスポイント、すなわち顧客のバイイングポイントは、相手によって利益に対する認識が大きく異なってきますので、それを使い分ける必要があります。(図表30参照)

例えば、担当者との面談で、「このシステムを導入されれば、Bさんの仕事を省くことができますよ」というセールストークは、担当者にとって都合の悪いことになりますが、経営者には望ましいセールストークとなります。

例えば、「この装置は、マイコンが内臓されていますので、稼動日報や歩留まり表が自動的に作成できます」。これを担当者には「報告書の作成作業がなくなり、従来の煩わしさを取り除くことができます」、管理者には「装置が稼動中でも、途中結果がわかりますので、素早く的確な処置ができます」ということになります。

面談の相手に対して、顧客の利益を意識して使い分けることによって、さらに説得力を高めることができるわけです。

◇「FABシート」でセールスポイントを作成しよう

FABによる分析は、「FABシート」をつくることにより、簡単にできるものです。理解を早める意味で、前述した「ケータイ電話」で、FABシートを作成してみましょう。(図表31参照)

身近な例に基づいて、FABシートのつくり方を説明しましたが、実際にFABシートをつくるときは、担当商品を初め、売り込めるすべてのものの特徴(セリングポイント)を分析して、盛り込むことが必要です。

セールスマンは、扱い商品や、システムのセールスポイントをつくるだけでなく、顧客企業や商談相手の興味や関心事、すなわちバイイングポイントについても、分析が欠かせません。

そのためには、FABの"B(利益)"について、①経済性、②信頼性、③安全性、④操作性、⑤適合性、などを基準にして、分類区分したFABシートを作成すると便利です。

◇FABアプローチは誰にでも使える説得の技術である

セールスマンは、顧客との限られた面談時間の中で、相手に関心と興味を起こさせ、購入の納得を獲得しなければなりません。したがって、セールスポイ

【図表30　セールスポイント（利益）の使い分け】
購買者の意識

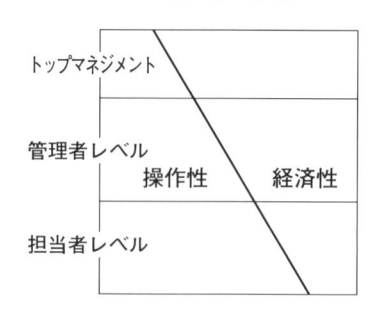

```
┌─────────────────────────┐
│ トップマネジメント          │
│                         │
├─────────────────────────┤
│ 管理者レベル               │
│         操作性 │ 経済性    │
├─────────────────────────┤
│ 担当者レベル               │
└─────────────────────────┘
```

ントの説明では、相手の効果効用や個人の楽しみにまでわかりやすく言及し、相手の納得を積極的に支援することを心掛けねばなりません。

　誰でも簡単に対応できる説明手法であるFABアプローチは、それぞれのセールストークに証拠を添えて、理解と同意を確保し、「確認の質問」で相手の納得を促進させる説得の技術ということを改めて認識してください。

◇FABアプローチ利用のメリットは
　FABアプローチ利用のメリットをまとめると、次のとおりです。
⑴　セールスマンが、セールストークを組み立てやすく、説明しやすい。
⑵　常に顧客の利益を考えて説明するので、顧客が理解しやすい。
⑶　説明方法が、大前提・小前提・結論の三段論法なのでわかりやすい。
⑷　セールスポイントが、価値あるものかどうか、確認できる。
⑸　常に、最終の利益まで言及するので、利点でとどまることがない。
⑹　常に顧客の必要性について考えるようになり、商品やサービスなどがどのようにして、必要性を満足できるかを考えるようになる。
⑺　考え方が、セールス的な発想になる。
　「FABアプローチ」のセールストークを、読者諸兄に対してつくってみましょう。
　「本書の読者は、FABアプローチを使っています。そのために、常に顧客の利益を考えて説明するので、顧客が理解しやすいんです。だから商品がよく売れるんですよ」または「本書の読者は、FABアプローチが使えます。そのためにセールスポイントを簡単につくることができるんです。ですから、顧客の説得が上手にできるんですよ」という具合です。
　このように、たくさんの利点があるFABアプローチは、無意識にできるまで反復活用することをお勧めします。

【図表31　FABシート】

FABシート

「N型　携帯電話器」

特徴（Feature）	利点（Advantage）	利益（Benefit）
①iモードが使える。	①パケット方式により通信速度が速くなる。簡単に事務所のパソコンに接続してアクセスすることができる。	①パケット課金のため、料金が安くつく大変経済的なケータイである。いちいち会社に戻ることなく、出先で仕事ができるので、能率が上がる便利なケータイである。
②折り畳み方式を採用している。	②ボタンが露出しないため、いちいちボタンロックをする必要がない。	②面倒なボタンロックをすることなく、誤動作を防ぐことができるので、安心である。
③メールアドレスの検索機能を標準採用している。	③メールの送信や電話をするときに、ワンタッチで相手の番号を探すことができる。	③煩わしい電話番号の検索が、片手で操作できるので、大変簡単である。
④イルミネーションウインドウがついている。	④色によって受信の種類が簡単にわかる。	④相手を待たせずに、即座に対応できるため、相手に喜ばれる優れものである。
⑤自動メールホルダー機能を採用している。	⑤個人のアドレスを、自動的に判別することができる。	⑤個人別や会社別など、幅広く対応できるので、コミュニケーションの楽しみが増える。
⑥TVカメラが内臓されている。	⑥相手に、画像をリアルタイムで送信することができる。	⑥離れていても、フェース・ツー・フェースの本物のコミュニケーションが楽しめる。
⑦TFTの高画質モニター画面を採用している。	⑦視野角が広く、鮮やかにみえる。また、一画面で120字が表示できる。	⑦明るくみやすいために、目に優しい健康第一のケータイである。スクロールなどの余分な操作が要らないので、操作が簡単である。
⑧待ちうけ時間が460時間も対応できる。	⑧電源のオンオフを気にする必要がない。充電の頻度を減らすことができる。	⑧電池切れを心配する必要がないので、いつでも安心して使える。

"認知、達成"

4 活用事例を証拠として上手に活用しよう

Point

- 証拠は、相手を説得する必需品であり、百言の説明に勝るものです。
- 証拠を伴う説明は、相手の納得と確信を引き出すための、販売のノウハウです。
- セールスマンの固有の説得力は、個人が所有している具体的な証拠の多さと、活用のノウハウによって決まります。

◇"論より証拠"が納得への近道

いつの時代においても、大勢の人を説得したり、相手を納得させる場合は、客観的な事実に基づく証拠を示すことが、大きな要素になるものです。

諺にもあるように、"論より証拠""百聞は一見に如かず"といわれる所以です。証拠の威力については、我々の日常生活でも、よく経験することです。

同様に、販売活動でも、面談中に、顧客の疑問や興味に焦点を合わせて、適切な証拠を示して説明することにより、議論せずとも、相手の理解と納得を得ることができます。

◇証拠に基づくセールストークが説得の基本である

証拠をもたないセールストークは、証人を伴わない法廷の陳述と同じです。

セールスマンとって、商談に臨んで一番大事なことは、提案中の商品やシステムを購入することが間違っていないという確信をもたせることなのです。

商談で、相手を納得させて確信をもたせるためには、次のような要素を取り入れたセールストークを、意識して実行することです。

(1) 話の中味は、順序立ててわかりやすくする。(FAB（ファブ）アプローチ101頁参照)
(2) 相手の疑問や関心（効果効用や利益など）に、焦点を合わせる。
(3) 証拠をきちんと提示して、自信をもって説明する。

◇証拠をつけて顧客の利益を明確にしよう

多くのセールスマンは、大変豊富な商品知識をもっています。その結果、勢い余って、喋り過ぎになりがちです。しかしながら、多くの場合は、その商品やシステムの特長だけの説明に終始しています。

顧客は、その特長が自分や会社にとって、どのような利益が期待できるのかに、大きな関心と興味をもっているものです。

商談を成功させるには、顧客の関心や興味がどこにあるかを素早く察知して、そのポイント（効果効用や個人の楽しみなど）に、証拠を集中させることです。

証拠の活用は、次のようなものを予め準備しておくとベターです。
(1) 提案商品やシステムの活用事例（第三者の例証）。
(2) 業界紙や専門誌などの切り抜き、写真などの提示物。
(3) 現物によるデモ展示、VTRの活用など。
(4) 業界の専門家や、権威者の証言など。

商談場面のセールストークは、必ず証拠をつけて説明し、顧客の具体的な利益まで言及して、相手に確信をもたせるように工夫してください。

◇一つの活用事例は百言の説明に勝るものなり

同行したセールスマンの中には、面談相手に、専門用語、技術用語、カタカナ英語を駆使して、まさに"立て板に水の如く"、セールストークを展開するものをよく見かけます。

顧客は、セールスマンの手前勝手な説明を百言千言聞いても、おおよその興味は示すものの、納得するまでには至りません。これでは、お互いに時間と説明の冗費になるだけです。

相手に、理解と納得を促すセールストークは、「相手の疑問や興味のポイントに焦点を合わせて、わかりやすく、証拠を添えて簡潔に説明すること」です。
「A課長さん、B社のC部長さんをご存知ですか…。ああ、知ってるよ」
「C部長さんもA課長さんと同様に、店舗の経費削減を検討しておられました」
「いろいろ検討された結果、この商品を3か月前に導入されましたが、C部長さんは、以前に比べて電気料が20％も節約できたことを、大変喜んでおられます。御社にも、同じような効果が期待できるものと、確信しております。いかがですか」。

このように、既存顧客の活用例を示し、相手を説得する証拠として上手に利用すれば、顧客と議論せずとも、短い時間で納得を得ることができます。

まさに、「証拠としての活用事例は、百言のセールストークに勝る」ものといえます。

セールスマンが予め準備して、活用する証拠は、いくつもの種類があります。

とりわけ、自社の既存顧客の活用事例は、カバンの中に入る紙ベースの資料として、手軽で便利、持ち運びが簡単で、しかもお金がかからない万能の優れものです。

◇顧客の納得を必ず確認しよう

　2人で顧客を訪問したセールスマンが、会社に戻ってきてからレポートを書くと、顧客に対する見方が異なることがよく見受けられます。

　この現象は、相手に説明をしたり、説得を試みるセールストークをしたときに、何気なく簡単な「確認の質問」を怠ったことによるものです。

　「確認の質問」とは、セールスマンが説明した事柄を、相手が本当に理解して納得したかを、きちんと確認することをいい、非常に大切なことです。

　例えば、「今ご説明致しました件は、ご理解いただきましたでしょうか」「御社も、同じような効果を期待されておられると思いますが、いかがですか」。

　この一言が、無駄なく顧客の納得を積み上げる技術であり、決め言葉です。

◇事例の収集・活用のノウハウはセールスマンの財産である

　将棋の世界では、戦力の強化策は、名人戦の棋譜を習得して戦術ごとに分類し、すべての手順を記憶することにあるといわれています。名人位に近い棋士は、千を超える棋譜を習得し、対局の中で瞬時に取り出して活用するというのです。

　活用事例は、棋譜と同様に、でき得る限り幅広く収集し、顧客を上手に説得するノウハウとして、存分に活用できる財産になるものです。

　活用事例を引き出すときには、次のような事柄に注意することが必要です。

(1)　活用事例の既存顧客は、好意的な第三者であり、名前がはっきり出せる。
(2)　商品を導入する前の状態や問題点と、導入後の運用と効果を明確にする。
(3)　相手顧客と同じような企業規模で、所在地が遠くないことが望ましい。
(4)　余りに古い事例は避ける…・新しい事例を収集して更新する。

　セールスマンの説得力は、習得した事例の多さと、活用のノウハウで決まります。

　　意識して事例を収集し、失敗を恐れずに、意識して活用することを心掛けてください。

5 組織を動員して説得の力を大きくしよう

Point

- 販売活動は、セールスマンが一人では完結できません。組織の活用は、会社対会社の取組みを具体的に表現する重要な戦術です。
- 組織の活用や動員力は、目に見えるセールスマンの説得力と信用力の評価となります。
- 組織の有効活用は、商談展開の過程の中で、TPOを考慮して効果的に実行することです。

◇相談は智恵の始まり

　自分一人の知識や経験は、世の中の事柄からみれば、相対的に小さなものです。

　販売活動の局面では、顧客や商談相手が十人十色であるが故に、自分自身の知識不足や未経験の領域で、対応に困惑する場面が現出するものです。

　先人の言葉に"知識は智恵の母なり"という言葉がありますが、セールスマンも、日頃の学習を通じて自らの知識を広げる一方で、経験豊富な先輩や社会性の豊かな上司に聞くことを積極的に行わなければなりません。

　とかくセールスマンは、商談相手の一挙手一投足に戸惑いがちになり、自分の対応方法や戦術に、しばしば迷いを生じるものです。セールスマンの迷いは、所属の組織や周りの人達に、勇気を出して、謙虚に相談することによって、解決できることが少なくないでしょう。

　適切な人との相談ごとは、"人の智恵は戦術の泉なり"として、恥ずかしがらずに相談して、自分の行動のノウハウとして的確に組み入れることをお勧めします。

◇人を動かす力が顧客の心を動かす

　こんな事例があります。

　コンピュータの販売を担当しているＳ君は、生命保険会社のＭ社に売り込みを掛けていました。

　商談相手のＦ課長は、業界でも有名なコンピュータ活用の権威者です。

　あるとき、面談の中でＦ課長は「説明はよくわかったけど、他社のソフトが御宅のコンピュータで、簡単に変換できるとは思えない。大変なことだよ」といわれました。

S君は、あえてF課長の目の前で、自社の開発部門のT課長に電話をした。F課長の日程に合わせて、T課長との同行訪問を約束したのです。
　後日、T課長と面談内容を絞って訪問した結果、技術者同士で話が弾み、F課長の納得を得ることに成功しました。
　その後S君は、T課長をF課長に引き合わせ、技術的な内容の説得を積み重ねました。
　以来S君は、F課長から信認されるとともに、他社機のリプレイス（入れ替え）も実現したのです。
　顧客は、セールスマンが会社組織や所属部門の中で、何ができるか、あるいはどの程度の力をもっているかを常に推し量っているものです。
　セールスマンは、顧客との約束や課題を解決する場面を想定して、意識して上司や関連部門の責任者、さらには役員などを同席させ、動員力を示すことです。
　セールスマンが、"自分一人でできることは小なり"を自覚し、組織を活用して人を動かし、相手の心を動かしたときに、"他人によって助成されること大なり"を認識するものです。早速に、実行してみてはいかがですか。

◇**自分を取り巻くすべての人が自分の戦力である**
　セールスマンの商談活動は、特定の顧客に対して、自らの思いを具体的に実行し、成果を獲得することが最終目的ですから、顧客との商談は、セールスマン個人の技量に負うことが大きく、それだけに期待も大なるものがあります。
　競合他社に打ち勝ち、受注を獲得すれば賞讃され、負ければ、一人で辛い思いに苛まれることになります。しかし、会社組織の一員であるセールスマンは、販売活動の局面では、企業を代表する社員です。
　したがって、セールスマンは、対象顧客にアプローチを開始した時点から、個々の活動項目に対するキャスティングを想定して、自社の関連組織、自部門の組織要員、自分の人脈などをフルに活用して、自分の説得力を最大化することが求められます。（図表32参照）
　自社の戦力を隈なく活用してこそ、存在感のある賢明なセールスマンです。

◇**自分の動員権で組織を動かそう**
　アプローチを繰り返し、クロージングが間近に迫った顧客への訪問は、セー

【図表32　組織の動員力と説得】

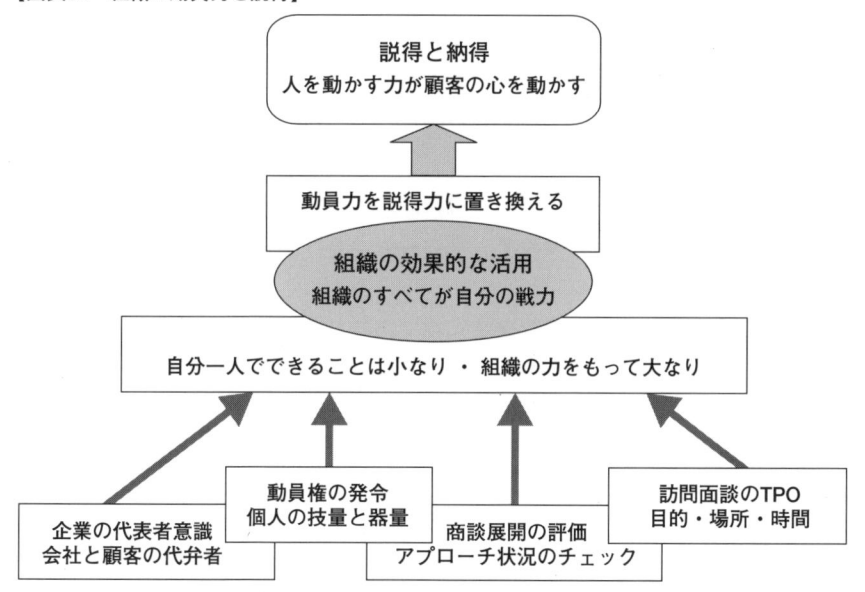

```
                    説得と納得
              人を動かす力が顧客の心を動かす
                        ↑
              動員力を説得力に置き換える
                   組織の効果的な活用
                 組織のすべてが自分の戦力
        自分一人でできることは小なり・組織の力をもって大なり
          ↑         ↑           ↑            ↑
    企業の代表者意識  動員権の発令   商談展開の評価   訪問面談のTPO
    会社と顧客の代弁者 個人の技量と器量 アプローチ状況のチェック 目的・場所・時間
```

ルスマンが意識的に動員権を発動して、自分の上司や担当役員を上手に利用することが肝心です。

　商談相手の顧客は、自らの納得により購入の確信をもつと同時に、決断に際して、安心や安全を求めるからです。

　経験豊かな上司や担当役員の同行セールスは、今までの商談状況のチェックと、面談時の話題や話材の中から、相手の心理状況や、購入活用の可否などについての洞察が、違った視点から確かめることができます。また、上司や役員の幅広い人脈から、新たなアプローチルートをみつけることもできる、よいチャンスになるものです。

　責任者との同行セールスは、相手がセールスマンの動員力を評価し、納得と安心感を高めます。また、相手の企業の代表者意識を拡大するだけでなく、併せてセールスマンに対する信頼感をも獲得する、絶好のチャンスです。

　セールスマンは、これらの効果を目的として、図表32のとおり自分の意志と確証をもって組織を動かし、顧客の不安を取り除く大きな説得力をつくることが望ましいのです。

◇**商談のTPOとキャスティングを配慮しよう**

　周知のとおり、商談の展開は、セールスマンが主体的にリードして、相手の理解や納得の状況によって、セールスマンが臨機応変に進めるものです。

したがって、顧客を説得して、納得を積み上げるためには、説得の内容に相応しい場面づくりが求められるわけです。

商談を進展させ、説得の環境を整えるためには、「人を変える」「場所を変える」「時間を変える」など、いろいろな方策があります。

(1) 場所とキャスティングを変える

変わり映えのないセールスマンの継続訪問は、商談の進展が片寄りがちとなります。キャスティングを変えて、別の視点からの説得で、大きな効果が期待できます。

顧客との商談は、顧客の会社が主戦場であり、常に裃や鎧を着ている状況にあります。顧客の説得は、相手が裃や鎧を脱ぎ、胸襟を開く場所を設定する必要があります。

それには、自社に招くことです。工場やユーザー見学などの場面転換を図り、相手が話せる環境を意識的につくり、キャスティングを配慮した説得活動が効果的です。

(2) 商談の時間を変える

ときには、就業時間外などに、意識して訪問することにより、顧客が話せる気安さから、説得のチャンスをつくり出す機会ともなります。

いずれにしても、商談のTPOを考慮して、自らの説得力を拡大することです。

◇常に企業の代表者意識をもとう

セールスマンは、自分の対象市場において、自社の商品を初めとする販売の競争要素を売り込む企業の代表者であり、社長の代理でもあります。

顧客は、常にセールスマンを通して、相手企業との折衝を行う代表者として、認識しているものです。それ故に、一歩外に出たら、企業の代表者ですが、内にあっては顧客企業の代弁者でもあります。

これらの位置づけと、職務の責任を自覚し、謙虚な自信を確かな裏付として、大いなる力を発揮することが強く求められるわけです。

商談相手の説得は、"自分だけの力は小なり、組織をもって大なり"を意識して、自分のために組織を動かし組織の動員力を説得力に置き換えることが肝要です。

まさに、セールスマン冥利にして、楽しさとおもしろさとが倍加すると思います。

6 放置するより拙速で勝負しよう

Point

- ●販売活動の起点は、言葉よりまず実行であり、仕事を追いかける具体的な行動が優先するものです。本業と雑用を区分して最小限の行動手順を考えて、スピーディな対応を行なうことです。
- ●販売活動は、常に具体的な成果や結果を出すために、具体的に行動することです。まだ大丈夫の先送りは、絶対に避けなければなりません。

◇時間とはもう一人の自分との戦いである

　日頃、仕事に没頭していると、「これを処理して、あれも片付けて」など目の前の仕事に精一杯の状況では、3日先のことまでは、手が回りかねるほどです。

　時間の経つのは、本当に速いもので、アッという間に過ぎ行くものです。まさに"光陰矢の如し"ですが、たまには、時の流れに身を任せてみたいものです。

　通常、顧客との約束ゴトや商談要件の準備などは、忙しさにかまけて自分に妥協し、"今日こそに始まり、明日こそはに終わる"ことになりがちです。

　先人によれば、"今日という1日は、明日という日の2倍の価値がある"といわれます。1日の仕事の成否は、出社した時の僅か10分の間で決まるともいわれています。

　時間管理と仕事の整合性は、仕事の順位づけをきちんと行い、期限を設定することによって、いかに1日の時間を、有効に活用するかが基本です。

　いうまでもなく、時間との戦いは、もう一人の自分に妥協せず、「今日こそ」に留まることです。

　時間は、速く過ぎ行くものであるからこそ、"自制心"が求められるわけです。

◇時間の価値はいちばん不平等な財産なり

　ご存じのとおり、万物は、1日24時間を共有していますが、人間だけが、単位時間を財産として位置づけて、能率や生産性を競っています。

　販売活動の世界でも、人は誰しも絶対時間として同じ時間を保有し、仕事に取り組んでいます。しかし、仕事が自発的にできる人、仕事の手順や要領の悪

い人など、時間を冗費して行動に至らない人など、様々な状態を呈しています。

　時間の使い方は、人によって様々ですが、同じ単位時間内での目に見える成果や行動をチェックしてみると、能率や生産性に大きな格差があります。

　こんな状態では、時間は、世の中でいちばん不平等な財産といえます。

　古来、"時間は平等の財産なり"ですが、この格差を小さくするためには、自分で身近なライバルを決め、いかにして相手に追いつき、追い越すかが求められるところです。

　時間の活用では、雑用と本業をきちんと区分して、それぞれに時間と期限を設定して、「報・連・相（報告・連絡・相談）」による自分なりの完結方法を定めておくことが必要です。

◇他社に優位する速さが勝負

　企業の活動は、同業他社との競争ですから、企業間の競争に勝利しなければなりません。

　販売活動においても、同業他社との販売の競争要素（すべてのモノやコト）は、ほぼ同様の事柄になっています。しかし、活動の時間軸と時間の活用方法は、各企業によって異なります。

　競争は、総じて速さが勝負であり、勝負の世界は"先手王手"が定説です。

　商談活動は、同じような販売の競争要素を売り込む中で、競合他社と優勝劣敗を競う大きな要素として、顧客への対応の速さを必要としています。

　対応の速さは、商談条件の変更や競合要件の変化を追い越す行動の速さが肝心なことです。（図表33参照）

　したがって、セールスマンは、継続的な商談の流れをチェックして、常に他社より先に、相手の機先を制するスピーディな対応力が最も強く求められるわけです。

◇ともかく具体的にやってみよう

　南極大陸に、日本の観測基地を造るために、志願者による越冬隊が派遣されました。志願者は、極寒の嵐の中で、未経験の仕事の失敗を恐れて、何にもする意欲を出さなかったのです。見兼ねた西堀隊長は、改めて全隊員に動機づけを行いました。

　西堀隊長は、「何事も行動しなければ、失敗はない。具体的にやらなければ、

【図表33　拙速は放置するに勝る】

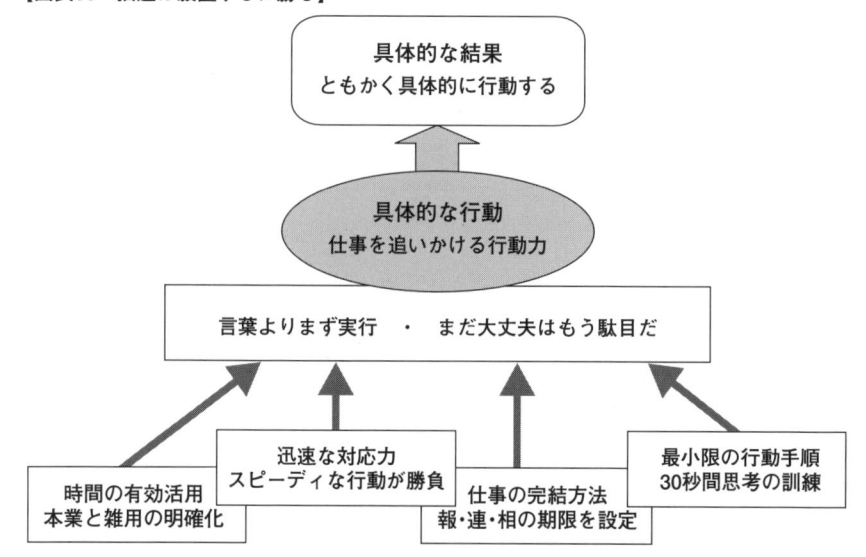

```
         具体的な結果
         ともかく具体的に行動する
              ↑
         具体的な行動
         仕事を追いかける行動力
              ↑
    言葉よりまず実行　・　まだ大丈夫はもう駄目だ
     ↑        ↑           ↑            ↑
 時間の有効活用  迅速な対応力    仕事の完結方法    最小限の行動手順
 本業と雑用の明確化 スピーディな行動が勝負  報・連・相の期限を設定  30秒間思考の訓練
```

結果もない。何もやらないことほど愚かなことはない。自分の思いを、勇気を出して、意識してやってみることである」といわれたそうです。

その直後から、各隊員は、堰を切ったように未経験の分野にも智恵を出し、試行錯誤を繰り返して、世界初のいくつもの成果を残したと伝えられています。

セールスマンの仕事は、いつまでも思案して、考え込んでいるだけでは何も進みません。

ですから、顧客の目線に立って、失敗を恐れずに「ともかく、具体的に動いてみる」ことが肝心です。具体的に動けば、具体的な答えが出るくるものです。

◇行動を起こす前に、たったの30秒考えよう

何事にも、早合点したり一目散に走り廻る人を称して、"飛脚の早とちり"といっています。

至急や緊急性の高い仕事、突発的な仕事でも、用件や内容をきちんと確認したうえで、素早く行動を起こすことが大事なことなのです。

ややもすると、ことの現象や事象だけで行動を起こして、周囲の関係者に対して、無駄骨を折らせることがよくあります。

セールスマンに求められることは、アプローチの状況変化や商談に限らず、目の前の仕事に対して、「僅か30秒程度の時間」を使って、まず考えることです。「半分間の時間」さえあれば、自分はいつまでに、何をするのか、相手は誰が適切か、どのような手順にするのか、などは判断できるものです。

そのうえで、素早く行動を起こします。そして、スピーディに対応することです。

◇まだ大丈夫はもう駄目だ

多くのセールスマンは、自分の日程との見合いで、嫌いな仕事や面倒で難儀なことは敬遠して、先送りにしがちです。

顧客との商談は、勝負が着くまで、一時たりとも目を離すことができません。

セールスマンにとっては、変化する商談要件をチェックし、適時にフォローすることは難儀なことです。面倒な会議や打合わせを怠り、商談を継続する要件の整備に手間取り、敗北を重ねる結果となります。

セールスマンは、時としてアングリマーラーの悪魔の囁きに負けて、「時間はまだある」「そのうちに、やればいいよ」などとして、気になる仕事や大事な約束がなんとはなしに未処理のままに残って行くものです。

たとえそれぞれの仕事は、一つ一つが小さな事柄であっても、幾つも溜まれば厄介なことであり、時間が経てば記憶も不確かなものになるものです。結果として、約束ぎりぎりの中で「アレも、コレも、あーもう駄目だ」ということになってしまいます。

また、セールスマンは、約束の完璧性や仕事の完成度を意識するあまりに、販売活動を左右するような重要な仕事や緊急の要件が手遅れになり、すべての努力を失うことにもなりかねません。

いずれにしても、販売活動は、すべての事柄が相手のあることであり、限られた時間の中で他社との厳しい競合を勝ち抜くためには「仕事を追いかけるセンスとスピード」が強く求められるわけです。

前述のとり販売活動は、常に他社より先に相手の機先を制するスピーディな対応が必要です。

特にアプローチが進捗している特定顧客への対応は、競合他社を凌駕する要素としての"拙速は放置するに勝る"ことを十分に考慮して、商談を優位に展開すべきです。

7 顧客の決断を促すテクニックを活用しよう

Point
- クロージングには、①商談の成約、②課題や目的を決めて次回の訪問や面談を約束するという二つの目的があります。
- クロージングは、相手の買いそうな仕草や買い信号をキャッチして、決断と行動を支援するトライアルクローズをかけることです。
- また自分のペースでクロージングを早めるためには、成約を促進する環境づくりと、テクニックの上手な活用が必要です。

◇クロージングでは二つの目的を区別しよう

　顧客へのアプローチ活動は、いうまでもなく、顧客や商談相手の納得決断を支援して、受注を獲得することが目的です。

　訪問面談活動では、訪問販売やルートセールスにかかわらず、特定顧客への説得の積み重ねから納得を得るまでがアプローチ活動になります。

　消費財や最寄品の販売では、来店者に直接のアプローチとなります。

　生産財や多機能商品の販売では、顧客企業への訪問販売を基調として、初回の訪問面談を開始してから顧客の決断による受注を獲得するまでの比較的長期にわたるアプローチ活動になります。

　この顧客企業の設備や制御システム、コンピュータや管理システムなどの生産財の場合は、1回や2回の商談活動で、顧客や面談相手が納得して、受注に結びつくことはまずあり得ません。セールスマンは、販売のプロセスやAIDMAの法則を基調にして、それぞれのステップを何度も繰り返しながら、競合を排除して顧客の理解と納得を積み上げてはじめて顧客の決断に到達し、受注の成果を獲得することになります。

　訪問販売のアプローチ活動は、訪問面談の目的ごとにクロージングを行うものであり、顧客の納得を得るとともに、次回訪問の約束を取りつけることにポイントがあります。

　例えば「キーマンに商品説明を行い、他社機との優位性を理解させる」「検討グループに、プロポーザルの説明を実施し提案内容を確認する」「技術者を同行して、商品のスペックを決定する」「上司を同行して、導入責任者に面談して検討状況を確認する」などです。

　いずれの場合でも、訪問計画表に基づくアプローチの進行状況に対応し、訪問目的を設定してクロージング（成約または約束）することになります。

このクロージングには、訪問目的に対するクロージングと、販売活動の締め括りとしての商談のクロージングとがありますので、それぞれに区分して対応することが必要です。

◇決断を促すトライアルクローズを積極的に行おう

セールスマンのアプローチ活動は、それぞれの訪問目的が短い時間で達成できれば、ゆとりの時間を生み出し、時間とコストを節減して効果的に仕事ができることになります。

そのためには、自分のペースで商談展開をリードして、意識してトライアルクローズ（受注の試み）を行い、商談相手の決断を促進させる必要があります。また相手の買い信号の確認を行うことなど、自分で商談のペースをつくらなければなりません。（図表34参照）

このように、セールスマンは、商談の中で何回でもクローズすることを念頭において、トライアルクローズを実行し、商談のクロージングを図るよう心掛けなければなりません。

顧客の納得を積み上げ、商談相手に決断を促すタイミングは、商談場面のTPOにより様々ですが、最も好ましい状況は、次のようなチャンスです。

(1) 強力なセリングポイント（顧客の興味の焦点）を説明したあと。
(2) 反論や質問にきちんと対応したあと。
(3) デモンストレーション（ショウルーム、ユーザー、工場など）のあと。
(4) 買いそうな仕草（相手の買い信号）があったとき。

商談相手の購入意欲は、心理的な緊張感の中で、表情や態度、言葉や雰囲気などの買いそうな仕草として現れるものです。

例えば「価格について質問されたとき」「納期について具体的な質問があったとき」「カタログや商品を取り上げて熱心に見入ったとき」「確認の質問に頷いたとき」「同席の第三者に意見を求めたとき」などです。

このようなときには、すかさず、「それでは、とりあえず2台にしましょうか、それとも3台にしますか」「それでは、技術部の方と早速打ち合わせをしたいと思いますが」などのトライアルクローズを行わなければなりません。

◇顧客の決断を支援するテクニックを活用しよう

セールスマンは、商談場面では、顧客の揺れ動く心をピタリと止めて、「これが欲しい」「これに決めた」という決断を促し、顧客に行動を起こさせるように努力しなければなりません。

商談相手に決断を促すためには、図表34で示すとおり、セールスマンが、相手の心理的な要素を理解し、テクニックを上手に活用して、余分な抵抗を排除しながらトライアルクローズを行う必要があります。

トライアルクローズを行うには、顧客の心理を活用して、次のようなテクニックを意識して使用すると、効果があります。

(1) **テクニックその1／マイナーポイント法**

この方法は、間接的に顧客の決断を促す方法で、"示唆法"ともいわれています。

例えば、「それでは、この装置を接続する配電盤の容量を確認させていただきたいと思いますが、よろしいですか」「この商品は、リードタイムが2か月かかりますので、納期を考えますと、今週中の生産手配となりますが、いかがでしょうか」などです。

このように、間接的ないいまわしで、心理的に相手の周りを固める方法です。

(2) **テクニックその2／二重質問法（二者択一法）**

これは、肯定的な二つの質問をして、どちらかに決めさせる方法です。この方法は、日取りや数量の約束などには、大変役立つものです。

例えば、「それでは、次回のお打合わせは、来週の火曜日にしましょうか、それとも木曜日にしますか」「この商品は大変好評なんですが、とりあえず10個にしましょうか、それとも20個にしますか」など、相手の意思を尊重するような話術を使いながら、自分のペースを確保するためにはよい方法です。

(3) **テクニックその3／経験提案法**

この方法は、セールスマンの経験に基づいて、商品やシステムの性能や機能、あるいは数量などが顧客の状況にいかに合っているかを提案するのによい方法です。

例えば、「御社での、この装置の稼働時間は1日5時間ですから、私どもの経験では、1か月300本か400本程度となります。300本にしますか、それとも、400本にしましょうか」「A社さんでは、この商品を毎月30台扱っています。御社のほうが店舗数が多いので、40台以上売れると思います。とりあえず40台にしますか、それとも50台にしましょうか」など、二重質問法と併用することにより、効果を高めることができる方法です。

(4) **テクニックその4／操作説明法**

この方法は、直接使用する人やその任務に携わる人達に、商品が適していることを納得させることにより、間接的に購入を決断させるテクニックです。

例えば、「それでは、総務部の女性の方に、私共のショウルームで実際に使っていただくということで、よろしいですか」「Ｂ店の店長さんに、ご納得いただければよろしいでしょうか」など、商品にかかわる関係者の納得を得ることにより、商談相手に決断を促す方法です。

(5) テクニックその５／比較法

この方法の活用は、セールスマンが予め、購入するほうがよい理由と、購入しないほうがよい理由とを区分して書き出し、顧客や商談相手に比較させることによって、相手の決断を促すテクニックです。

例えば、セールスマンが予め、買ったほうがよい理由を紙に書いておいて、商談の相手には買わない理由を書かせてみます。当然ながら、買ったほうがよい理由が多いことは自明です。この方法は、顧客との商談が長くなったり、手間の掛かるものですが、慣れてしまえば、顧客との信頼関係を醸成するのによい方法です。

◇自分のペースでクロージングを促進しよう

セールスマンは、前述したとおり訪問計画に基づいて顧客との面談や商談の進捗は、自分のペースで進めることが大切です。

相手のペースに合わせると、時間とコストの浪費に加えて、予期せぬ競合他社の参入やキーマンの異動、さらには商談の後戻りなど、多くの阻害要因が発生します。

したがって、セールスマンは、自分の訪問計画の中で、顧客が決断できる環境とタイミングを意識的につくり、心理的要因を上手に活用して、クロージングを促進して競合を排除し、早めに成約を確保することが、極めて大切なことです。

顧客の決断をできる限り促進するには、次のような行動を実行することが必要です。

(1) 場所を変える

アプローチ活動の締め括りとして、クロージング間近かの顧客には、ショウルームやユーザーの見学などを活用して、顧客を自分のお城から連れ出し、気心を開放して判断を容易にさせることです。

これによって、顧客の隠されていた本心が顔を出し、アプローチ活動や商談要件の多面性を知るよい機会ともなります。大胆に実行してみるべきです。

(2) 組織を総動員する

【図表34　受注のテクニック】

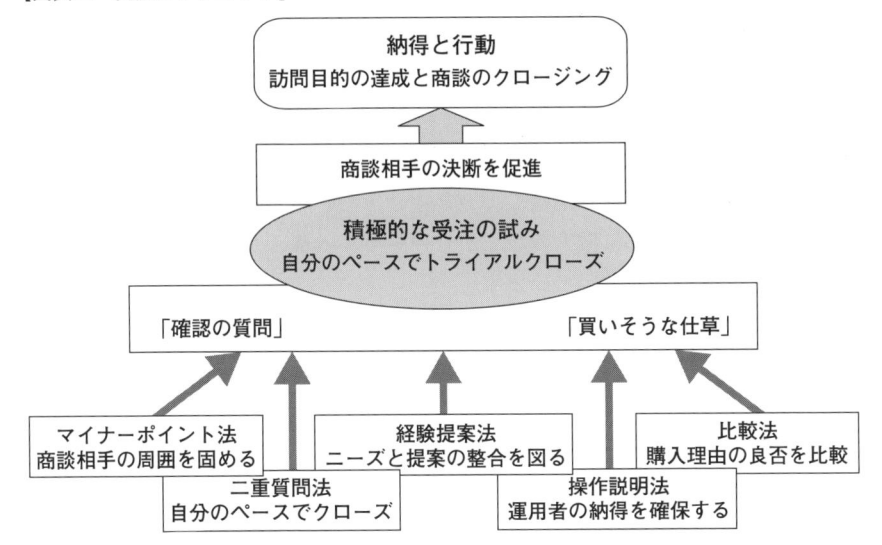

```
            納得と行動
      訪問目的の達成と商談のクロージング
              ↑
        商談相手の決断を促進
              ↑
         積極的な受注の試み
      自分のペースでトライアルクローズ

   「確認の質問」              「買いそうな仕草」

マイナーポイント法    経験提案法        比較法
商談相手の周囲を固める ニーズと提案の整合を図る 購入理由の良否を比較
        二重質問法        操作説明法
      自分のペースでクローズ  運用者の納得を確保する
```

　経験豊富な上司や役員の同行セールスは、アプローチ状況のチェックと面談の話題の中から、相手の心理や採用の可否などについて、別な見方から洞察できます。

　さらには、顧客や商談相手のステータスを高め、代表者意識を醸成することにより、セールスマンに対する信頼を勝ち取る絶好のチャンスになるものです。

　上司や役員、関係部門との同行セールスは、積極的に活用すべきです。顧客の決断を促進する、抜群の方法です。

⑶　その気にさせる

　この方法は、訪問活動の中の初期の段階で、技術者などを早めに派遣して、顧客の導入計画などのテーマに基づいて、顧客の試案づくりを手伝うことによって、自社の商品を優位に織り込むことができます。また、意識的に技術者などを早めにアサインして、競合を排除しながら相手を意図的に、その気にさせることです。

　計画段階からの共同作業を利用して、自分のペースでクロージングを促進することです。

⑷　シンパをつくる

　とかくセールスマンは、商談相手のキーマンだけとの面談になりがちです。商品の購入や導入は、使用する人、購入する人、決定する人など、多数の部門や多くの人との面談が必要です。訪問計画の早い段階で、顧客の社内に対して、説明会や見学会などを意識的に開催して、面識と関係づくりを行い、安心感の

醸成と自社のファンをつくることです。
　要は、大勢のファンをつくるとともに、購入者や活用者を安心させて、安心感の中で、クロージングを促進することです。
(5)　あらゆる脈を集中する
　セールスマンは、販売活動を通じて直接間接を問わず、自分自身を売り込みながら、自然に人間関係を構築しています。また、企業のヨコのつながりやタテのつながり、さらには個人のつながりの中で、人脈、金脈、商い脈、地脈などの様々な人間関係を築いています。
　また一方では、県人会や同窓会などの、竹馬の友や幼なじみに代表される仲間意識の強い「地脈」もあります。人脈の活用は、人間関係を拡大し、財産として磨きを掛けるチャンスでもあります。
　これらのあらゆる脈を、日頃のアプローチ活動や自分自身の日常活動の中で、意識して探し出し、目的を定めてタイミングよく、ピタリと活用するのです。
　しかしながら、人脈の活用は難しい面もあります。人脈としての相手の誠意や熱意が時として、自分自身や会社にとっての「借り」となることがあるために、慎重に活用する必要があります。

◇クロージングの後にも気配りが必要

　販売活動の最終的なクロージングは、商談の成約であり、受注の獲得です。セールスマンは、契約書の締結や調印などにあたっては、慎重な対応が求められます。なぜなら、成約に際しての商談要件のまとめを間違えたり、諸条件の説明を怠ったり、また大勢の関係者が同席したりすることによって、思わぬハプニングやトラブルが発生する恐れがあるからです。
　また、契約の内示や内定、または契約の締結の直後には、その場所からの辞去の仕方に気を配ることが必要です。
　次の事柄には、極力留意しなければなりません。
(1)　感謝と誠意の気持ちは、余計なことをいわずに「ありがとうございます」。
(2)　クロージングが終わった時点で、間髪を入れずに、商談とは無関係の話題に切り換える。
(3)　できるだけ、その場を早く辞去すること。"薪を抱いて、火を救う"という諺があるように、思わぬ第三者の介入や、相手の気持ちが変わらないうちに辞去する。
(4)　その場の"余情残心"は禁物ですが、契約締結後のアフターサービスなどに気を配り、顧客に対する関心をもち続けることが大切。

8 商談後の分析を意識して行おう

Point

- ●商談内容の分析と評価は、次回商談に対するアプローチ戦術の設定に不可欠なものです。
- ●また、顧客の同意と納得の度合いをバロメーターとして、次回訪問の準備と、商談のノウハウを充実させるものとなります。
- ●商談の実行と結果の分析は、新たな戦術の検討や準備をサイクリックに行い、セールススキルの向上とノウハウの蓄積が図れます。

◇訪問後の分析は次回商談の入念な準備である

　面談活動や商談の戦術は、"分析なくして課題なし"です。

　顧客との限られた時間の中で、商談相手とのやり取りが、自分のペースで進められたかどうか、商談要件の納得を促す「確認の質問」をきちんと実行したかなど、商談場面を振り返り、意識して反省するとともに、分析することが大切です。(図表35参照)

　訪問先を辞去して、帰社したセールスマンのなすべき仕事は、上司に対する商談状況の報告、関係部門への情報発信、セールスレポートの作成、伝票発行、納期の督促、打合わせ、明日の準備など、たくさんあります。

　多くのセールスマンは、これらのデスクワークに懸命のあまり、商談の反省や分析を怠り、「困った、弱った、どうしよう」を繰り返し、自らを窮地に追い込んでいます。これらに苛まれては、競合他社に打ち勝つことができません。

　賢明なセールスマンは、相手の話に心耳を傾けながら商談中に上手にメモをとり、辞去した後に移動時間や待ち時間を活用して、相手との同意事項・保留事項・要注意事項などについて、できるだけ早い時点で整理して、分析を実行しています。

　これは、商談の内容や印象が鮮明なうちに、次の一手を考えて、顧客との次回の商談戦術を入念に準備するということを認識しているからです。

　こうした整理を早い時点で行うことによって、煩わしいいろいろなデスクワークに妨げられることなく、顧客への次に打つべき作戦の準備が、素早くできあがるというわけです。

◇顧客の同意と納得が訪問成果のバロメーターである

　販売活動は人と人との交渉ごとであるとはいえ、昨今は、顧客との人間関係

【図表35　商談後の分析】

```
                    次回訪問の準備
                    新たな戦術の設定              （サイクリック）
                         ↑
                  商談内容の分析と評価
                    商談結果の分析
              顧客の同意と納得が成果のバロメーター
              （同意事項・保留事項・要注意事項）

        商談内容の分析    確認の質問    成果の評価

   取引要件の対応      FABアプローチ      証拠の活用
   取引内容の折衝状況   的確なセールストーク 適切な活用事例
          販売のノウハウ       反論への対応
          提案内容と課題の対処  新たな反論への対処
```

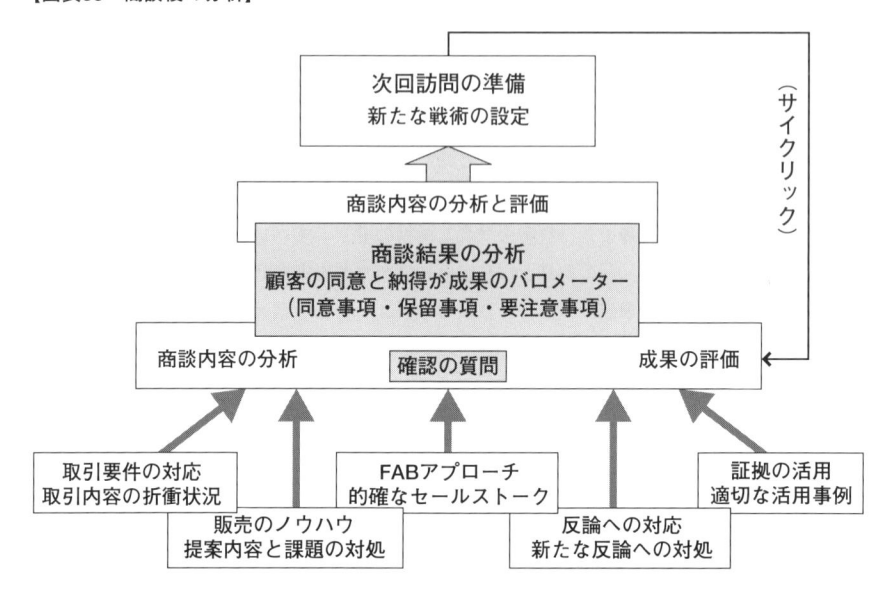

だけで解決できるような従前の活動とは、趣が異なっています。

他社に優位となる商談展開をするには、常に他社に先んじて顧客の懐に飛び込み、信頼関係を構築して提案活動を継続し、顧客の同意と納得を積み重ねることが強く求められます。そのためには、前述した可能な限りの事前の準備と、対応方法を整えることが必要です。(65頁参照)

◇訪問の目的を達成できたか

顧客との"議論に勝って、商談に負ける"場面は、多く見受けるものです。

顧客と議論することなく、相手の納得を支援することにより、訪問の目的をきちんと達成することがが使命であり、重要なことです。

もしも、そうでなかった場合には、どこに原因があったのかを反省して、分析することが肝心だからです。

上司との同行商談や2人以上の訪問活動では、相互に商談内容をチェックできますが、1人だけでの訪問は、多分にセールスマンの主観的な判断にならざるを得ません。

例えば、セールスマンが「今日の商談は、十分な感触と手応えを感じた」また、商談の相手から、「今日は、寒いところご苦労様でしたね」「時間が少なく

て、申し訳なかったね」など、顧客から労いの言葉を掛けられた場合などには、十分な成果があったとみるべきです。

◆商談の準備は十分であったか

　日頃の商談展開は、"提案なくして商談なし"であり、商談の準備には、プロポーザルの内容のチェックや、前回商談時の課題に対する回答や提案、説明説得の環境づくりなどが、十分に準備されていることが大前提です。

　そのうえで、他社に打ち勝つ商談活動としては、①顧客の立場で一緒に考え、解決のための相談や姿勢を確保したか、②また顧客中心の内容や、商談の流れを自分のペースで進められたか、③さらには、「確認の質問」を活用して、顧客の納得が得られたかなど、それぞれについて反省し、結果の分析を行うことです。

　これは、顧客や商談相手の満足と、不満足の要因を鮮明にすることによって、次回の商談に対する準備と、商談のノウハウを充実させるものです。また結果の分析は、他の顧客との商談をも有利に展開するための大事な要素ですから、ぜひ実行しなければなりません。

　図表34で明らかなように、商談場面のやり取りを反省し、商談内容の分析による新たな戦術の活用は、「商談の実行」「成果の反省と分析」「新たな戦術の設定」などをサイクリックに行うことによって、自らのセールススキルを高めることができるのです。

◆FABや証拠の準備は十分だったか

　商談は、顧客のニーズに対するセールスマンの提案内容と、的確なセールストークによる説明や説得によって、顧客の理解と納得を確認する折衝ゴトです。

　限られた約束の時間の中で、きちんと商談を行って顧客の納得を得るために準備したはずなのに、ままならないことがあります。予期せぬ反論や新たな課題の出現は、ベテランのセールスマンといえども、対応に困惑して躊躇するものです。しかし、相手からの新たな反論や課題の提示は、顧客の納得を推し量るシグナルであり、歓迎すべきものと受け止めるべきです。

　新たな反論や質問には、新たな「FAB」の作成とセールストークの準備が必要であり、説得のための証拠を整えることが必要です。

　こういう場合には、商談に臨んで、予め用意したFABや、予想される反論と活用事例などに基づく証拠と、新たに出された反論や質問との相違を理解し、

きちんと分析すると同時に、新たなノウハウとして、正確な対応が望まれます。

◇次回の商談準備を怠らない
　次回の商談に際しては、次のような項目を含めて、入念に準備する必要があります。
⑴　顧客の納得が不鮮明な要件は、必ず次回の商談要件に組み入れる。
⑵　顧客と約束した課題や検討項目は、即刻に調査して、次回に回答する。
⑶　商談時に話題になった事柄は、積極的に情報を収集して、顧客に提供することが望ましい。
　　…顧客に喜ばれる気配りです。
⑷　販売のプロセスに基づいて、商談の目的にフィットした、次表のようなセールスツールをきちんと準備する。

販売のプロセス	面談／商談の目的	セールスツール
興味の段階	興味の喚起 ニーズの喚起	活用事例集、納入実績表、個別リーフレット、アプローチブック商品マニュアル、サンプルなど。
理解と同意の段階	商品説明	商品カタログ、アプローチブック動画（PC、VTR）、同業他社の活用事例比較表、価格表、サンプル個別資料など。
	提案説明	プロポーザル、稼動予想図、説明会資料、見積書、課題検討と確認資料、サービス体制とサポートメニュー、プレゼンテーションツールなど。
	デモの展示 〔ショウルーム 　ユーザー工場〕	プロポーザル、見積書、ディメンションパネル、デモのしおり、ビデオ記念品など。

　以上のような事柄は、次回の商談に臨む主要な準備内容です。
　セールスマンは、商談に臨んで、他社よりも常に一歩先んじて顧客や商談相手の信頼を獲得して、説得と納得の距離をゼロにするための「次回の商談の準備」の重要性に留意して、準備を怠らないようにしてください。

4 自分だけの商品をつくろう

自分なくして商品なし・創意なくして存在なし

1 自分なくして商品なし・創意なくして存在なし

Point
- ●販売活動の基本は、まず初めに自分自身を売り込み、他社との差別化と存在感を鮮明にすることです。
- ●自分を売り込むためには、主体性を発揮して、自分だけの商品をつくることです。
- ●競合他社との違いを鮮明にするためには、顧客の役に立つ情報を商品化し、自分だけの商品として継続的に提供することです。

◇セールスマンは何を売り込むのか

　昨今、メディアを活用した通信販売や、インターネットによるWeb販売などが盛んになり、販売方法やマーケティング手法が大きく変化しています。

　しかし、生産財や多機能商品を扱う訪問販売やルートセールスでは、顧客とのフェース・ツウ・フェースが基本であり、販売の原点です。したがって、顧客は、常にセールスマンを通じて、商品や会社組織を評価しています。

　その結果、顧客は、セールスマンとの信頼関係に基づいて、購入商談や取組みを推進し、継続的な関係をつくりあげているのです。

　セールスマンに対しては、初回訪問時の出会いの第一印象で、自分のために役に立つかどうか、好きか嫌いかなどが、顧客からほぼ評価されます。それだけに、セールスマンとしては、顧客と自分の関係が、いかに有益であるかをきちんと説明して、商品を売り込む前に、まず自分自身を売り込むことを強く意識してかからなければなりません。

◇自分自身が最良の商品なり

　顧客や商談相手との接点は、まず「はじめにセールスマンありき」です。

　セールスマンは、自分自身の売り込みに際して、自分をいくつかの視点から分析して、自分自身をきちんと把握しておく必要があります。(図表36参照)

　例えば、自分の人生哲学や性格、社会性や信用度合い、人脈などを分析して、相手に対する有益なポイントを把握しておきます。また、自分の資質(感受性や社交性、特技や趣味の領域、仕事の実績など)を分析し、ステータスをわかりやすいものにします。

　さらには、固有の知識や能力についても分析し、自分自身が最良の商品として、磨き続けることが肝心です。(133頁参照)

4 自分だけの商品をつくろう

◇担当商品への愛着と研究心が自分の商品をつくる

　セールスマンにとっては、担当商品は「可愛い恋人」であり、仕事人生を賭けるパートナーです。それだけに、自分だけの商品にするためには、商品戦略をはじめ、販売方法や活用情報などの関連情報を幅広く、より深く、丁寧に収集して十分に理解し、自分だけの知識をもつことが肝要です。

　担当商品に愛情をもつには、商品の生産現場で、製造過程をつぶさに視察して、商品の産出状況を具体的に理解し、生産現場の苦労を体感するのがよいでしょう。あるいは、自ら顧客の活用状況を想定して、活用面からの不都合や小さな改善提案などを行い、販売面から商品づくりに参加することも必要です。

　こうした活動は、商品の隠れた魅力を探し出すとともに、新たなセールスポイントをつくり出し、販売戦術を拡大する大きなチャンスになるものです。
（142頁参照）

◇情報の商品化で自分だけの商品をつくろう

　情報は、競合他社を差別化し、顧客の心を動かす財産です。ですから、情報の活用は、質の高さと内容の的確さをきちんと理解して、「冗報」との違いを明確に区別することが大変重要なポイントになります。

　セールスマンは、通常、同じ対象市場で、同じような商品を、同じような価格で同じような販売体制によって、競合他社との販売合戦を展開しています。

　こうした販売の同質化が進む中で、競合他社との差別化を図り、商談を優位に展開するためには、セールスマンが自ら工夫を凝らして、顧客にとって新鮮で有益な情報を、タイミングよく提供することが最良の方法です。

　となると、自らの創意と工夫で情報の価値を高めることが、自分の武器としての情報の商品化であり、顧客から喜ばれる自分だけの商品をつくり出すベースになるのです。（138頁参照）

◇自分だけの販売の道具立ては自分の商品である

　すべての活動は、「知っている」「わかっている」だけでは何事も進展しません。

　販売の世界では、自分の思いをやってみることが必要なのです。

　セールスマンの日常活動は、会社の事業方針や部門の販売政策をもとに、整然として展開されますが、顧客への対応を具体的に実行する場面では、工夫を凝らしたアプローチの方法や説得方法などが、セールスマンが備えるべき技量

【図表36　自分だけの商品】

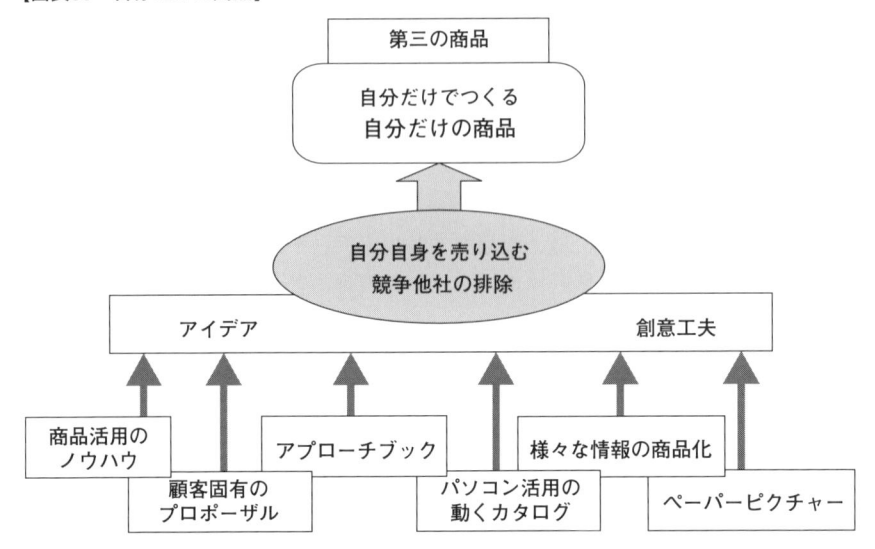

```
                  第三の商品
            ┌──────────────┐
            │ 自分だけでつくる │
            │ 自分だけの商品  │
            └──────────────┘
                    ↑
         ╱ 自分自身を売り込む ╲
        (  競争他社の排除    )
         ╲                ╱
    ┌─────────────────────────────┐
    │ アイデア          創意工夫      │
    └─────────────────────────────┘
      ↑    ↑    ↑    ↑    ↑    ↑    ↑
   商品活用の      アプローチブック  様々な情報の商品化
   ノウハウ
        顧客固有の       パソコン活用の      ペーパーピクチャー
        プロポーザル     動くカタログ
```

として強く要求されます。

その要請に応えるためには、図表36のように顧客から評価され、喜ばれるアプローチの方法や、わかりやすい説明方法として、カタログや定型化された説明書などのほかに、リーフレットやブック型式、パソコンとパワーポイントを活用した動画形式や顧客別のビジュアル、簡易プロジェクターによる説明方法など、いろいろな方法を活用して、相手の立場に合わせたセールスツールを、自分でつくることです。

面談や商談場面で、社内の宣伝部門や事業部門がつくった商品カタログやリーフレットをそのまま活用している状況を、しばしば見かけます。

セールスツールの作成や利用の方策などは、先述した販売のプロセスやAIDMAの法則などに基づいて、それぞれの段階やステップを十分に意識することによって、意外と簡単にできます。

必要性を引き出すパンフレット、顧客の興味を喚起する商品活用の事例集、商品説明をわかりやすくするためのリーフレットなどは、「FABシート」の利用や興味を引き出す「リスト法」の応用などによって、誰にでもつくることができるのです。

セールスマンにとっては、自分の思いでつくったセールスツールや、説明方法が、自らの存在感を鮮明にし、競合他社との差別化を図ります。それはまた、自らの存在感を鮮明にする自分の商品であり、誰にも負けない第三の商品となるわけです。（145頁参照）

2 意識して自分自身を売り込もう

Point
- ●自分で自分のステータスを分析して、いかに顧客に役立つかを認識して、評価することが自分を売り込む基本です。
- ●セールスマンは、会社を代表する企業の顔であり、顧客に活用の効果や付加価値などの、利益を提供する企業の伝道師です。
- ●セールスマンは、売り込むモノやコトと同様に、顧客や商談相手に対する販売活動の一挙手一投足が商品となります。

◇目立つセールスマンとみえないセールスマン

　顧客と数多くの商談を行う中で、時として、興味のある話に遭遇します。例えば、雲の流れのように現れて、風のように帰るセールスマンを、多く見掛けるといいます。目指す相手がいなければ、なにもいわずに、そのままそっと帰る神出鬼没のような行動をする、義務感だけのみえないセールスマンのことです。

　その昔、セールスマンは、「売り子」といわれ、経済の高度成長期には「外交や現業」と呼ばれて、商品を斡旋する販売員として、組織の端のほうにおかれていました。

　近年、マーケティング手法の導入とともに、セールスマンの役割が大きく変化したことにより、いまや企業の代表者意識が強く求められる一方で、対象市場や顧客企業の代弁者としての役割をも担っています。

　こうした事業展開のもとでは、使命感溢れる目立つセールスマンが主役であり、企業としての顔がみえるセールスマンが活躍する時代といえます。

◇セールスマンは企業のブランド商品である

　自分の会社を代表する企業の顔であるセールスマンは、自社の看板やステータスを掲げながら、事業展開の最前線で、顧客企業に様々な利益を提供する企業のブランド商品といえます。

　したがって、セールスマンの賢明なる活動は、企業の信用を高めると同時に、商品やサービスの信頼性をも高めます。

　となると、図表37のようにセールスマンは、企業を代表する商品として、いくつかの視点からFABなどを活用して分析し、自分自身を最大限に理解するとともに、自分を売り込むセールスポイントを、明確にしておかなければなりま

【図表37　自分自身を売り込む】

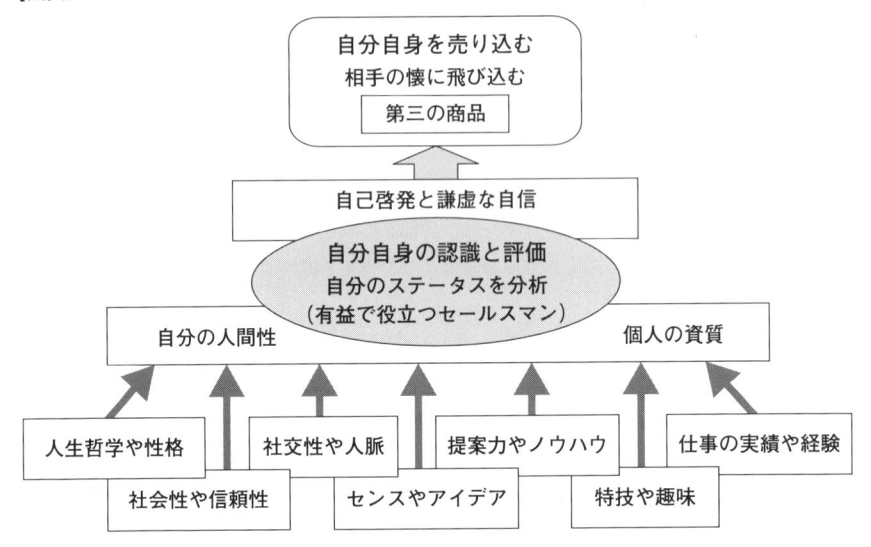

```
                    自分自身を売り込む
                    相手の懐に飛び込む
                      第三の商品

                   自己啓発と謙虚な自信

                  自分自身の認識と評価
                  自分のステータスを分析
                (有益で役立つセールスマン)

         自分の人間性              個人の資質
            ↑   ↑      ↑    ↑      ↑   ↑
    人生哲学や性格  社交性や人脈  提案力やノウハウ  仕事の実績や経験
      社会性や信頼性   センスやアイデア   特技や趣味
```

せん。

　自分をより深く理解するため、自分自身を売り込むための基本的な事柄、例えば、自分自身の人間性については、自分がどのような人間なのか、「人生哲学や性格」、加えて自分の知識や経験に基づいた「ノウハウや提案力」「社会性や信用度合い」「自分の人脈」などを分析して、自らのセールスポイントを把握することです。また、自分の資質については、事象に対する「センスや社交性」、常識や良識に基づく「判断力や組織の動員力」、自分の「特技や趣味」の領域、「仕事の実績」などを分析して、わかりやすくして伝えられるようにしておくことです。

◇顧客や商談相手の懐に意識して飛び込もう

　こんな事例があります。

　家電卸の販社でN社のパソコンを担当するK君は、秋葉原にある家電量販店のZ社に、N社商品への取組みを熱心に提案していましたが、一向に好転しませんでした。

　パソコンの販売が急激に拡大する中で、Z社のパソコン事業は、専らA社のDOSV機をメインとして、A社の支援を受けて展開していましたが、厳しい競争の中で、粗利率が低下し始めていました。当時、秋葉原の量販店は、N社のパソコンを含めて品揃えをきめ細かく整えて、顧客への対応力と売上高を拡大していたのです。

Z社の中では、各責任者が、A社製パソコンの専門店として、他店との差別化戦略に疑念を抱き始めていました。
　K君は「このときを逃したら、自社のパソコンを拡大するチャンスはない」と決意し、早速Z社の店舗を分析し、パソコン専門店の必要性、店舗運営や販売目標のシュミレーション、対応組織や店員教育などについて、プロポーザルを作成しました。
　K君は、プロポーザルをもとに、思い切ってバイヤーのO統括部長と営業統括役員のY取締役に面談し、パソコン専門店の開設と自社商品の拡販を提案しました。
　その結果、期待以上の感触を得ることができたのです。
　しかしながらK君は、自分の提案に対して、Z社の内部からの反発や抵抗が予想されるため、A社のS部長を中心に、Z社の主要な売り場責任者を交えて合宿を行い、パソコン売り場の見直しを検討しました。合宿の参加者は、K君の提案に、全員が賛成したのでした。
　K君は、合宿の成果を踏まえて、Z社の社長に直接面談し、単刀直入にプロポーザルを提示して説明しました。社長は、いくつかのポイントに懸念を示しましたが、K君の人一倍の熱意と、関係者を説得した具体的な提案を受けて、パソコン専門店の開設を決断したのです。新店がオープンした後に、K君の実績は、従前の3倍に伸長したのです。
　セールスマンは、顧客の問題点や相手の悩みを掴んで、自分のアイデアや提案活動の積極性を売り込むとともに、勇気をもって相手の懐に飛び込み、商品やシステムを売り込む前に、自分を売り込むことがことが極めて重要なことを教える事例です。

◇自分の特技や趣味を存分に活用しよう

　こんな事例もあります。
　コンピュータメーカーのN社で、販売を担当するS君は、東京の中目黒に所在するC生命保険会社の事務管理部に、アプローチをかけていました。
　あるとき、キーマンであるシステム担当のH課長から、「8月某日に、部長主催のゴルフコンペがあるんだが、君はゴルフはどうなの。IBMのK課長も参加するんだけど」というたわいない問い掛けに、S君は小躍りしました。
　早速上司のM主任に頼み込み、トロフィーを用意して参加しました。汗まみれで頑張った結果、S君は運良く準優勝となり、IBMが寄贈した賞品を手にしたのです。キーマンのH課長が絶好調で優勝し、S君が寄贈したトロフィーと

賞品を手に、満面の喜びでした。

S君は「こんなに上手くいくもんだろうか」と思いました。

IBMのK課長からは、嫌味と恨みを買いましたが、主催者の部長とH課長から大変誉められました。

このことが、生保業界のコンピュータ仲間で話題となり、S君は、たった1回のゴルフで、自分を売り込むことに成功したのです。

人と人との出会いの中で、特技や趣味の領域は、自分の最も得意とするものであり、興味が旺盛な領域です。セールスマンに対する顧客の評価は、お互いの共通点を求めて、有益か否か、好きか嫌いかなどを決めるものです。

セールスマンも、商品やサービスを売り込む前に、"自分の得意な領域"を積極的に活用して、相手よりも先に心を開く、"謙虚な自信とゆとり"をもつことが自分を売り込む大きな要素であることを事例は教えています。

◇**自己啓発で謙虚な自信とゆとりを養成しよう**

セールスマンが、自分の仕事に対して、旺盛な意欲と熱意をもって果敢な販売活動を行うことは、当然のことです。

顧客や商談相手の心を動かすために、また競合他社に打ち勝つために、常に自己を磨くということは、セールスマンが自分の仕事に対する熱意から生まれるものです。

自分の仕事に熱意をもって自分を磨き続けるためには、自己啓発が継続的にできる状態を自らつくる必要があります。従来から、「自己啓発の90％は、仕事でなされるものであり、訓練は自分が自分にするものであって、他人によってなされるものではない」といわれています。したがって、セールスマンは、販売活動を通じてすべての自己啓発を行わなければなりません。

セールスマンが意識して、継続的にできる啓発は、次のような項目をヒントにして、やってみることです。

例えば、①自分の担当商品や競合商品について、より深く、もっと詳しく勉強すること、②販売ノウハウを充実させるために、もっと幅広く、より専門的に知識を習得すること、③何事にも、意識して熱心に行動すること。熱心らしく行動するうちに、それが習慣になり性格となるものです。④情熱的な人と付き合うこと。情熱は一緒にいるだけで伝播するものです。⑤常に健康であること。爽やかな元気は、情熱を生み出す源です。

セールスマンは、常に顧客や商談相手から喜ばれ、顧客の満足を獲得するた

めに、そして相手から選ばれるために、自己啓発を通じて「もっと、さらにもっと」自分に磨きをかけるのです。

古来、"能ある鷹は爪を隠す"という謙譲の美徳を表す諺がありますが、自己啓発は、賢明なセールスマンが「謙虚に爪を出す」自信とゆとりを生み出す源泉になります。

まさに、「磨かざれば光なし、光なくして存在なし」であります。

◇知識やアイデアを積極的に売り込もう

顧客や商談相手は、自分を基準の尺度として、相手を推し量る嫌な存在です。

セールスマンに対するイメージは、何でも知っているもの知りであり、何事もそれなりに対応できる、万能型の人間のように思い込まれているのです。

したがって、そうした相手の期待や思込みに対して、それなりの回答や対応を求められていることや、期待もされていることを認識しておかなければなりません。期待に背いたときは、大きなイメージダウンとなり、期待値の低いただの人に成り下がることとなるでしょう。

顧客や商談相手は、常に競合他社のセールスマンを比較して、その優劣や自分のために役立つかどうかを評価し、好き嫌いの区分にまでも至るものです。

セールスマンは、顧客の知り得ない情報や未経験の分野などについて、面談や閑談時の話題の提供として、自発的に知識やアイデアを集中し、相手にとっていかに有益で役に立つ人間であるかを、認知させることを心掛けてください。

◇自分こそ誰にも負けない第三の商品なり

セールスマンの技量は、部門長や責任者でさえ、正確に評価できるものではありません。会社や部門長は、結果や成果を評価できますが、日頃の具体的な販売活動は、顧客満足度の観点から、会社組織を含めたセールスマン固有の技量として、顧客だけが明確に評価できるものです。

したがって、顧客への対応を具体的に実行する場面では、セールスマン自身が、工夫を凝らした独自の提案方法やアイデア溢れる説得方法などを、きちんと実現していることが望まれます。これは、顧客や商談相手が一番理解し、納得するところであり、他社のセールスマンの知るところでもあるからです。

顧客から喜ばれ、顧客が納得するアプローチ方法や、工夫を凝らした提案内容、わかりやすい説明方法などを編み出すことは、自分の財産であり、他社を排斥する自分の商品です。誰にも負けない第三の商品をぜひつくってほしいと思います。

3 様々な情報を商品化しよう

Point

- ●顧客への有益な情報の提供は、他社を差別化する最良の戦術であり、セールスマンの主体性と存在感をアピールするものです。
- ●情報を商品として認識し、顧客に喜ばれる有益な商品にするためには、商品化を自分で企画して、自分でつくる必要があります。
- ●情報は、鮮度の高さと活用のタイミングが大切であり、情報の価値を正しく評価することが重要です。

◇情報とは"情けの報せであり、情けに報いるものなり"

　世の中は、インターネットや多チャンネル放送、モバイル通信などのインフラの進展とともに、いまや洪水のごとき情報の流れの中で仕事をしています。

　情報は、自ら行動して求めるものと、他人によってもたらされるものがあります。

　いうまでもなく、情報はそのまま仕舞い込んだり、頭の中に入れただけでは、なんら役に立つことはありません。流れの中で活用することこそ、価値が生じるのです。

　販売活動でも、情報がすべての行動や行為の原点になります。

　したがって、情報の活用は、情報を受け取った人が相手からの「情けの報せ」として、必要な行動や行為を行うことによって、相手の「情けに報いる」ことでなければなりません。

　セールスマンは、情報を有効に活用するため、アンテナを人一倍高くして、情報の収集と発信を盛んに行うことはもちろん、情報を積極的に活用して、顧客や商談相手に必要な行動を促し、意識して販売活動を優位に展開することが肝心です。

◇情報は無形の財産である

　企業の財産は、資金と人材と設備や商品が有形の資産であり、事業展開に関わる情報や企業文化は無形の財産です。企業間競争のあるなかでは、無形財産を積極的に活用して優位な展開を図ることが、大きな競争要素になります。

　中でも、情報は、すべての資産に付加価値を与えるものであり、競合他社との事業展開を差別化するものとして、大きな価値を生み出す無形財産です。

　例えば、資金は投資や運用方法などの有益な情報よって、利益を生み出すも

のとなり、人材は仕事の手順や優先度などの的確な情報により、業務の効率を高めるものとなります。また、生産設備は材料の手配や生産計画などの情報に基づいて、稼働率を改善することなど、すべての活動に情報がかかわっているのです。

　販売活動でも、対象市場の業界や顧客固有の情報、商品開発の経緯や既存顧客の活用状況、商談状況や競合情報などは、セールスマンにとって、極めて大切なものであり、情報が商談展開を左右する重要な役割をもっています。

◇情報は他社を差別化する最良の商品なり

　情報とは、"情けの報せであり、情けに報いる"といわれるように、大変貴重なものです。とはいえ、情報の種類や質は、際限のないものであると同時に、有用無用を問わず大変幅の広いものです。

　したがって、自ら求めた情報や、第三者からの情報でも、目に止まり記憶に残るもの、聞き流すものとが混在しているために、セールスマンとしては、常に有益で有用な情報を確保しなければなりません。

　さらに、情報の有益性は、鮮度と活用のタイミングを考慮する必要があります。

　特に、顧客は、セールスマンの有益な情報、すなわち同業他社を含めた市場の動向、商品の開発コンセプトや技術動向、商品の活用ノウハウや導入活用状況などの顧客が知り得ない情報に、大きな関心と興味をもっているものです。

　顧客が知らない情報や知りたい情報は、タイミングよく親切に提供することにより、セールスマンへの依頼心を醸成し、さらに信頼関係を強化するものとなります。

　すなわち、情報は、セールスマン独自の最良の商品として位置づけし、競争他社を排斥して、商談を優位に展開するものでもあります。

◇情報を積極的に商品化しよう

　セールスマンが顧客に提供する有益な情報は、市場の状況や需要動向、商品の開発や技術動向、他社商品との比較や活用ノウハウ、既存顧客の導入活用状況、サービスやサポート情報など、販売にかかわる様々な種類があります。

　セールスマンは、これらの有益な情報を、自ら積極的に探索するとともに、カタログやセールスマニュアルなどを利用して、数多く収集することが必要です。

　収集した情報は、情報の価値と活用の効果を高めるために、アプローチの活

【図表38 情報の商品化】

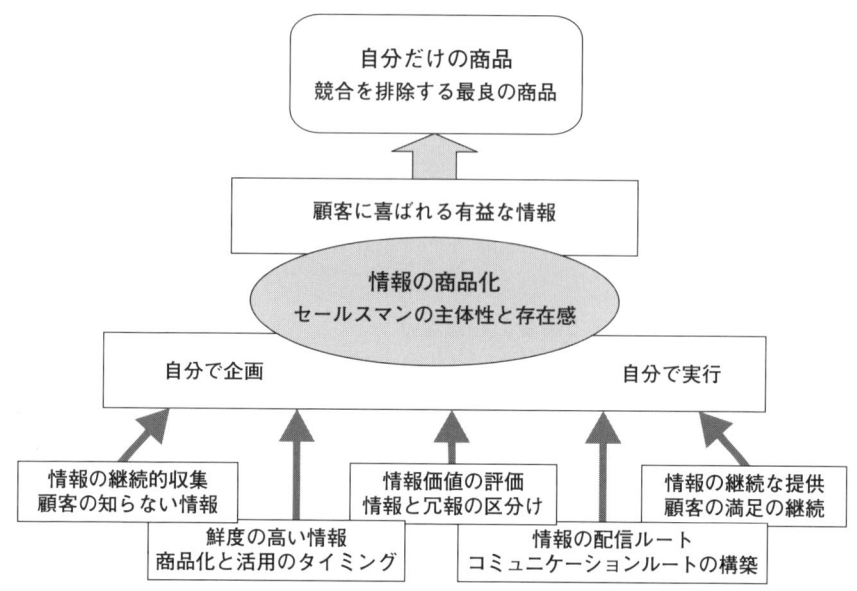

```
                    ┌──────────────────────┐
                    │    自分だけの商品     │
                    │ 競合を排除する最良の商品 │
                    └──────────▲───────────┘
                    ┌──────────────────────┐
                    │  顧客に喜ばれる有益な情報  │
                    └──────────────────────┘
                         ╱ 情報の商品化 ╲
                        │ セールスマンの主体性と存在感 │
                         ╲             ╱
            ┌──────────┐              ┌──────────┐
            │ 自分で企画 │              │ 自分で実行 │
            └────▲─────┘              └─────▲────┘
    ┌──────────┐  ┌──────────┐  ┌──────────┐
    │情報の継続的収集│  │情報価値の評価 │  │情報の継続な提供│
    │顧客の知らない情報│  │情報と冗報の区分け│  │顧客の満足の継続│
    └──────────┘  └──────────┘  └──────────┘
           ┌──────────┐    ┌──────────────┐
           │鮮度の高い情報 │    │ 情報の配信ルート │
           │商品化と活用のタイミング│ │コミュニケーションルートの構築│
           └──────────┘    └──────────────┘
```

　動目的に添って整理し、目的別に顧客がわかりやすい資料や、みやすいリーフレットなどに置き換えて、自分だけの扱い商品にすることが大切です。
　これは、収集した情報を商品として認識して、自ら企画して商品化するものであり、最良の商品として、セールスマンが顧客に提供するものです。
　図表38のように、顧客に提供する有益な情報は、「自分で企画して、自分で編集し、自分で商品化」してこそ、説明や説得の効果を高める第三の商品となります。

◇「価値ある情報」と「価値のない冗報」をきちんと区別しよう

　情報は、必要なときに、必要な事柄を、必要なだけ求め得るものです。
　昨今、パソコンの普及とインターネットの利用が進展している中で、ルートセールスの担当者は、顧客やバイヤーに対して、必要な情報や資料をパソコンで作成し、eメールを活用してリアルタイムで、効率よく効果的に提供しています。
　ITの活用は、情報の新鮮さを確保するとともに、情報の提供ルートが的確に維持され、新たな信頼関係をつくり出します。加えて、情報の提供ルートは、顧客や商談相手との双方向のコミュニケーションルートを構築するので、競争

他社との差別化を生み出す大きな要素にもなります。

　顧客が知らないことや知りたい事柄は、価値ある情報として、特定顧客に対するアプローチ活動の項目ごとに、想定される必要な情報をきちんと区分けして準備し、タイミングよく活用することにより、顧客や商談相手から喜ばれる情報になるのです。

　したがって、「いつかは役に立つ」あるいは「何度活用しても効果が期待できない」情報は、価値のない「冗報」として、いさぎよく捨てる必要があります。

　価値の高い情報も、活用の目的やタイミングを逸すると、活用効果の低下と情報鮮度の陳腐化を招き、単なる冗報として全く価値のないものとなります。

　セールスマンは、常に、情報と冗報とをきちんと区別して、顧客に有益な情報を自分の商品として提供し、自分自身を売り込むことが肝心です。

◇**情報の継続的な提供力を強化しよう**

　多くの情報は、活用目的の達成や時間の経過などとともに、不要となり陳腐化して、価値のない「冗報」になります。

　セールスマンには、顧客に対する自分の存在感を高めるために、身近な情報の収集を含めて、情報ルートの確保とアンテナを高くし、継続的に情報の収集と発信を行うことが常に求められています。

　顧客にとっては、担当者であれ責任者であれ、必要な情報の欠落はセールスマンに対する不満となり、会社に対する不信を増長するものです。

　情報の継続的な提供は、情報の商品化を行う不断の努力として、欠くことのできない大事な活動です。

　特に、ルートセールスでは、同一地域や取引先サイドの同業他社間におけるオピニオンリーダーを意識しながら、情報の内容とタイミングを考慮して提供することが肝心です。なぜなら、取引先のキーマンや責任者は、それぞれに業界のキーパーソンとして、常に意識しているからです。

　いずれにしても、セールスマンは、冗報を廃棄して、保有する自分の情報を更新してください。そして、新たな情報を積極的に探索して継続的に情報の商品化を行い、「第三の商品」に磨きをかけて、顧客や商談相手に対する情報の提供力を強化しながら、自分の存在感を高める活動をすることが大切です。

4 商品には人一倍の愛着と研究心をもち続けよう

Point
- 自分だけの商品にすることは、人一倍の愛着と研究心が必要です。
- 自分の商品として、商品との出逢いを大事にし、活用と販売のノウハウを上手に整合して、ハウマッチセールからハウツーセールに転換を図ることです。
- 商品に愛着をもち、自分の分身とするためには、商品固有の情報の探索と、商品づくりへの参加が欠かせません。

◇ハウマッチからハウツーセールへ転換しよう

　昨今の販売では、どの業界でも、販売経費の削減、技術革新や生産方法の合理化などによる低価格化競争の中で、価格破壊を招来しています。

　商品の価値が同等であったり、販売の競争条件が不十分な場合は、ややもすると価格競争を招いて、「ハウマッチセール」に陥ることになります。

　商品の価格競争は、市場投入の先発後発による価格の設定、ブランド力やシェアなどにより、商品と価格の優劣が評価されています。しかし、商品本来の競争力は、顧客の利益、すなわち商品の活用や利用をベースとして、商品固有の性能や機能から得られる「効果効用」「満足感や達成感」そして「個人の楽しみ」などを、顧客の目線で相対的に評価されるものです。

　セールスマンは、これらの内容を正しく認識するために、自ら担当商品の特徴や利点を十分に理解して、競争他社の商品と比較分析し、優劣を研究して、基本的な商品知識や活用知識を幅広く習得することを怠ってはなりません。

　大切なことは、担当商品に関わる販売情報、活用情報、技術や生産情報、さらには、ユーザーのクレーム情報などを丁寧に収集して、より多くのセールスポイントをつくり出し、顧客に対する商品の付加価値を高めることです。

　これらの事柄を誠心誠意実行することによって、競争力の低い商品でも深い愛着が生まれ、「ハウツーセール」を実現する大きな要素になります。

◇担当商品は自分の分身である

　担当商品の競争力は、顧客ニーズの変化や、技術革新による新商品の投入など競争要件の変化により、常に競争優位にあるとは限りません。

　しかし、セールスマンにとって、自分の担当商品は「可愛い恋人」であり、仕事人生を賭ける「パートナー」です。

したがって、自分の分身として誰にも負けないものにするためには、その商品のコンセプトをはじめ、販売方策や活用情報などの関連情報を幅広く、より深く、丁寧に収集して十分に理解し、自分だけの知識をもつことです。

それには、担当商品に愛情をもつことが必要不可欠です。

商品への深い愛着をもつためには、商品の生産現場で、産出状況を具に視察して、自ら生産現場の苦労を肌に感じることです。

また、商品に対する旺盛な研究心は、自ら顧客の活用現場に足を運びながら、さまざまな活用状況を想定して、自社商品の不十分なポイントや、他社の優れたスペックなどをよく理解することによって、顧客の目線で活用面からの不都合や小さな改善提案などを行い、顧客の立場で商品づくりに参加することです。

このように、担当商品に対する愛着や研究心は、商品の隠れた魅力を探し出すとともに、必然的に新たなセールスポイントをつくり出し、販売戦術を拡大することになるのです。

◇「みえる商品、みえない商品」

セールスマンにとって、商品知識が不可欠であることは、言をまたないところです。

消費財や最寄品などの単機能商品は、姿形が目にみえる商品として、固有の性能や機能、特徴や利点などを、明確に理解することが不可欠なものですが、生産財や多機能商品は、商品固有の性能や機能、特徴などを理解しただけでは、商品知識をもっていることにはなりません。

なぜなら、それらの商品の機能を有機的に組合わせて、機能や性能を拡大する「システム商品」として活用する「コト売り」の知識が強く要求されるからです。

それ以外の商品でも、商品の応用や活用知識の要らない販売はあり得ません。つまり、セールスマンに商品やシステムが適用される活用シーンとしての知識がなければ、顧客の問題や課題の解決策を提案することができません。まして、商品の応用知識がなければ、顧客が期待する効果や利益をつくり出し、十分な説得を行うことができないのです。

商品の応用や活用知識は、幅広い商品知識から生まれるものであり、それぞれに対応する商品特性や活用のノウハウを意識して研究し、習得しなければなりません。

セールスマンも、顧客の活用シーンを具体的に実現する目にみえない商品と

しての、さらに多くの知識を自分のものにする努力を惜しんではなりません。

◇幅広く、さらに深い商品知識を習得しよう

　一般的に、セールスマンは、「もの知り」といわれているように、自分の担当商品やシステムに対する知識のほかに、商品の変遷や開発の裏話、技術の進展や商品動向などについてもよく知っているものです。

　これらの知識は、担当商品との未知なる出会いを通して新鮮な感動と好奇心をもつことが大切なことであり、自分の財産として、継続的に研究することによって、習得できるのです。

　取扱商品の必要性や開発の経緯は、愛着があればこそ探求するものであり、人一倍の興味と関心をもち続けて、知識を深めることが大事です。

　セールスマンは、これらの知識や情報を幅広く収集することによって、その商品についてのたくさんの情報と幅広い商品知識を習得して、誰にも負けない自分の商品をつくり出すことを心掛けてください。

◇商品の応用知識はコンサルティングセールスの基本要素である

　商品を購入して活用する顧客は、同業他社やライバルを一歩でも半歩でも引き離して、それに相応しいステータスを、常に求めているものです。

　特に、生産財をはじめとする多機能商品では、①セールスマンの販売経験や実績に基づいたアイデア、②さらには応用技術の適用や先進顧客の利用方法などによる、商品の応用知識によるコンサルティングセールスが必要不可欠です。

　それ故に、顧客や商談の相手から期待されるのは、相談相手、協力者としてのソリューション指向のセールスマン、すなわち顧客に役立つセールスマンが求められていますっ。

　セールスマンの幅広い応用知識は、顧客の信頼を勝ち取る提案力と誰にも負けない説得力を裏付けるものであることはいうまでもありません。

　これらの事柄は、セールスマンが自分の取扱商品を通じて、顧客サイドの同業他社との競争と差別化を存分に支援するものとなります。したがって、担当商品に対する商品知識はもとより、応用知識、業務経験に基づくノウハウなどの幅広い知識と経験が必要です。

5 自分だけのカタログをつくろう

Point

- カタログの有用性は、商品メッセージの提供から活用情報・セールスポイントの発信に転換することが必要です。
- カタログは、有要な情報を提供するツールとして、自分で作成して顧客の欲望と満足を想起させるものです。
- 本来的なカタログは、プロポーザルやアプローチブックなどに代表される、自分だけのカタログをつくることです。

◇型録はカタログにあらず

　カタログは、商品の有形無形を問わず、いろんなメディアを通じて顧客に届けられるものであり、商品の型を録した一方的な「メッセージ」です。

　どんなに素晴らしく、立派なカタログといえども、単なる商品の情報やメッセージだけでは、顧客にとってなんら役に立つものではなく、単純な関心を生み出すことだけのものとなります。

　消費財や最寄品は、カタログによるメッセージと広告宣伝活動によって、他社との違いや差別化を行い、商品の優位性を訴求していますが、活用の効果や楽しみなどに対しては、顧客へのセールスポイントをきちんと発信することが求められています。

　特に、生産財や多機能商品は、必要性の掘り起こしと活用の多様性を目的として、顧客の目線で、顧客の課題や改善点について、商品の必要性や顧客の欲望に関する情報を提供するものとして、カタログの重要性があります。したがって、商品カタログは、型録でなしに、顧客の欲望を掻き立てるツールとなることに留意しなければなりません。

◇活用事例のリーフレットを自分でつくろう

　会社がつくる商品カタログは、顔写真つきのセールスマンの名刺と同じです。

　顧客との面談や商品の説明会などでは、多くの場合、商品カタログを使って、商品を訴求していますが、聞いている人達は、商品のデザインや書かれている文言などに気を取られ、商品の形や性能機能の特徴だけの理解に終始しているようです。

　顧客は、その特徴が本来的に自分や自分の会社にとって、どんな効果効用や楽しみなどの利益が期待できるのかに、大きな関心や興味をもっています。

したがって、セールスマンが必要とするカタログは、顧客が商品の必要性や欲望を想起する「バイイングポイント」を提供するものが適しています。
　カタログによる商品の説明では、ワードピクチャー（顧客が商品を活用して、利益を得ている状態などを、言葉で描き出す話術）を多用することによって、セールスマンが顧客のバイイングポイントをつくり出すようにすることが求められるわけです。
　ワードピクチャーが使えないセールスマンは、既存の成功事例を収集して、イラストやキーワードを考え、パソコンでパワーポイントなどを活用しながら、リーフレットを作成するようにします。自分で作成するからこそ、内容の理解や、顧客への説明が過不足なくできることに留意してください。
　自ら作成したリーフレットは、自分自身を売り込む自分だけのカタログとして、有益なツールにもなります。このリーフレットは、できる限り数多く作成して、業種や企業規模、活用目的や効果効用などを区分して整理し、「自分だけのカタログ」として、積極的に活用すべきです。

◇パソコンを活用して動くカタログをつくろう
　パソコンやビデオは、持ち運びに便利なものになっていますので、顧客へのカタログ説明の機材として利用することを考慮すべきです。そうすることによって、誰にでもわかりやすく、臨場感のある動くカタログとして、説明の楽しみを拡大することができます。
　昨今、パソコンを愛好するセールスマンは、自らパソコンを活用して、デジタルカメラやスキャナーで写真や手書きのイラストを入れたり、ビデオの動画を取り込み、３Ｄのソフトを利用して、「動画カタログ」を作成して、お客様と一緒に操作しながら、短時間で密度の濃い商品説明を実現しています。
　予め計画した自分のセールスストーリーに基づいてエレメントを組み合わせ、自分だけの動くカタログをつくるのですが、これは、商品説明のためのカタログであると同時に、見せ方や説明方法を工夫することにより、「アプローチブック」にもなり得ます。
　セールスマンは、動くカタログを活用することによって、いつでも十分に商品のデモンストレーションができますから、「"一人三役"の頼もしいカタログ」という素晴らしいものを活用できます。

◇アプローチブックをつくろう

　こんな事例があります。

　コンピュータメーカーのＮ社に、外資系の販社でコンピュータのセールスマンであったＭさんが途中入社しました。入社３年目のＳ君は、Ｍさんの行動に大きな関心をもっていました。

　Ｍさんは同僚が用意したたくさんのカタログやマニュアルを、１週間かけて習得して、10日目からはルーズリーフとはさみを使って、カタログやマニュアルの切りぬきを行い、カラーペンでキャッチフレーズやセールスポイントなどを書き込み、１冊のスクラップブックを完成させました。

　Ｔ主任に「アプローチブックをつくってみましたので、チェックしてください」とＭさん。

　Ｔ主任「君、カタログや販売の資料はどうしたのかね、こんなに切って」。

　Ｍさん「これが私のカタログです。これがないと販売はできませんよ」。

　Ｓ君「何でこんなスクラップブックが必要なんですか」。

　Ｍさん「これは新人セールスの立場で、自分の説明をわかりやすくして、相手に確認させるための内容に編集したもので、お客の理解が進むんですよ」。

　以来Ｍさんは、アプローチブックを小脇に抱えて、カッコよく外出しています。

　Ｔ主任はグループの朝礼で「昨日Ｍ君に同行しましたが、Ｍ君がアプローチブックを使って説明したところ、相手がびっくりして感心していました。皆もつくってみてはどうかね」。

　早速Ｓ君は、Ｍさんにつくり方を教えてもらうことにしました。

　この事例は、顧客や商談相手に喜ばれる自分のカタログをつくると同時に、アプローチを効果的に行うセールスツールになることを教えています。

◇プロポーザルは自分のカタログの原点なり

　本来的なカタログは、商品の市場性や付加価値を顧客の目線で、商品の必要性や顧客の欲望に関する情報をきちんと提供する役割をもっています。

　プロポーザルは、前述したとおり、顧客固有の必要性に対するソリューションとして、自社の商品やシステムの正当性と有益性を明確にするドキュメントですから、プロポーザルの内容は個別顧客への対応とはいえども、顧客への訴求内容や提案内容については大同小異で、多くの共通点をもっています。

　また、アプローチブックにおいても、顧客や業界固有の必要性を喚起して、

顧客が求める期待効果と満足とを十分に説明し、訴求するものとして、多くの共通点をもっています。

　いずれにしても、プロポーザルは、顧客の課題や改善点に対する解決策を提供するものとして、商品に関する最大の情報と顧客の期待効果と満足が明確になっていなければなりません。

　セールスマンは、プロポーザルの内容や情報を、顧客のために上手に編集することにより、自分だけのカタログにすることを心掛けてください。

◇ワードピクチャーをカタログ化してみよう

　前述のワードピクチャーは、セールスマンが商談場面で、顧客の納得を促す話術です。

　例えば、「このパソコンを導入されますと、伝票の作成と同時に、内容がデータとしてすべて記憶されていますので、分類や集計が簡単にできますし、月末の資料づくりもプリント時間だけで済んでしまうんです。ですから、残業の煩わしさも、休日出勤もありませんので、毎日が家族団欒になりますし、休日には、お子様と連れ立ってボート遊びをしたり、家族揃ってピクニックを楽しんだり、奥様と一緒に、大好きなガーデニングができるようになるんですよ……いかがですか」。

　ワードピクチャーは、顧客が商品を活用して、楽しんでいる状態を言葉で描きながら、相手にに深い連想を起こさせるものです。このような話術は、無意識で行っているものですが、多くのセールスマンにはできにくいものです。

　顧客や商談相手に対して、ベテランのセールスマンと同じように、説明や説得をするためには、商品の必要性と期待効果を明確化して、顧客の満足から派生する達成感や個人の楽しみを想定しなければなりません。

　セールスマンは、顧客の楽しみをいくつか想定して、イラストや写真を利用することによって、ワードピクチャーならぬ「ペーパーピクチャー」を作成して、効果を試してほしいものです。

5 クレームにどう対処するか

理由なくして不満なし・改善なくして満足なし

1 理由なくして不満なし・改善なくして満足なし

Point
- クレームは、"原因は小なり結果は大なり"をもって、計画的な訪問による未然防止が大切なことです。
- クレーム対応は、常に不満の解消による顧客満足を目的として、最優先の対応を実行することです。
- クレームに対処する基本的な行動は、改善の提案と結果のトレースの実行にあります。

◇"すべての物事は、小さなところに宿る"

　仕事は、相手の仕事との間で、予期せぬ事柄が突然発生するものです。

　その原因は、些細なことであることがほとんどです。故に、"すべての物事は、小さなところに宿る"といわれています。

　特に、取引先やユーザーからのクレームは、言葉の行き違いや説明不足、顧客の単純なミスやセールスマンの態度、小さな約束の不履行や人間関係の好き嫌いなど、小さな不満が大半となっています。

　とはいえ、クレームは、"原因は小なり、結果は大なり"です。クレームは、顧客にとってそれなりの理由が存在します。

　小さなクレームは、契約後のフォローや納入後のサービスを忘れ、無関心であることなど、その後のユーザーフォローを怠ったときに発生するものです。

　また、顧客は、「商品のユーザーとして認知されたい」「ファンとしての存在感を認められたい」という自尊心や認知欲など、心理的な要因をクレームに置き替えるからです。

　このように、取引先やユーザーは、セールスマンに依存して、100パーセントの存在感を発揮し、取引関係が自分中心であることを求めたがるわけです。

◇使って満足したユーザーはセールスマンの財産である

　セールスマンは、図表39のように、常に自社の商品やシステムを満足して使って貰うとともに、顧客の満足度を高めるために、計画的に訪問して、サービスや活用面のサポートをきちんと行わなければなりません。

　既存顧客に対するサービスやサポートは、「サービスのＡＢＣ（After Before Current）」と称する三つの活動があります。なかでもアフターサービスは、顧客にとって最も重要なものです。

【図表39　クレーム対応】

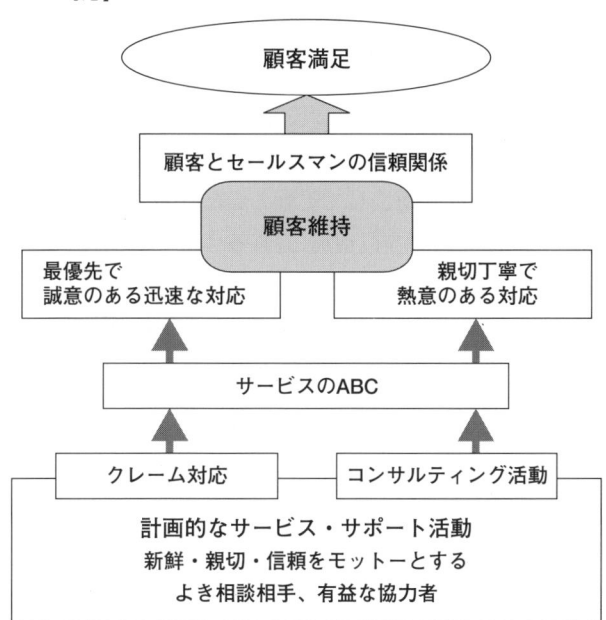

```
                    ┌─────────┐
                    │ 顧客満足 │
                    └────▲────┘
                         │
            ┌────────────────────────┐
            │ 顧客とセールスマンの信頼関係 │
            │      ┌─────────┐       │
            │      │ 顧客維持 │       │
            │      └─────────┘       │
            └────────────────────────┘
     ┌──────────────┐         ┌──────────────┐
     │  最優先で    │         │ 親切丁寧で   │
     │誠意のある迅速な対応│     │熱意のある対応│
     └──────▲───────┘         └──────▲───────┘
            │                        │
            └────────┬───────────────┘
                 ┌───────────┐
                 │サービスのABC│
                 └─────▲─────┘
            ┌──────────┴──────────┐
     ┌────────────┐         ┌──────────────┐
     │ クレーム対応│         │コンサルティング活動│
     └────────────┘         └──────────────┘
      ┌──────────────────────────────────┐
      │    計画的なサービス・サポート活動   │
      │   新鮮・親切・信頼をモットーとする  │
      │    よき相談相手、有益な協力者      │
      └──────────────────────────────────┘
```

　使って満足し信頼関係を継続しているユーザーは、10人のセールスマンに勝るともいわれるほどですから、アフターサービスは、顧客の満足度を高めて自社のファンにする販売活動の重要な要素です。

　満足を得た取引先やユーザーは、継続的なリピートオーダーや新規顧客の紹介などにつながるので、セールスマンにとっては大きな財産となります。

◇アフターサービスをビフォアサービスに転換しよう

　アフターサービスを目的とするユーザー訪問は、セールスマン自身の活動計画表にきちんと組み入れて、戦術的にビフォアサービスを実行することが必要です。なぜなら、計画的なユーザー訪問は、万一のクレームに対する事前の処置が可能となり、ユーザーとのよりよい関係を確保できるからです。

　また、計画的なユーザー訪問は、予期せぬ苦情処理や新たな問題解決にも直面しがちですが、既存顧客へのビフォアサービスとして、提案活動やコンサルティングセールスを行うことによって、新たな商品の売込みやリピートオーダーのチャンスにもなります。（154頁参照）

◇苦情処理は最優先のファーストタスクである

　計画的にユーザーを訪問して、アフターサービスをきちんと実行しても、ユ

ーザーの苦情が皆無になることはありません。不幸にして苦情が発生したときには、自ら速やかに対応し、最優先で処置することが極めて重要です。

　障害の発生やクレーム対応は、とかく厄介なものという思い込みがあるためか、対応が遅れがちになります。しかし、相手は、すぐにでも解決してくれることを期待しているものです。

　こういう場合、最初の行動が遅れれば遅れるほど、相手の不満が比例して大きくなり、解決を難しくするものです。

　苦情処理の基本は、"原因は小なり、結果は大なり"を意識し、クレームの小さなうちに、「まだ大丈夫は、もう駄目だ」をモットーにして、最優先の対応と迅速な解決を肝に銘じて、処置することが肝心です。（158頁参照）

◇改善の提案と結果のトレースをきちんと実行しよう

　クレームは、商品やシステム活用上の問題や苦情が大半です。

　商品やシステムに関する障害の発生や苦情は、メンテナンスサービスの領域ですが、顧客の目線では、セールスマンの資質、商品やシステム、操作マニュアル、附帯設備や附帯工事などのすべてが担当セールスマンへのクレームとなります。

　したがって、アフターサービスは、セールスマンが売り込む無形の商品として認識し、クレーム改善策の提案、提案内容のフォローと、実行期限をきちんとトレースすることによって、更なる信頼関係を構築するようにしなければなりません。

　クレーム処理は、"禍い転じて福と為す"ものでなければならず、したがって小さな約束を守ることが大きな信頼を獲得するという認識のもと、自分自身をはじめ、組織や自社の信頼を高くするような対応で解決するよう務めなければなりません。（168頁参照）

◇顧客の心理とTPOを上手に活用しよう

　取引先やユーザーからのクレームは、商品やシステムの活用面からの事柄とはいえ、相手はあくまでも被害者としての人間が対象となります。

　クレームへの対処にあたっては、相手の被害者意識や顧客心理など、心理的な要因を配慮して、真正面での対応が強く求められます。

　特に、クレーム対応は、相手の会社が打合わせや面談の場所となるために、お互いに、かみしもや鎧を着込んだ状態となり、必要以上のプレッシャーが掛

かるものです。日頃からの決まりきった面談場所や、キャスティングでは、なお更のことです。

　できれば、お互いに鎧を脱ぎ、胸襟を開ける場所の設定や、キャスティングを考慮することが望ましいのです。

　また、クレームに対するお詫びや改善の説明は、朝一番や昼休みの前、終業時間の間際や就業の時間外など、意識して時間を設定することも必要なことです。

◇相手の言い分に心耳を傾けよう

　セールスマンの基本は、"話上手より聞き上手になれ"といわれています。

　米国などでは、「セールスマンの報酬の半分は、話を聞くためのもの」であるといわれています。また、「口は一つ耳は二つとして、相手の話には2倍の誠意と時間を使え」といわれるほど、「聞く」ことは、大変大事なことです。

　特に、クレーム処理の対応は、相手の言い分に心耳を傾けて、理解する態度を鮮明に現すことが必要です。そのうえで、不満や苦情の真意を具体的に引き出して、原因や要因を明確にすることです。

　予期せぬ顧客のクレームや障害への対応は、冷静沈着な姿勢と内容をよく理解する対応力が必要です。

　顧客の不満や苦情の解決は、セールスマン自身の熱意と誠意からにじみ出る自然な行為として、誠心誠意を尽くすことが肝心です。（162頁参照）

◇誠意と熱意で信頼関係を構築する

　定常的な取引先や、ユーザーへの対応は、時として"釣った魚には餌を与えず""喉元過ぎれば熱さを忘れる"など、受注したときの嬉しさや感激の涙を忘れて、その後のフォローを怠るものです。

　取引先やユーザーのフォローは、販売活動の基本であり、セールスマンの誠意と熱意は、顧客の心を動かす原点です。

　特に、ユーザークレームの未然防止は、セールスマンがユーザーの立場に立って、ユーザーの目線で、契約内容のフォローやサポート、納入後の活用や効果的な運用方法の指導など、誠意のある親切な対応が求められます。

　また、クレームへの対応は、被害者としての相手を対象とするために、大変厳しく苦しいものであり、心身の緊張と疲労を伴うものですが、セールスマンは、自らの意識で熱心に行動することにより、取引先やユーザーとの新たな信頼関係を構築しなければなりません。（165頁参照）

2 意識的にビフォアサービスを実行しよう

Point
- 既存顧客（ユーザー）はセールスマンの財産です。
- ユーザーのフォローアップは、計画的な訪問活動を通じて、クレームの未然防止とサポート活動をきちんと実行することです。
- アフターサービスをビフォアサービスに置き換えて、コンサルティング活動を意識的に実行し、新たな商談やリピートオーダーを喚起することです。

◇思いを込めたユーザー訪問を実行しよう

　セールスマンは、顧客が失われる理由を、常に意識しなければなりません。顧客を失う理由は、"釣った魚には餌を与えず"とか"喉元過ぎれば熱さを忘れる"という諺のように、顧客に対するサービスを怠ったり、無関心であることが大半で、「顧客の不満を増長させる最も大きな理由である」といわれています。

　例えば、「納品したら一度も訪問しない」「活用の方法をよく説明しない」「問い合わせしても回答がない」など、様々な不満が見受けられます。

　顧客に対するサービスには、前述のとおり「サービスのABC（After、Before、Current）」という三つの活動があります。とりわけ、アフターサービスは、既存の取引先やユーザーにとって最も重要なものです。セールスマンにとっても、取引先は拡販の設備であり、個別のユーザーは自分の財産として、磨きをかける必要があります。

◇よきパートナー・よりよき仕事仲間になる

　訪問販売とルートセールスにおけるアフターサービスは、目的は同様ですが、日常の行動や活動内容は大きく異なります。

　例えば、ルートセールスでは、仕入担当のバイヤーや責任者に対して、必要な販売情報をタイミングよく提供し、商品の満足度を高めるためのサービスや、サポートを行い、競合を排除することはもちろん、主要な店舗を定期的に巡回して、店舗の責任者や商品の売り場責任者などに対して、商品や販売の情報をはじめとして、必要なサービスとセルアウト活動をサポートし、展示シェアの確保や店員教育などの、実利的な支援活動が仕事となっています。

　一方、訪問販売では、自社の商品やシステムをいつも満足して使って貰うと

【図表40　ビフォアサービスの実行】

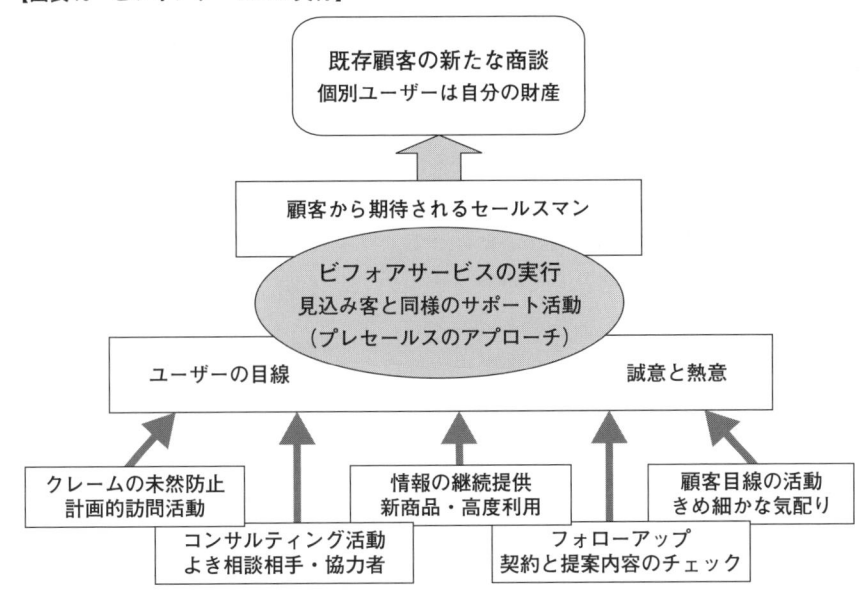

```
                    既存顧客の新たな商談
                  個別ユーザーは自分の財産
                           ↑
                  顧客から期待されるセールスマン
                    ビフォアサービスの実行
                   見込み客と同様のサポート活動
                  （プレセールスのアプローチ）
      ユーザーの目線                        誠意と熱意
          ↑              ↑         ↑          ↑
   クレームの未然防止    情報の継続提供      顧客目線の活動
    計画的訪問活動     新商品・高度利用    きめ細かな気配り
         コンサルティング活動      フォローアップ
         よき相談相手・協力者    契約と提案内容のチェック
```

ともに、満足度を常に高めるために、活用の助言や情報の提供を行い、ユーザーに対するコンサルティング活動が主要な仕事になります。

いずれにしても、図表40のようにセールスマンは、自分の顧客に対する思いを常に顧客の立場に置き換えて行動し、取引先やユーザーから期待され喜ばれるセールスマンとして、よきパートナーであり、よりよき仕事仲間になることが必要です。

◇アフターサービスはユーザーの目線で対応しよう

取引先やユーザーに対するアフターサービスは、誠意と熱意を具現化するものとして、常に顧客の目線で、次のような事項を実行することが必要です。

(1)　コミュニケーションルートの構築と継続的な情報提供。
(2)　契約内容や約束事項のフォローとトレース。
(3)　納入後の活用状況の把握や導入提案内容のチェックとトレース。
(4)　応用方法の提案や新たな課題に対するコンサルテーション。
(5)　クレームに対する迅速な処置とトレース。
(6)　会社と会社の信頼関係やよりよき人間関係の醸成など。

アフターサービスは、上記(1)〜(6)を認識して、既存顧客への訪問計画を立て、きちんと実行することが大切なことです。

セールス活動計画に基づくユーザー訪問は、新規顧客と同様のビフォアサー

ビスとして、ユーザーに対するコンサルティング活動が重要なのです。

◇**ビフォアサービスを戦術的に実行しよう**

　セールスマンのユーザー訪問は、時として、クレーム処理や問題の解決になりがちです。アフターサービスのためのユーザー訪問は、スケジュールに基づく計画的な活動として、クレームの未然防止とユーザーの相談相手や仕事の協力者としてのコンサルティング活動に注力することが大切です。

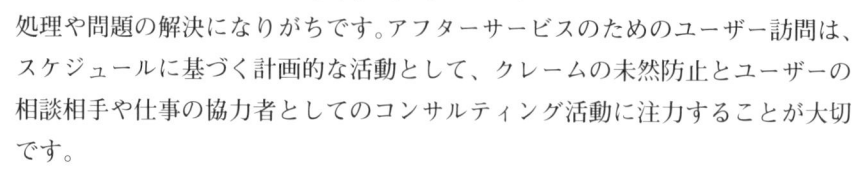

　取引先やユーザーは、新たな課題や改善点を必ずもっているものです。

　既存顧客へのアフターサービスは、競合他社に優位する信頼関係、必要性に対する的確な提案活動など、顧客のよりよき相談相手となり、リピートオーダーの獲得を含めて、新規顧客と同様の対応を積極的に展開することでなければなりません。(図表40参照)

　したがって、セールスマンは、アフターサービスを新たなニーズに対するコンサルティング活動として認識し、既存顧客に対するフォローアップの販売戦術としてきちんと区分して、積極的にアプローチすることが重要な課題です。

　フォローアップの販売戦術では、おおむね次のような活動項目を実行する必要があります。

(1)　新しい商品やシステムに関する知識や情報の継続的な提供。
(2)　既存商品やシステムの高度利用、改善提案など。
(3)　リピートオーダーや新規オーダーに対するフォローとトレース。
(4)　阻害要因の排除と苦情処理への対応など。

◇**アフターサービスは新たな商談の始まりなり**

　取引先やユーザーに対するサービスは、会社を代表する無形の商品です。

　セールスマンは、①既存顧客へのコンサルティング活動の中で、ユーザーとしてのサービスを提供する場合と、②受注確度の高い新たな顧客として、新たなニーズに対応する提案活動としてのフォローアップの販売戦術とをきちんと区分し、意識して活動することが必要です。

　既存の顧客に対するサービスやサポートは、どちらかといえば、アフターサービスそのものや、クレーム処理のフォローやトレースになりがちですが、これらの活動は、訪問販売やルートセールスのいずれにおいても、既存の顧客を新たな見込み客として、意識的にアプローチすることが必要です。

⑤クレームにどう対処するか

【図表41　サービス・サポートの位置づけと販売のアプローチ過程】

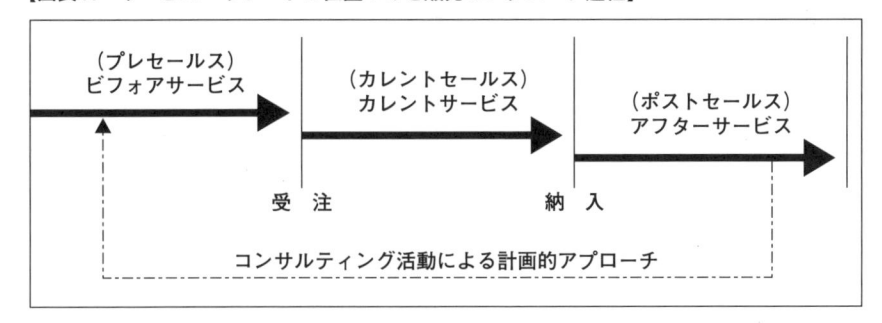

```
（プレセールス）        （カレントセールス）      （ポストセールス）
ビフォアサービス  →    カレントサービス   →    アフターサービス  →
                     受　注                納　入
              コンサルティング活動による計画的アプローチ
```

　すなわち、アフターサービスは、既存顧客へのプレセールスとしてのコンサルティング活動と、問題の解決や改善の提案を行うことになり、新たな商談の始まりを意識的につくり出すこととなるからです。（図表41参照）

◇サービスとサポート活動はセールスマンの商品である

　既存顧客に対するサービスやサポート活動は、前述のように計画的に実施するとともに、継続的に対応することによって、ユーザーや取引先の安心感とセールスマンに対する依頼心を大きくします。

　サービスやサポート活動の重要性は、納入後の運用面のフォローアップをはじめ、活用面でのレベルアップや性能機能のグレードアップなど、既存顧客の新たなニーズを引き出す戦術的な販売展開として不可欠なものです。

　特に生産財や耐久消費財などの既存顧客への対応は、常にプレセールスを前提とした十分なアフターケアと、コンサルティングを主体にしたサポート活動によって、確実な見込み客に変えることが絶対に必要です。

　既存顧客に対する「スリーアップ（フォローアップ・レベルアップ・グレードアップ）」の戦術展開は、サービスとサポート活動を「セールスマン固有の商品」に置き換えて、顧客満足を押し上げると同時に、競合他社を排斥する最良の商品として、意識して継続的に売り込むことが肝心です。

　特に、生産財などの訪問販売では、サービスサポート活動がセールスマンの商品として、意識して継続的に売り込まなければならないのです。

3　苦情処理は意識してファーストタスクを心掛けよう

Point

- ●クレームや障害への対応は、最優先の仕事です。現場と現実を基本として、状況の理解と迅速な解決により、不信や不満を払拭することです。
- ●クレームや障害の発生は、何事も"原因は小なり結果は大なり"を認識して、親切な対応と熱心な行動が肝心です。

◇まず言い分を十分に聞きながら状況を把握しよう

　障害の発生やクレームは、ところ構わず突発的に生じるものです。

　特に、商品やシステムの障害は、運用の当事者や責任者にとって、最悪の状態をもたらします。障害の発生は、相手の仕事を阻害し、商品に対する不信や不安を助長して、嫌悪感などの感情的な状態に発展しがちだからです。

　こんな事例があります。

　オフィス用小型コンピュータのセールスを担当するS君は、東京の江東区に本社が所在する鉄屑購買会社のM産業から受注を獲得しました。2月の寒い時期に、茨城県の現場事務所に納入し設置しました。

　コンピュータの仕事は、トラックで搬入される鉄屑の積載量と区分機による正規の鉄屑を計量し、リアルタイムで仕切書を作成して運転手に手渡し、月末に取引先別に精算書を作成して、銀行別に振込みを行うものです。

　導入後は順調に稼動して、責任者のK部長から大変喜ばれていました。7月のある日、K部長からS君に突然電話が掛かってきたのです。

　K部長が興奮して「お前んとこのコンピュータは、計算ができないのか」というのです。続けて「朝からトラックが並んじゃって、事務員が泣いているんだぞ」といいます。

　「今まで何もなかったものですから…状況が全くわかりませんので、すぐ部長さんのところにお伺いいたします」といって駆けつけたS君は、当初の稼動後、現場の事務所を一度も訪問していなかったことに気がついて、悔やみながらK部長にお詫びしました。

　現場は、2,500馬力の区分機が稼動するたびに、事務所の照明が瞬間的に暗くなる状況でした。早速、K部長と相談し、定電圧装置を接続して、稼動を再開しました。

2、3日して、K部長から「今日も故障だよ。仕事にならないよ」との電話。

 S君は、上司のM課長に同行を依頼し、K部長とともに現場事務所を訪問しました。

 夏の暑い日で、事務所の窓が開いていたのですが、よくみると、コンピュータの脇にぶら下がっている大きな人形が揺れているのです。突然、M課長が「原因はこの人形では…」といいました。

 アクリルの人形が静電気を帯びて、風に揺れるたびに、誤作動を起こしているのではないかと見当つけたのです。女性の事務員にお願いして、大きな人形を外してみました。誤作動がなくなったのです。

 しかし、本当の原因は、設置工事の担任者がアースをきちんと取らなかったことでした。K部長は「何で、こんな基本的なことを忘れたのかね」と。

 このように、障害の発生やクレームの対応は、セールスマンが自ら直接現場に行くことによって、まず正面で受け止ると同時に、"飛脚の早とちり"にならないように、相手の言い分をじっくり聞いて、的確な事柄の確認と状況のチェックを行い、冷静に対応することが必要です。

 特に、クレーム対応は、現場へ行くことで3割程度が解決され、相手の言い分を十分に聞くことで7割方解決するのです。

◇苦情処理は最優先のファーストタスクである

 障害の発生やクレームなどの苦情は、計画的なユーザー訪問とアフターサービスを一所懸命に実行しても、ユーザーの苦情が皆無になることはありません。万が一発生したときは、最優先で、速やかに処置することが強く求められるのです。

 導入活用商品やシステムの障害は、相手の仕事や楽しみを阻害するだけでなく、顧客企業の業務の停滞や信用を失墜させ、大きな損害を与える要因となるからです。

 特に、生産財の設備やシステム商品などは、障害の発生と同時に、顧客企業の業務が停滞し、大なり小なり相手の事業の運営を損なうのです。

 障害の発生は、セールスマンにも顧客側にも緊急事態であり、予想される最悪の状況に対しては最優先の対応を行うことにし、状況の把握に務めると同時に、組織を活用して迅速に対処する行動を起こさなければなりません。また、消費財や最寄品に対する苦情は、在庫切れやカタログ不足、納期の遅延や約束の不履行など、すべての事柄が相手の損害に至るクレームとなるのです。

したがって、苦情処理の基本は、"原因は小なり、結果は大なり"を意識して、小さなうちに対処することを心掛けることです。

まさに、障害の発生やクレームへの対応は、"First-JobとFast-Proccesing"を十分に意識して、行動することが大切なのです。

このように、苦情処理は、最優先のファーストタスクを心掛け、常に顧客の目線で、相手の立場を尊重し、誠心誠意を旨として、迅速に対処すべきことに留意してください。

◇議論と言い訳は禁物なり

既存顧客やユーザーの苦情は、活用商品やシステムに関するものが大半です。これを相手の立場になると、商品やシステムはもとより、導入活用のすべてが担当セールスマンへのクレームとなるのです。

セールスマンの中には、商談活動やアフターサービス以外の事柄について、自らの責任を回避し、時として言い訳や議論をする人たちがいます。

アフターサービスはセールスマンの無形の商品であり、商品やシステムに関わるすべてのものが、ユーザーにとってはクレームの対象となると考えなければなりません。

したがって、セールスマンは、企業の代表者意識を発揮して、クレームの内容を十分に聞くとともに、内容をよく理解して対処することが必要です。

ユーザーのクレームは、セールスマンの対応次第で、被害者としての心理的な要因や、感情的な側面から、針小棒大になりがちなものです。

セールスマンは、「自分の領域外でもユーザーの苦情をよく聞いて理解すること」を旨として、自らの器量を示すとともに、決して言い訳することなく、また決して議論することなく、心耳をもって対応することが肝要です。

◇お詫びと誠意が人間関係をつくる

継続的な取引先やユーザーへのフォローアップは、「サービスのABC（After、Before、Current）」として、販売活動の基本であり、相手の不満やクレームを未然に防止する大切な面談活動です。

特に、ユーザークレームの未然防止は、僅かな時間を惜しまずに、相手の立場で、契約内容のフォローやサポートを行い、納入後でも、応用方法や効果的な運用方法の助言など、誠意をもって親切に対応することが肝心です。

不幸にして、障害やクレームが発生したときには、なによりもまず相手の言い分をよく聞きながら状況を把握し、率直にお詫びして誠意を示すことです。

◇自らの誠意と熱意で行動しよう

　こんな事例があります。

　コンピュータのセールスを担当しているS君は、1年ほど前に八王子に所在する酒問屋のN社に、小型のコンピュータを納入しました。

　N社は、女性の事務員がコンピュータを活用して、在庫管理と経理の自動仕訳処理を行い、省力化のために上手に活用していました。

　2月のある日、東京に大雪が降りましたが、その2、3日後に経理担当のH部長さんから電話が入ったのです。H部長からは「お宅のコンピュータが、突然煙を出して止まっちゃったよ。危なくて使えないよ。どうするんだね」という抗議です。

　びっくりしたS君は、「まず電源を切ってください。すぐお伺いしますから」といって、急いで上司のM課長に報告すると同時に、すべての予定を取り止めて、H部長を訪問しました。

　そして、現場の状況を確認しながらS君は「コンピュータの二次電源がショートして落ちてますよ。操作ミスですよ」といいました。しかし、女子事務員「燃えるようなコンピュータは、怖くて使えませんよ」といい、K部長も同調して「この人に謝らなきゃ駄目じゃないか。全く誠意がないよ」といいます。

　S君は、我に帰って、遅まきながら丁重にお詫びして、女性の事務員に改めて状況を聞きました。女子事務員は「出社したとき、コンピュータの上に水が溜まっていたので、拭き取ってからいつものように電源を入れたら、突然煙が出たんです」と説明。

　原因は、前の晩に、雪解けの泥水が天井から漏れて、コンピュータの中に染み込みショートして、電源の障害となり発煙したものでした。

　S君は、改めてK部長に謝罪するとともに、原因の報告を行い、その場で自社の保守員に電話し、午前中の修理を約束しました。

　K部長が笑いながら「朝から済まなかったね。すぐ屋根を直しておくよ」ということで、一件落着です。

　障害やクレームの対応は、被害者としての人間を対象とするために、大変厳しく辛いものですが、セールスマンが自らの誠意と熱意で行動することにより、取引先やユーザーとの、新たな信頼関係を構築することができることを、この事例は教えています。

4 聞くことは話すに勝ることを常に意識しよう

Point
- クレームの対応は、相手の言い分をよく聞いて、不満や苦情の真意を明確にすることです。
- 相手の言い分に心耳を傾けて、理解をする態度を鮮明にし、解決策の方向性を提案して、相手の満足をつくり出すことです。
- サポート活動やサービスは、顧客満足を提供するセールスマン自身の商品として、大事に取り扱わなければなりません。

◇相手の言い分を理解しよう

　取引先やユーザーの中には、何か一言いわなければ、気が済まない人が結構いるものです。「私の思いも聞いてほしい」という人もいます。

　セールスマンは、ともかく"聞き上手になれ"とよくいわれますが、「聞く」ということは、大変重要なことであると同時に、難しいことでもあります。

　聞くことの大切さは、「セールスマンの報酬の半分は、話を聞くためのもの」であるといわれているほど、"話し上手より聞き上手"が求められる所以となっています。

　とにかく、相手に話をさせるのは、障害発生の経緯やクレームの内容を詳らかにし、相手の言い分と心理的な状態を推し量るためです。

　セールスマンは、相手の言い分に心耳を傾け、「おっしゃることはよくわかります。それで」「…ところで」を繰り返し、理解する態度を明確に示すことです。

　理解する態度とは、相手の言い分（苦情の内容）がどのようなものかが、わかったということを言葉で明確に表現することです。これにより、相手の言い分や不満の真意を探り、苦情の度合いや、解決策の方向づけを見い出して、よりよい満足をつくり出すことができることになります。

　これらのことを意識して実行することにより、セールスマンは、相手にとって、一緒になって考えてくれる相談相手として、またよき協力者として期待され、信頼されるのです。

◇冷静に最後まで、十分に聞くことが苦情処理の要諦である

　セールスマンは、得手不得手はありますが、売り込みはそれなりにできます。販売活動では、セールスマンが自分の思いを意識して実行し、特定の顧客や

商談の相手が十分に納得する証拠と利益を明確にして攻略します。しかし、苦情処理は、自分の意思とは無関係に、突発的に発生するものです。

　顧客の苦情処理は、相手が被害者であり、有形無形の損害を生じる厳しいものであるため、冷静沈着な姿勢とともに内容をよく理解する対応力が必要なのです。

　したがって、セールスマンは、予期せぬ顧客の苦情や、ユーザークレームを上手に対処してこそ、一人前のセールスマンとして評価されることを認識してください。

　こんな事例があります。

　家電卸の販売会社で、N社のパソコン販売を担当するY君は、入社5年目の中堅社員です。ある週明けの月曜日、取引先であるL社のチーフバイヤーから突然呼び出しを受けました。理由は、契約した新型パソコンを、全店舗に展示しているにもかかわらず、全く納品がないため、多くの店長から苦情が殺到している状況なので、「早く納品して欲しい、どうなっているんだ」ということでした。

　Y君は、押っ取り刀でチーフバイヤーのK部長に面談し、丁重にお詫びしながら「大変ご迷惑をお掛けしておりますが、あと10日ほど掛かります」というと、K部長が大声で「売れるときに、モノがないなんて最低だよ。F社に変えるぞ」と怒鳴るのです。

　Y君は「おっしゃることはよくわかります。どちらの販売店様も同じ状況ですので、入荷次第早くお届けできるように、きちんとチェックしますよ」というのですが、Y部長は「早くするのは、うちの分だけでよいんだよ。とにかく急ぐんだよ」と一向に引き下がる様子がありません。

　そこで、Y君は「おっしゃることはよくわかるんですが、他の販売店さんもありますので…」といいつつ、続けて「K部長さん、御社は何か特別な理由でも、おありなんでしょうか」と聞いたのです。

　K部長が困った表情で「モノがないために、先週の金曜日に予約販売の指示をしたんだが、予想以上で、週末にはお客に渡す分が、最低でも80台必要なんだよ」。

　Y君は即座に「K部長さん、ご発注の700台の一括納入は10日後ですが、お急ぎの80台は、何とか間に合わせるように支店長と相談します。どうですか」と答えました。

　K部長のもとを辞去したY君は、支店長と相談して、早速その旨の回答を行

ったのです。

◇**クレーム対応はまず聞いて約束をして即実行しよう**

　クレーム処理の第一義は、相手の言い分をよく聞いて理解することです。

　人の身体は、口が一つ耳は二つとして、聞くことは話すことの２倍の誠意と労力を使うことが必要です。相手の話をよく聞くことを、神様が授けてくれたようなものです。

　セールスマンは、顧客や相手の言い分を十分に理解して、クレームの原因や要因を解決する方法や改善の方策を、きちんと約束することです。そして、期限を約束して、即実行することです。

　これらの一連の行動は、スピーディな対応を旨として、常に相手の立場に立ち、目にみえる熱心な活動が必要です。

　セールスマンは、クレーム処理にかかわらず、顧客に対する熱意と誠意は販売活動の原点です。意味のない行動や上辺だけの表現ではなく、セールスマン自身の信条からにじみ出てくるもので、自然の行為として相手に評価され、満足を呼び起こす状態をつくり出すことが肝心です。

　特にクレーム処理や障害対応は、セールスマンとしての誠意と熱意が最大限に求められていることに留意してください。

◇**相談相手としてのアプローチが大切なり**

　セールスマンが、自分の活動計画に基づいて、固有の取引先やユーザーを訪問することは、ビフォアサービスとしてのコンサルティング活動です。

　セールスマンは、物質的なサービスや単なるユーザー訪問ではなしに、満足度をさらに押し上げる誠意のある親切な対応を積極的に行うことが大切です。

　周知のとおり、サポート活動やサービスは、会社を代表する無形の商品であり、セールスマン固有の自分の大切な商品でもありますので、単なるサービスとして認識してはなりません。なぜならば、サービスのABCの中には、セールスマン自身、自社のすべてのサービス内容が盛り込まれているからです。

　取引先やユーザーに対するサービスは、ややもすると、アフターサービスに限定されがちですが、既存の顧客を新たな見込み客として、意識してアプローチを掛けることが大切な要件となるのです。

　したがって、セールスマンは、アフターサービスをビフォアサービスに置き換えて、継続的によりよき相談相手、よき協力者となることが強く求められところです。

5 クレームのシグナルに気を配ろう

Point

- 顧客満足は、日頃の親切なフォローアップ活動の積み重ねによって、苦情の芽を未然に摘み取ることです。
- クレームの未然防止は、きめ細かな気配りで「小さな顧客満足」をたくさん積み上げることです。
- ユーザーへの対応は、常に、新鮮、信頼、親切を基本として、相手から期待される状態をつくり出すことです。

◇苦情は「原因は小なり、結果は大なり」と認識しよう

　日常の仕事の進め方として、多くの場合、われわれは、小さな事柄を見逃してそのまま放置し、大きな成果を逸したり最悪の結果を招くことをしばしば経験するものです。

　結果的に、「あのとき、こうしておけばよかった」「あのときの状況が、こうなるとは思わなかった」など、小さな事柄や些細な現象に対して、僅かな注意を怠ったことが大きな失敗と後悔を招き、"後の祭り""後悔先に立たず"となります。

　特に、取引先やユーザーからの苦情は、言葉の行き違いや説明不足、相手の単純ミスやセールスマンの態度、小さな約束の不履行や人間関係の好き嫌いなど、大半の事柄が「小さな不満から生じる」のです。

　また、既存の顧客は、商品やシステムのユーザーとして、認知されている優位性などを利用し、存在感や自尊心などの「心理的な事柄をクレームに置き換え」てきます。

　前述したように、苦情の原因は、些細なことであり、概して小さなものですが、苦情は"原因は小なり、結果は大なり"となることが通例です。

　大半のセールスマンは、小さな現象を侮り、「まだ大丈夫の先送り」を決め込むことによって、多くの場合「もう駄目だの先走り」になりがちです。

　しかし、このような状態は"蟻の一穴"となり、"油断大敵"です。苦情やクレームには、常に発生に注意を払うべきです。そのためには相手の周囲に気を配り、苦情の芽を未然に摘み取る行動が必要になるのです。

◇契約後や納入後のフォローアップは必ず実行しよう

　販売方法のいかんを問わず、取引先やユーザーを維持し、顧客の満足を高め

るためには、既存の顧客が失われる原因をよく理解することが大変重要です。

取引先やユーザーは、セールスマンに対して、100パーセントの依頼心と自分だけの存在感を主張し、自分中心の排他的な取引関係を求めたがるものです。反面、セールスマンは、"釣った魚には餌を与えず"で、受注したときの感激や涙を忘れて、その後のフォローを怠りがちです。

このような状況の中で、既存の顧客が失われる要因は、「セールスマンが契約後のフォローや、納入後のサービスを忘れたり、無関心であること」が原因の大半を占め、「顧客の不満や苦情を減少しきれなかった」ことを含めて、顧客が失われる理由の70パーセントを占めるといわれています。

既存の顧客に対するフォローアップは、セールスマンが顧客を維持する基本活動であり、「フォローなくして満足なし」を認識し、必ず実行すべき活動です。

そのだけにセールスマンも、常に取引先やユーザーの立場に立って、契約内容のフォローや、納入後のサポートやサービスを通じて、活用方法や効果的な運用方法の指導など、親切なフォローアップの実行が不可欠です。

フォローアップの実行活動こそ、顧客の満足と苦情の未然防止を促進する、効果的な顧客維持の具体的な行動となることを銘記してください。

◇クレームのシグナルはきめ細かな気配りが大切である

顧客の苦情やクレームは、相手のペースで、突発的にところ構わず発生するものですが、後で原因や状況を分析すると、それなりの理由が必ず存在します。

取引先やユーザーの担当部門やキーマンだけとの限られた対応は、多くの場合、顧客満足やクレームの未然防止の範囲を自ら狭めることになります。したがって、商品やシステムの購入部門、運用部門や活用部門、さらには保守部門など、幅広い関係者からの苦情やクレームのシグナルがみえにくくなるのです。

セールスマンには、顧客への計画的なフォローアップ活動で、事前に小さな苦情やクレームのシグナルを察知するために、次のようなフォローと行動が求められています。

(1) キーマンや責任者と面談した後は、担当者や運用部門に顔出しをする。
(2) 顧客や相手の担当部門が主催する会合や催事には、積極的に参加する。
(3) 新商品や活用情報は、関係部門に等しく提供し、継続的に対応する。
(4) 関係部門の責任者とは、儀礼的にならず、親しみを込めて対応する。
(5) 人脈やコミュニケーションルートを、意識して構築する。

このような目的をもつ行動は、セールスマンが意識的に実行し、小さな苦情やクレームの芽を事前に察知するきめ細かな気配りとして、大切なことです。

セールスマン諸兄は、自分に対する訓練として「自分の意識の中でできること」を、改めて実行してみてほしいものです。

◇小さな顧客満足をたくさん積み上げよう

生産財や多機能商品を扱う訪問販売は、継続訪問を前提として「脚を使う」、顧客目線の提案活動を行い「心をつかむ」、そして相手の胸襟を開く「タイミング」が必須の要件となっています。

また、ルートセールスでは、取引先をさらに分析して理解し「深く知る」、市場を自分の目と肌で確認して「肌でみる」、取引店舗や顧客の声に心耳を傾け「素直に聞く」、そして扱い商品について必要な人に必要なだけ知らせる「話す」ことなどが、必要要件として求められています。

いずれにしても、取引先やユーザーから期待されるセールスマンには、次のような要件が求められています。

(1) 常に、新鮮で有益な情報の提供を行う。

活用情報、商品情報、市場情報、業界動向、商品動向など、常に役立つ有益で鮮度の高い情報を、継続的に提供する。

(2) 常に、取引先やユーザーとの信頼関係を大切にする。

小さな約束、小さなクレーム、小さな取引などにこまめに対応し、約束をきちんと実行する。

(3) 常に、親切をモットーにする。

いつも相手の立場で、よき相談相手、または協力者として行動する。

取引先やユーザーは、これらの「新鮮、信頼、親切」を期待しているのです。取引先やユーザーから期待されるセールスマンは、特定顧客の担当者として、誠意のある親切な対応を行い、セールスマンの技量を発揮することが大切です。

セールスマンは、これらのサポートやサービスを通じて、顧客との幅広い信頼関係の醸成を図るとともに、小さな苦情やクレームのシグナルを事前に察知することによって小さな顧客満足をたくさん積み上げていかなければならないことに留意してください。

小さな顧客満足の積み上げは、顧客のクレームを未然に防止し、顧客の満足を着実に押し上げる活動として、既存顧客に対する継続訪問により実行するものです。また、新たな見込み客として、きめ細かな対応によって、相手の「心をつかむ」行動が強く求められていることも銘記すべきです。

6 解決策の提案と結果のトレースを必ず実行しよう

Point
- 解決策の提案や結果のトレースは、顧客心理を配慮しながら親切な対応と熱心な行動によって、新たな信頼関係をつくることです。
- クレームや障害への対処は、手順と原則をきちんと実行して、相手に誠意と熱意がみえる、具体的な行動が必要です。
- クレームの処置や障害への対処は、新たな契約として、速やかな約束の履行とフォローが大事です。

◇苦情処理は心理的な対応が大切である

　セールスマンが、いかにアフターサービスを計画的にきちんと実行しても、取引先やユーザーの苦情が皆無になることはありません。ユーザー訪問の際に、コンサルティング活動で、苦情の芽を早く摘み取ることが最良の方法ですが、不幸にして、障害やクレームが発生した場合は、相手の立場を尊重して誠心誠意その解決に対応し、速やかに処置することが必定です。

　苦情処理への対処法は、諺にもあるように、"禍い転じて福と為す"を実行するために、基本的な事項を心得ていなければならないことです。

　商品やシステムの活用上からの苦情といえども、相手は、あくまでも被害者としての対応が前提となるために、心理的な面からのアプローチが必要です。

　セールスマンは、次の基本的な事項について、十分に意識して実行してください。

(1) 苦情は避けず、正面で受け止めて迅速に対処する。
(2) 冷静に最後まで、十分に聞くこと。
(3) 相手の立場を尊重し、言い訳や議論をせずに素直に詫びる。
(4) 感情的にならず、時間と場所とキャスティングを配慮する。
(5) 相手や特定の人を、口にしたり非難しないこと。

　障害の発生やクレームの対応では、これらの留意点を認識し、熱心に行動することによって、新たな信頼を生み出すことになります。

◇ユーザーの真意をつかみ、手際よく対処しよう

　こんな事例があります。

　コンピュータメーカーのN社でワープロを担当しているM主任は、ある朝、NK新聞の記者と称するYさんから、突然の電話を受けました。電話の内容は、

「購入して2か月なのに、昨日までつくった記事が出てこない。原稿が間に合わないので、至急直してほしい」とのことでした。M主任は、朝の忙しい時間の中で、修理部門に依頼していましたが、トレースすることを忘れていたのです。

Y記者から2度目の電話が掛かって「入力した原稿が消えた。どうしてくれるんだ。弁償しろ」とえらい剣幕でいいます。M主任は、びっくりして電話口で頭を下げながら、「そういわれても、私共ではどうにもなりませんので。とにかくすぐに伺いますので、そのままの状態でお待ちください」といって、いったん電話を切りました。

M主任は、早速上司のW課長に報告した後すぐに、修理部門の技術者を同行して、Y記者の自宅を訪問しました。

原因は、ハードディスクを損傷して、読み出しと書き込みができない状況でした。M主任は、同行の技術者と相談しながら、Y記者に「このままでは修理できません。修理する場合は、ハードディスクの中身が全部消えることになりますが、どうしますか」と説明しましたが、Y記者は「冗談じゃない。記事は私の財産だ。お前んとこの品物が悪いんだから、何とかしろよ。新聞に書くぞ」といい、納得しません。

M主任は、クレームの真意がわからないままに平謝りで辞去し、W課長と夜遅くまで、解決策を協議しました。

解決策は、ユーザーの真意を確認するため、次のような提案内容としました。
(1) 代替品を貸し出して、引き取り修理で、ファイルの中身を強制的に出力して、データーファイルを修復する。
(2) ファイルの中身は修復できないが、同一商品と交換する。
(3) ファイルの中身を弁償して、ワープロを引き取る。

これらの三つの対策案は、W課長とともに翌日K部長と相談を行い、関係部門に報告して、早速、Y記者に提示することにしました。

◆ **解決策を明確に提示して、最後までトレースしよう**

M主任は、W課長に同行を依頼し、Y記者とアポイントをとって面談しました。

W課長はまずY記者に「この度は、大変ご迷惑をお掛けいたしまして、誠に申し訳ありません。ファイルの修復にはリスクがありますので、今回に限って弁償させていただきます。品物も引き取らせていただきたいと思いますが」といって、50万円の小切手をY記者に差し出したのです。

Y記者が大きな声で「私は、金が問題ではないんだ。使える状態に戻して欲しいだけなんだよ。マニュアルどおりに使っているんだから」と。そこでW課長は質問しながら「バックアップのファイルは、取らなかったんですか。大事な情報は、絶対に取られたほうが安心ですよ」といいつつ、マニュアルを開いてY記者に説明しました。

　Y記者は、大声を出したことを詫びながら「説明書がわかり難いよ。もっと早く教えてくれれば、こんな状況にはならなかったのに。暫く借りているから、速く直してくれよ」とのことで、上記(1)の対応となりました。

　引き取ったワープロは、3日間でファイルの内容を強制的に取り出し、ハードディスクを交換して、修復に成功しました。ファイルの内容は、ＮＫ新聞のコラム記事でした。

　早速M主任は、W課長とともにY記者を訪問し、誠心誠意お詫びしながら、操作マニュアルをわかりやすく改訂することを約束して、修理済みのワープロを納品しました。

　1か月後、M主任は、改訂した操作マニュアルをY記者に届けました。

　暫くして、ＮＫ新聞のコラム欄に、「わかり難いOA機器のマニュアル」と題して、当のY記者が自分の失敗談を掲載していました。

◇苦情処理の手順をきちんと実行しよう

　顧客の満足やユーザーフォローは、いかにきちんと対応しても、完璧ということはありません。

　苦情処理は、自分のミスによる苦情はともかくとして、ユーザー側のミスや会社の事業政策などに対するクレームは、誰しも厭なものです。

　しかし、セールスマンは、ユーザーに対する自社の責任者として、"良薬は口に苦し"を認識し、すべての苦情に対処すると同時に、顧客満足と信頼関係をさらに充実する行動が強く求められます。

　苦情を上手に処理するには、次のような行動が大切です。

(1)　苦情の内容を十分に聞いて、よく理解する。

　顧客やユーザーの言い分に心耳を傾け、弁解や議論を避けること。

(2)　原因の所在や真意をよく調べる。

　原因や真意をつかむため、前例の調査や、相手側の原因も調べること。

(3)　考えられる、いくつかの解決策を用意する。

　苦情の内容を考慮し、複数の対処策をつくり、上司とよく相談すること。

(4) 相互に責任者を同席して、解決策の提案を行う。
　迅速にしてわかりやすい説明を行い、必ず相手の了解を得ること。
(5) 必ず結果をトレースする。
　再発の未然防止と、その後の状況や反応をきちんとフォローすること。
　セールスマンは、これらの手順を十分に理解し、相手の感情や心理的要因を考慮して、上手に対処することが"禍い転じて福と為す"よい結果を生むものです。

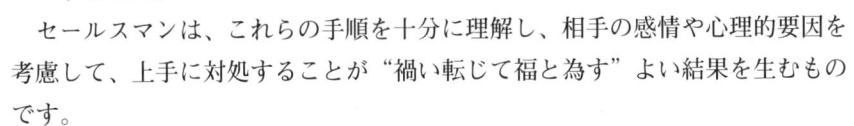

◇顧客の心理とTPOを上手に活用しよう

　取引先やユーザーの苦情は、商品やシステムなどの活用面からの事柄といえども、相手はあくまでも被害者としての人間が対象となるのです。
　したがって、苦情処理は、意識して真正面で対応し、相手の被害者意識や顧客心理など、相手の立場や心理的な要素を配慮することが強く求められます。
　障害の発生やクレームの対応は、専ら相手が所在する事務所や会議室で行われるものです。相手は、鎧や兜で身を固めて、地の利を生かして、セールスマンや販売の責任者などを、打ち負かす状態をつくりたがるものです。
　取引先やユーザーの多くは、「約束が違うじゃないか」「お前んとこの納期って何なんだね」「すぐに引き取ってくれ」「うちの損害を弁償しろ」など、自分の立場を優位にするため、憤懣やる方ない態度を現すの常です。
　まさに、態度が心を表現するものであり、「人は時として、端尺になる」といわれる所以です。顧客やユーザーは、被害者としての立場を主張し、大声で相手をののしり、セールスマンになどに対して、自分の正義を押しつけるものです。
　このような状況では、障害の原因やクレームの真意を理解するに至らないため、誠心誠意で対応し、「素直な心が相手を変える」ことを意図して、十分に心理的な配慮をすることが大切なことです。
　特に、苦情処理のための改善策や解決策の提案には、相手の真意を確認し、十分な説明や了解を得るために、「人を変える、場所を変える、時間を変える」など、いろいろな方法を検討して、TPOを上手に活用することが肝要です。

◇結果のトレースは新たな信頼関係の始まりなり

　取引先やユーザーは、障害の対処やクレームの処置にあたっては、解決策の

【図表42　結果のトレース】

```
              解決策の
          提案と結果のトレース
          新たな信頼関係の構築
                ↑
          セールスマンの技量
           クレーム処理の
          手順と原則の実行
          誠意がみえる行動
    親切な対応              熱心な行動
      ↑      ↑        ↑      ↑
          クレーム対応の原則に準拠       結果のトレース
          まずクレーム内容の理解       状況と反応のチェック
  クレーム処理の手順を守る     原因と真意の確認
  まず正面で受けとめる       解決策の検討と提案
```

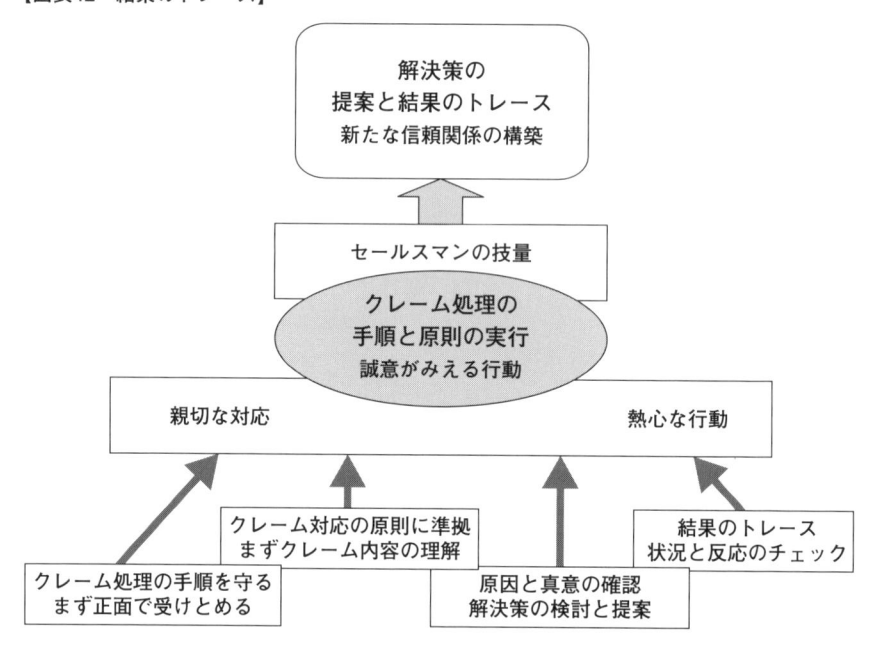

提案と同時に、実行期限を定めた約束を必ず求めてきます。したがって、セールスマンは、相手が納得して約束した内容について、相互にきちんと確認をするために、ドキュメントを作成して、速やかに合意を図る必要があります。

　なぜなら、苦情処理とはいえ、相手との合意内容は、会社と会社、あるいは個人の顧客との約束として、「新たな契約が生じる」ことにほかならないからです。

　小さなクレームや些細な障害は、ややもすると口約束や、期限の約束なしに対応しがちですが、小さい苦情処理ほど"原因は小なり、結果は大なり"を肝に銘じて、きちんと対処することが大切です。

　セールスマンは、苦情処理を「ファーストタスク」として対応し、相手との合意内容や実行期限の約束を常にフォローし、誠意のみえる行動が必要です。

　特に、結果のトレースは、図表42に示すとおり苦情処理の解決策や改善策の実行状況などについて、セールスマン自らがチェックし、相手や相手の責任者をこまめに訪問することにより、相手にみえる誠意と熱意を示すことが極めて重要なポイントです。

　このようなセールスマンの一連の行動は、自分自身を売りこむチャンスであり、取引先やユーザーからの顧客満足と信用を押し上げるものとして、新たな信頼関係を構築する活動となることに留意して対応してください。

6 販売活動をおもしろくするためのノウハウ

戦略なくして仕事の楽しみなし・喜びなくして仕事人生なし

1 戦略なくして仕事の楽しみなし・喜びなくして仕事人生なし

Point

- ●販売をおもしろく、仕事人生を楽しくするためには、自分の思いを意識して実行することです。
- ●販売活動をおもしろくするためには、自分で戦略的な標的市場を決定し、販売目標や活動計画を自分で企画し実行することです。
- ●販売活動は、商品の特性や販売方法でアプローチ方法や戦術を決定し、販売合戦の勝ち負けが明確にみえる状況をつくることです。

◇仕事は変化する仕事を通じて楽しもう

　販売の世界は、訪問販売やルートセールスにかかわらず、大変厳しく、常に競合他社との戦いの連続であり、優勝劣敗の結果が鮮明に現れる過酷な仕事です。

　反面、販売活動は、自分がなした仕事の好し悪しが、自分で評価できる素晴らしい仕事であり、おもしろい仕事です。

　販売活動の結果は、"勝者には、大きな喜びと拍手がある""敗者には、涙と惨めな心が残る"ものです。著名な言葉に「進歩のないものは必ず敗れる。敗れずして勝つことはない。勝ち続けるためには、自ら変化して進歩することである」というのがあります。また、ある販売会社の社長は、社員に向かって「人生は勝者には楽しく、敗者には悲惨な道である」と、口癖のようにいい続けています。

　笑顔で自信に溢れる人、元気で楽しく仕事をする人、また溜息交じりで憂鬱な人、自信のない人など、セールスマンの仕事人生も様々です。

　その仕事人生は、日頃の隠れた自己啓発の努力と、反復訓練による進歩の度合いによって決まり、自分のあり方や行動は、自らの価値を高めるやる気で決まります。まさに"努力の根源は我にあり"です。

　したがって、セールスマンには、自己啓発や変化する仕事を通じて、自分の領域を誰よりもよく理解し、深い知識と幅広い販売活動が強く求められるのです。（図表43参照）

　具体的には、常に自分の目標や日常の行動過程を課題として、自ら課題ごとに身近なライバルを定め、相手を乗り越える具体的な活動を実行するとともに、意識して反復訓練することにより、自ら進歩することが必要です。

　このように、仕事の幅広い理解によって、冷静な対応とゆとりを生み出し、

適切な判断による素早い行動により、具体的な成果をつくり出すのです。

販売活動は、闇雲に無手勝流で進むのではなく、一歩退いて視野を広げると同時に、現象をよく見定め、販売の戦略と戦術を駆使しながら、工夫を凝らしたアイデアを十分に活用することによって、ゲーム感覚で販売をおもしろくすることが必要です。

セールスマンには、このような日頃の活動を通じて、販売を楽しむゆとりをもつことが望まれるところです。

◇**自分のセールスマップで勝ち負けを明確にする**

前述したとおり、販売活動は、セールスマンにとって、勝つか負けるかの販売合戦です。

販売の対象市場で、競争他社との勝ち負けは、自分のアプローチ先や、他社との競合状況を把握するだけでは、役に立つものは何もなく、おもしろ味がありません。広い販売テリトリーの中では、戦わずして負けている状況や他社の顧客の取引状況などが把握できないために、担当市場での勝ち負けが不鮮明となり、販売の楽しみやおもしろさを損なうものとなります。

販売をおもしろくするためには、セールスマンが自らの販売戦略に基づいて、対象市場を分析して、小さな階層的三角形（18頁参照）をたくさんつくることです。そのためには、担当市場に所在する企業を、業種や規模などを基準に分析し、管理スパン（販売活動の範囲）に基づいて具体的に地域を区分して、自分のセールスマップを作成することです。

セールスマップを活用すると、対象顧客や戦況をきちんと把握することはもちろん、標的市場の個別顧客を常にチェックし、戦略や戦術を決定して活動することによって、「オセロゲーム」のように競争他社の戦術や勝ち負け、シェアの優劣や販売戦略などが手に取るようにつかめますから、大変おもしろくなります。（180頁参照）

◇**自分の思いを意識して実行しよう**

「人の心の中には、必ず正義の善人と、奸物のごとき悪人とが棲んでいる」といわれています。アーフラマツダという善人と、アングリマーラーと称する悪人です。

人間の心の葛藤は、「アーフラマツダとアングリマーラーとの戦い」といわれていますが、アーフラマツダが、常に勝利するとは限りません。

人間誰しも、時として、もう一人の自分であるアングリマーラーの悪魔の囁

【図表43　販売活動をおもしろくする】

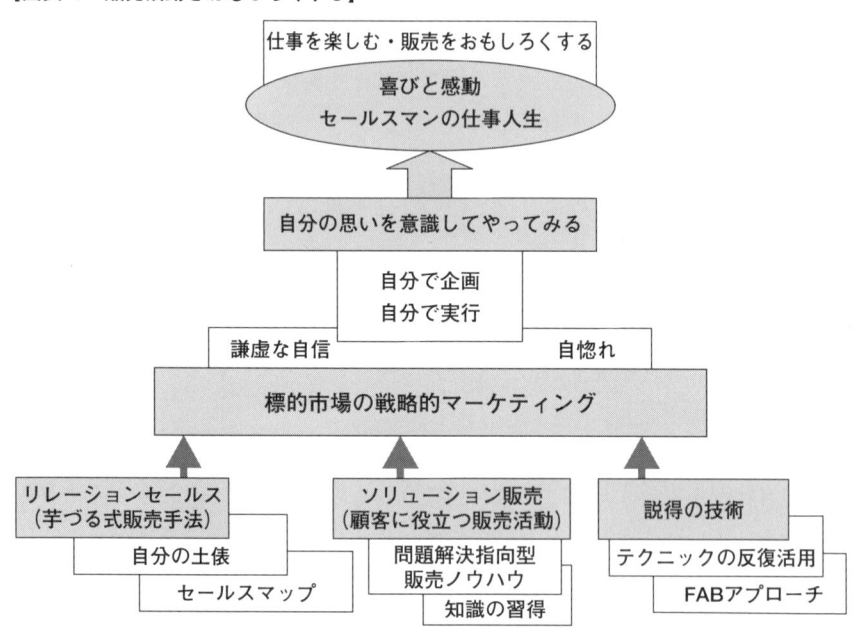

```
        仕事を楽しむ・販売をおもしろくする
              ┌─────────────────┐
              │   喜びと感動      │
              │ セールスマンの仕事人生 │
              └─────────────────┘
                      ↑
              ┌─────────────────┐
              │ 自分の思いを意識してやってみる │
              └─────────────────┘
                   自分で企画
                   自分で実行
          謙虚な自信          自惚れ
         ┌────────────────────────────┐
         │    標的市場の戦略的マーケティング    │
         └────────────────────────────┘
            ↑            ↑            ↑
   ┌──────────┐ ┌──────────┐ ┌──────────┐
   │リレーションセールス│ │ソリューション販売 │ │ 説得の技術  │
   │(芋づる式販売手法)│ │(顧客に役立つ販売活動)│ │          │
   └──────────┘ └──────────┘ └──────────┘
      自分の土俵      問題解決指向型    テクニックの反復活用
                    販売ノウハウ
       セールスマップ              FABアプローチ
                      知識の習得
```

きに負けて、「仕事の先延ばし」や「仕事の手抜き」に陥りがちなのです。

　特に、セールスマンは、組織の中では相対的に、「時間の自由」と「行動の自由」が与えられています。これらの自由を、自分のため・仕事のために、どのように活用するかがもう一人の自分との葛藤となり、これが販売活動に対する苦しさと、おもしろさとの分かれ道となります。

　セールスマンの販売活動は、他人から与えられるものではなく、自らの心の中のアングリマーラーに打ち勝って、自分の思いを意識してやってみることです。自分の思いを実行することこそ、販売をおもしろくする原点になることを認識してください。

◇競合を排除する自分の土俵をつくろう

　販売活動は、顧客の需要と売込む側の供給とのバランスで、市場の総量が決定されるといわれています。したがって、特定の業界や特定業種への販売展開は、スケールメリット（規模の優位性）を確保することと、マーケットリーダーの争奪を意図して、熾烈な販売合戦となるのです。

　このような競争状況下の販売展開では、厳しい価格競争と勝敗に一喜一憂する、不安定で不確実な販売活動が強いられることになりますから、セールスマンにとっては、大きな苦しみや辛い我慢が生じるものです。まさに、販売は、

6 販売活動をおもしろくするためのノウハウ

"需要のあるところ、熾烈な競争あり"です。
　そうした中では、担当商品やシステムを分析して新たなニーズや活用領域をよく理解するとともに、顧客の問題点や改善点を調査し、顧客の立場で新たなニーズを探し出すことが対応の第一歩になります。
　前述のとおり、セールスマンの仕事は、自ら需要をつくり出すことであり、販売活動のおもしろさや楽しみは、自分の販売戦略を自分でつくることが大前提です。
　これらの仕事は、競合を排除するための自分の土俵をつくる一方で、得意技を存分に発揮するための楽しい販売活動の基盤づくりとなるのです。
　標的市場としての自分の土俵では、売り込む商品やシステムの活用目的と顧客の主要な利益を一つに絞り、販売活動を専門的に行うことが要諦です。(図表43)
　なぜなら、単一の活用目的による標的市場への売込みは、顧客の必要性と活用の効果効用を浮き彫りにし、戦略的なリレーションセール(芋づる式販売)の展開を促進するものとして、販売展開の状況をおもしろくしますし、一層楽しくするものになるからです。(185頁参照)

◇常に問題解決型の販売活動を指向しよう
　顧客が商品やシステムを購入する行動は、「モノを買うのではなく、活用するコトの効果効用や楽しみを買う」ものであり、商談は、その効果効用を担当のセールスマンを通じて、確認するための活動です。この効果効用とは、顧客が求めている問題点や、改善点を解決する満足度です。
　顧客企業は、石油ショックやバブルの崩壊を通じて、単に「必要でモノを買う」姿勢から、より多くの「付加価値を高めるコトを買う」姿勢に変化し、多くの場合、企業の構造改革や利益の改善を求めるようになっています。
　そのため、企業の大小を問わず、自社の存続や発展のために、コストの低減、品質の向上や在庫の削減、商品回転率の向上や部門別の採算性など、利益指向の会社経営に大きく転換を図っています。
　この傾向は、商品やシステムの必要性にも変化をもたらし、単なる「省力化・効率化」から「増力化や競争優位の確保」へと企業のニーズが変化して、活用の目的が「物理的価値」から「実務的価値や心理的価値」に変革していることを意味します。
　また、個人の活用目的も「あれば便利」「隣の家よりもよいモノ」から、「生

活を楽しむ」「自分の生活スタイルをつくる」など商品の購買動機が変化し、「物理的な効果」から「心理的な効果」へと大きく変化しています。

　このような状況をふまえて、セールスマンは、図表43のように、顧客企業のいろいろな課題解決策の提案や、個人の楽しみ、新たな生活シーンの提供などの販売活動を通じて、自分の創意とアイデアによって相手を説得し、行動を起こさせるという喜びと感動を楽しめるようなセールス活動を実現してほしいものです。（190頁参照）

◇説得の技術を意識して活用しよう

　顧客との面談により興味を抱かせ、説得して理解と同意を獲得し、行動を起こさせるためには、訪問前の準備を十分に行い、相手の注意を引きつける方法、相手に興味と関心を抱かせるテクニック、加えて説明や説得をわかりやすく行う方法、相手の決意を引き出す受注のテクニックなど、自分のペースで効率よく面談し、顧客の納得を支援する「説得の技術」の上手な活用がカギを握っています。（199頁参照）

　この方法やテクニックは、販売活動のセオリーとして活用することはもちろん、販売戦術と併用して、相手を意識的に自分のペースに引き込むものでなければなりません。

　「説得の技術」は、特定顧客との面談を通じて、上手く成功した方法やテクニックを、次の顧客や別の面談相手に反復活用します。失敗した方法やテクニックは、原因を分析して次の機会に試すなど、自分の意識の中で積極的に利用することが肝心なことです。

　販売とは、「分析して、反復活用する過程である」といわれ、また販売とは「自分の思いを意識してやってみることである」ともいわれています。

　つまり、販売活動では、セオリーを意識的に実践することにより、自分の意図する戦術の中で、相手を自分のペースでリードすることができるのです。

　会社組織の中で、行動科学や販売のプロセスに基づいて、個々人が自らの意思で行動して、自分で自分の仕事が評価できるものは、販売活動だけです。

　販売活動に謙虚な自信とゆとりをもち、おもしろいものにするか、逆に大変辛く、苦しいものにするかは、意識次第で決まるといってよいでしょう。

◇仕事はすべてYesで始めよう

　販売の世界では、「販売は、顧客のNoから始まる」といわれています。

6 販売活動をおもしろくするためのノウハウ

　一方で、セールスマンの仕事は、Noといって断った途端に、すべての関連活動が終わり、存在感がないものとなります。
　販売活動の関連領域は、"他人在りて我在り"として、常に相手のある仕事であり、なんらかの処理と具体的な行動を伴うと同時に、期限が約束されるものです。
　特に、顧客や商談相手との面談では、提案内容の変更や待ったなしの厳しい条件の提示など、交渉に窮する対応場面がしばしば現出されます。
　セールスマンは、職場にあっても、商談相手の訪問先にあっても、相手の相談事や頼まれごとには、「最優先のYes」で対応することを心掛けることが大切です。とはいえ、セールスマンにとって、何事も無理な事柄は、「Yes-But」として相手に実現可能な条件を提示し、カウンタープロポーズを行うことが必要です。
　いずれにしても、セールスマンは、無理な事柄と不可能なことをきちんと区分するとともに、「無理な事柄で意識的に自分を縛る」環境をつくり、組織の活用や自らの具体的な行動により、自縄自縛を突破して存在感を示すことを心掛けてください。
　特に、セルフスターターとして、自分で自分の販売環境をつくり、自ら創意と工夫を凝らして具体的に行動し、具体的な成果を獲得する喜びや、おもしろさを味わってほしいのです。（207頁参照）

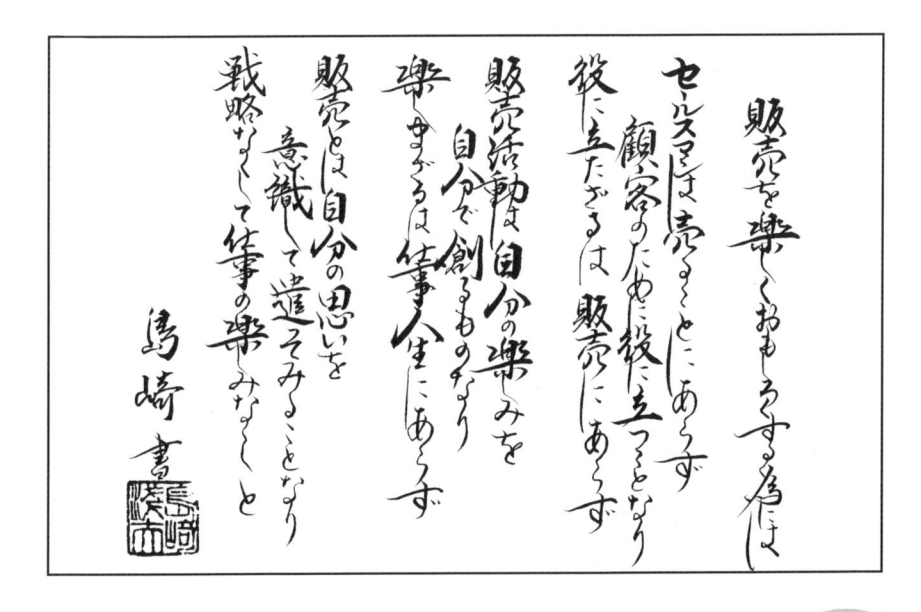

> 販売を楽しくおもしろくする為には
> セールスマンは売ることにあらず
> 顧客のために役に立つことなり
> 役に立ちたがるは販売にあらず
> 楽しすぎるは仕事人生にあらず
> 販売活動は自分の楽しみを
> 自分で創るものなり
> 販売とは自分の思いを
> 意識して遊ぶこととなく
> 戦略なくして仕事の楽しみなくと
> 　　　　　島崎　書

2　販売活動を自ら企画し自分自身で実行しよう

Point
- ●販売は、自分の思いを意識して実行することであり、販売活動は、自分で企画して自分で実行するものです。
- ●したがって、自分だけの販売ノウハウと自分の販売スタイルをつくりだして、主体性と存在感を高めることです。
- ●セールスマンは、仕事の使命と仕事に対する情熱、そして果敢な行動を意識して、自分自身に兆戦する必要があります。

◇**仕事を通じて自分の人生をつくろう**

　販売活動は、セールスマンの主体性と、組織の有効性によって決まります。

　セールスマンの仕事は、与えられるものではなく、自分の役割を自覚して、自らの意志で行動するものであり、結果としての存在感を示すことだと前述しました。このセールスマンの主体性は、常に「ミッション（自分の役割）」「パッション（仕事への情熱）」、そして「アクション（意志のある行動）」が要諦です。（図表44参照）

　会社組織の中では、セールスマンが外部の顧客や、商談相手との面談活動をベースとしているために、相対的には「時間の自由」と「行動の自由」が与えられています。いいかえれば、自らの意志で、責任を果すことが強く求められているわけです。したがって、セールスマンの仕事人生は、他人によってなされるのではなく、すべからく自分でつくらなければなりません。これは、セールスマンだけの特権です。

　「思わなければ何もない。思い続ければそれは目標となる。思うだけでできることはない。実行すれば結果がある。すべての結果が人生となる。楽しき哉人生、面白き哉人生」

　セールスマンは、自分で自分に動機づけを行うためにも、この言葉を復唱してみてください。思い当たる節はないものでしょうか。

◇**自分の思いを意識して行動に置き換えよう**

　前述したとおり、セールスマンの仕事は、失敗を恐れず、自分の思いを意識して実行することであり、結果を分析して反復活用し、実践を通じて成果をあげることです。

　販売活動は、いつまで考えていても、考えるだけでは何も進むことはなく、

6 販売活動をおもしろくするためのノウハウ

【図表44　販売活動を自分で企画】

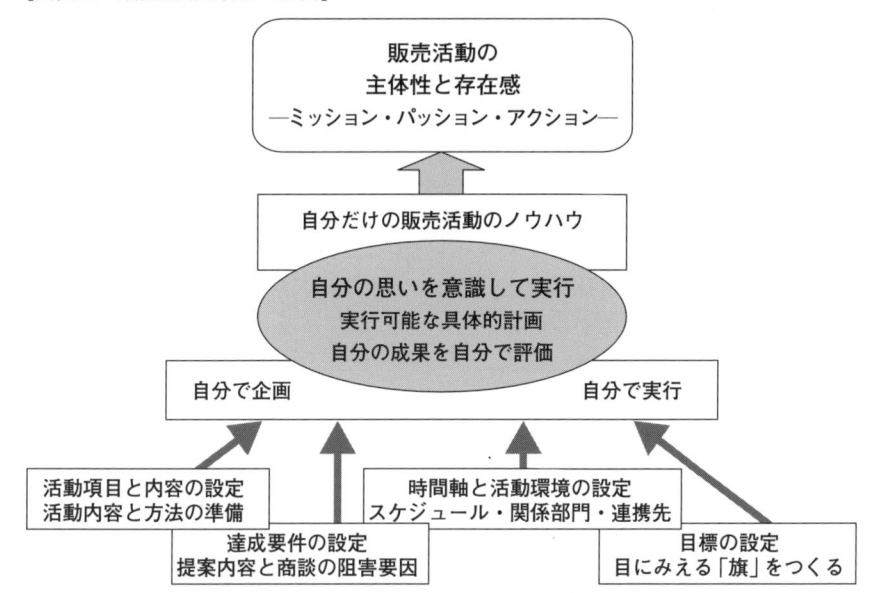

```
                    販売活動の
                  主体性と存在感
              ―ミッション・パッション・アクション―
                         ↑
              自分だけの販売活動のノウハウ
              自分の思いを意識して実行
              実行可能な具体的計画
              自分の成果を自分で評価
         自分で企画              自分で実行
            ↑    ↑        ↑    ↑
  活動項目と内容の設定    時間軸と活動環境の設定
  活動内容と方法の準備    スケジュール・関係部門・連携先
         達成要件の設定        目標の設定
         提案内容と商談の阻害要因  目にみえる「旗」をつくる
```

得るものもありません。

とにかく「具体的に活動することである。具体的に行動すれば、具体的な結果が出る」ものです。

そこで、自分の思いを意識して実行し、販売をおもしろく、楽しいものにするためには、まず期限を設定する（6か月、または1年）ことが必要です。

そして、自分の目標とする数値（前期比前年比、件数、金額など）や、目標とする状態（シェアNo1、部内No1セールス、販売ノウハウの拡充など）を具体的に紙に描いて、販売を自分で企画することです。紙に描くことは、自分の目標を目にみえる形にすることと、自らの決意を周囲に示すためです。

さらに、設定した期限内に、目標を達成するための具体的な活動項目（標的顧客の選定、アプローチ方策、商品の選定、訪問予定、販売ツールの準備など）を時間軸に基づいて、実行可能な行動計画を立てることです。実行可能な計画は、目標を実現するべく、具体的なプロセスを設定するためのものです。

セールスマンは、図表44のように、自分の販売活動を自ら企画して、自分でつくった行動計画を、自分で実行することが必要なことを認識すべきです。

まさに、"ことを為すには始を謀れ、言を出だすには必ず行いを顧みよ"です。

とはいえ、仏陀の教えによれば、人の心の中には、正義の善人であるアーフラマツダと、奸物の悪人と称するアングリマーラーが棲んでいるといわれています。

前述したように人間の心の葛藤は、「アーフラマツダとアングリマーラーとの戦い」ですが、心の葛藤は、正義の善人であるアーフラマツダが、常に勝利するとは限りません。多くのセールスマンは、アングリマーラーの悪魔の囁きに誘惑され、もう一人の自分に負けて、折角の決意を崩壊させ、憂鬱を一人で背負った自信のないセールスマンとなり、"仕事なりあいの飯弁慶"などと評されることになりかねません。

　読者諸兄には、自分の思いを意識して実行することによって、自分の心の中の「アングリマーラーに打ち勝ってほしい」と願っています。

　自分の思いを積極的にやってみることこそ、販売をおもしろくすると同時に、楽しいものにする原点です。

◇自ら変化をつくり挑戦しよう

　販売活動は、セールスマン個人の技量によって、大きく異なってきます。

　技量が高く、優れたセールスマンは、常に自己を展望しながら高い目標を掲げて、自己啓発を重ねることによって、自分自身に磨きをかけています。

　一般的には、"仕事は習うより慣れよ"といわれていますが、セールスマンの販売活動は、"慣れることを恐れる"ことを基本として、自ら目標を設定するとともに、マンネリからの脱却を意識して行動しなければなりません。なぜなら、セールスマンは、自分の技量は自分でつくるものであり、すべての技量は、仕事の中での自己啓発と訓練によってつくられるものだからです。

　そのためには、失敗を恐れない勇気と小さな志を常にもつことが肝要です。

　例えば、リレーションセールスを展開するために、①戦略的な特定顧客を攻略して、「標的市場のリファレンスユーザーを獲得する」こと、②商品の活用や応用知識を人一倍習得して、自分の得意領域を拡大し「自分の存在を鮮明にする」こと、③対象市場や自分の標的市場をより深く調査し、きめ細かな分析を行い、誰にも負けない知識を身につけ「自分の専門ノウハウをつくる」こと、④さらには、自分の周囲にライバルを設定して、何事にも意識して活動し「組織の中で一割の人間になる」ことなど、自分の志や自分の思いを決意して、目標をつくることです。

　「人が何かを成し遂げようと決意したとき、その人の能力は無限である」という言葉があります。セールスマンは、自ら変化することを意図して、自分の志や思いを決意し、それをもって自ら公言して自分を縛る一方で、自縄自縛を突破するために、これまでの活動項目やアプローチ方法などの枠を取り払い、創意と工夫を加えて、変化に挑戦していくことが望まれます。

⑥販売活動をおもしろくするためのノウハウ

◇何よりもまず具体的な計画をつくろう

　セールスマンの決意は、数値の目標や達成の状態を自ら明確に設定し、自分の挑戦目標としての旗をつくり、常にみえる形にすることです。目標を達成するための実行計画は、活動項目と活動方法を決定して、でき得る限り具体的な時間軸を設定し、実行する環境や要件を自分で整えることが大切なことです。

　つまり、次の項目で実行可能な状況を具体的につくることが必要です。

(1) 準備する項目と内容、準備する方法などの設定（例えば、顧客情報の収集と分析、成功事例の活用、攻略ルートと戦術など）
(2) 実行する環境の設定（タイミングやキャスティング、関係資料など）
(3) 目標達成のための条件や要件の設定（例えば、期間、関係部門や連携先、提案内容、競合条件など）

　販売事業の計画は、通常、会社や販売組織の事業展開として、戦略や戦術が策定されていますが、セールスマンは、組織要員として、それらの販売方針を織り込みながら、自分がつくった具体的な活動計画を実行することによって、販売活動に対する責任と存在感を発揮し、その目標を達成しなければなりません。

◇何よりもまず具体的な計画をつくろう

　いろいろな目標や実行計画を策定しても、セールスマンが自分で実行することがなければ、"絵に描いた餅"になります。

　生産財や耐久消費財などの設備製品や多機能商品の販売活動は、1度や2度の商談で、顧客から受注を獲得することはありません。まして、訪問するだけでは、商談にまで到達することなどあり得ません。

　したがって、セールスマンは、常に販売のプロセスを意識して、具体的な「訪問計画」に基づいたアプローチの戦術を、継続的に展開しなければなりません。いいかえれば、"脚を使う"ことを厭わないことです。

　訪問面談や商談は、顧客や商談の相手が、その必要性に適合しなければ、興味や関心の対象にもならず、購入に至ることもありません。いうまでもなく、そうした場合でも、セールスマンは、常に顧客の目線で、相手の立場に立ち、その問題点や改善点を一緒に考えてソリューションを提案するなど、具体的な活動内容に基づいたコンサルティングセールスが求められているのです。すなわち、"心を通わせる"販売活動です。

　一般的には、足しげく訪問を繰り返し、相手の立場に立って問題の解決や、改善の提案を行っても、一概に受注が獲得できるものではありません。相手企

業の事情や商談相手が多忙を極めているときなど、相手の本来業務が第一優先となりますので、相手業務との間合いを考慮しなければなりません。つまり、"タイミングのよさ"を見定めることです。

こうした要素を基本として、実行計画をつくらなければならないのです。

◇ **自分で自分の仕事を評価しよう**

セールスマンの販売活動は、「分析して、反復活用する過程である」と定義しました。

主体的で賢明なセールスマンは、①自ら実行計画を立てて、訪問前の準備を十分に整え、②相手の注意を引きつける方法や、③相手に興味と関心を抱かせるテクニック、④さらには、説明や説得をわかりやすく行うFABアプローチや反論を克服する対処法、⑤相手の決意や行動を促す受注のテクニックなど、アプローチの方策や説得の技術などを、⑥自分の販売のノウハウとして、意識して上手に活用するものです。

先述したとおり「販売活動のセオリーや相手の心理的要因を活用」した方法やテクニックは、顧客や商談の相手を意識的にリードして、自分のペースに引き込むために必要不可欠です。

セールスマンは、常にアプローチ対象の特定顧客や見込み客に対する販売活動をチェックするために、「商談展開のチェックシート」（58頁図表14参照）や販売のプロセス（50頁参照）に基づいて、訪問活動ごとに、または面談や商談の内容ごとに分析して、自ら評価することが重要です。

分析して評価する必要性や重要性については、34・37頁で詳述しています。また、顧客との面談や商談内容の分析評価については、65・125頁で詳述していますので、参照してください。

いずれにしても、常に面談や商談の相手と場面を想定しながら、販売のプロセスを基調とする販売ノウハウに基づいてアプローチの方法や内容を準備し、訪問の目的を達成するために努力するものです。

これらの販売のノウハウを鏡にすることによって、1回1回の訪問や商談活動の実績を分析し、失敗や成功の度合いを自分で評価することが必要です。

失敗した事柄は内容を改善して次の顧客で試行してみる、成功した事柄は反復活用するなど、自分だけのノウハウとして効き目を楽しみながら、販売をおもしろくすることを心掛けてください。

3 戦略的セールスマップでリレーションセールスを展開しよう

Point

- ●販売をおもしろくするリレーションセールスの展開は、標的市場の専門的知識によるコンサルティングセールスが基本です。
- ●リレーションセールスは、ニーズと活用効果を絞り込んでアプローチ方法を定型化し、セールスマップを攻略する販売戦略が基調。
- ●リレーションセールスは、規模の販売展開として、市場分析とニーズ分析、商品計画が基本となる販売手法です。

◇自分のセールスマップをつくろう

　セールスマンの活動目標は、自らの思いを込めて、自分でつくったセールスマップを、自分の成果に基づいて、自分の色で塗り潰すことです。

　通常、規模の大小を問わず、企業の販売組織は、取扱商品を基軸とした組織で、販売対象地域の業種・業態別の組織体制を施行しています。併せて地域の販売体制として、支店や営業所を組織化する形です。

　セールスマップの作成は、「はじめに市場ありき」として、対象市場を分析し、市場区分の基準によってセグメンテーションを行い、ターゲットの標的市場を明確に設定することに目的があります。

　商品を基軸とする標的市場の設定は、具体的な地域、業種と業態、企業規模、社員数などを基準として、必要顧客数と目標顧客数、シェア目標などを決定し、わかりやすいセールスマップをつくることが必要です。

　業種・業態別の組織では、具体的な攻略地域と具体的な特定業種を定めて、企業規模や従業員数などにより、対象顧客を固有名詞でリストアップし、セールスマップを作成するものです。また、地域をベースとする対象市場は、具体的な道路や鉄道の駅などで標的地域を設定して、具体的な業種業態や企業規模などにより、対象顧客を明確にして、マップの作成を行うものです。

　このように、セールスマップは、市場と対象顧客を深く知ると同時に、競合状況をきちんと把握するために、セールスマンが自分で作成することが望ましいものです。(185頁参照)

　また、セールスマップは、できるだけ小さく設定し、よくみえる状況にするとともに、商品やシステムの特性を考慮し、企業規模や従業員数などを基準にして、対象顧客を「階層的三角形で区分する」ことが必要です。

　なぜなら、セールスマンは、階層的三角形に基づいて、販売戦略と戦術を策

【図表45　問題点とニーズ】

問題点	ニーズ
(1) 計画どおりに売上が伸びない	売上の拡大、販売効率の改善など。
(2) 人件費や生産コストが低減できない	個人の増力化、方式の改善など。
(3) 生産性が向上しない	時間の短縮、ルールや手順の改善。
(4) 需要の多様化で在庫が増加する	需給精度の向上、管理手法の改善など。
(5) 商品の回転率が一定しない	商品管理、発注方式、機会損失の改善など。
(6) 交通が渋滞して配送の効率が低下する	発送効率、制度の改善など。
(7) その他	BPR活動に伴う、組織部門や個人の幅広い業務改善など。

定し、自分のセールスマップを攻略する、戦略的なアプローチ活動を行うものだからです。

◇新たなニーズを探し出そう

　周知のとおり、販売は、「ニーズのあるところ、必ず熾烈な競争あり」です。
　ニーズとは、「顧客の需要」「相手の必要性」という意味合いで述べましたが、ニーズは、企業や個人にとって、不足や不十分の状態を示すものです。すなわち、何らかの方法や手段によって、解決を図らなければならない問題点や改善すべき事柄が存在するときに、ニーズの発生となるのです。
　例えば、顧客企業は、事業の目的を達成するために、損益を改善して、企業の継続的な発展を図るものであり、そのために必要な経営計画を策定し、全社的な構造改革や組織部門の４Ｓ運動やＢＰＲ活動など、いろいろな改善活動がなされるものです。これらの改革や改善活動は、事業目標とのギャップになる問題点であり、セールスマンにとっては、確かなニーズとなります。
　通常、企業の中での問題点とニーズは、図表45のような言葉で表されます。
　多くの企業は、これらのほかにも、数えあげればきりがないほど、たくさんの問題点や改善点を抱えています。
　セールスマンには、自分の対象市場の中で、このようなニーズを分析して、自ら設定した標的市場の新たなニーズを探し出すことも役割の一つです。
　新しいニーズの探索は、迷い道から突然抜け出たときや、昔の友達にひょっこり出会ったときのような新鮮な楽しさが存分に味わえるものです。

◇自分の土俵をつくろう

　こんな事例があります。

入社5年目のT君は、金融業界を担当するコンピュータのセールスマンです。販売チームの担当替えで、保険業界を担当することになりました。対象顧客は、生保10社と、損保は外資系を含めて13社で、極めて限定的な市場です。

　保険業界は、コンピュータ導入の草分け的存在であり、23社のすべての企業が活用している状況でした。従来より、大阪に所在する生保のS社とD社が、自社のユーザーでしたが、T君には戸惑いがありました。

　つまり「新たに参入する余地がない」とは思いながらも、リーダーのM主任と相談して、東京に所在する8社の生保に、6か月間アプローチを試みました。予想どおり、業界知識と生保業務を習得しただけで、成果の獲得には至りませんでした。

　そんなあるとき、研究所の展示会で、OCR（光学式文字読取装置）の試作機が展示発表されました。T君は、M主任と見学し、開発者に機能と性能を確認して、目から鱗が落ちる思いをしました。保険料の徴収業務にピッタリだったからです。

　生保の各社は、従来からIBMやUNISYSのコンピュータを導入し、「保険料の保全システム」として、月間数十万件から数百万件の入金処理を行っていました。

　しかしながら、処理速度が遅く、昼夜の連続運転や外部委託など、大きな問題点を抱えていたのです。T君は、「保険料の保全システムにニーズを絞る」とともに、技術者と一緒にOCRをベースにした、コンピュータの専用システムを構築しました。

　専用システムは、OCRの処理能力がIBMの4倍であり、読取率が10ポイントも優れている代物です。T君は「これで、私の土俵ができた」と思いました。

　T君は、階層的三角形の中で、生保業界のコンピュータリーダーであるMJ生命に的をを絞って、アプローチを開始しました。3か月後、苦戦を強いられた末に1号機を受注しました。他の生保からも、MJ生命の稼動実績が評価されて、2年間で、8社10システムの売り込みに成功し、IBMやUNISYSでも知られる存在となり、13億円の大きな成果をあげる結果となったのです。

　この事例のように、意識して自分の土俵をつくることによって、販売の楽しみやおもしろさをつくり出すことが大切であり、肝心なことです。

◇競合を排除するリレーションセールスを展開しよう

　前述のように、セールスマンは、自分が作成した「自分のセールスマップ」

【図表46　リレーションセールス】

```
         ┌─────────────────────────┐
         │ 販売活動を楽しくおもしろくする │
         │　リレーションセールスの展開　│
         │　　―芋ずる式販売活動―　　　│
         └─────────────────────────┘
                    ↑
      ┌──────────────────────────────┐
      │セールスマンの実力を養成する「トリプルC」│
      └──────────────────────────────┘
              ╱ 標的市場の攻略 ╲
             │ 競争他社の排除    │
             │ ニーズと活用効果の絞込み │
             │ アプローチ活動の定型化 │
              ╲_____╱
  ┌────────────────────────────────────┐
  │ 専門知識による戦略的なコンサルティングセールス │
  └────────────────────────────────────┘
     ↑       ↑        ↑        ↑        ↑
┌─────────┐     ┌─────────┐     ┌─────────┐
│自分の土俵をつくる│     │自分のセールスマップ│     │提案型パターンセールス│
│ニーズと解決策の絞込み│   │戦果と戦況の明確化 │     │専門的販売ノウハウ　│
└─────────┘     └─────────┘     └─────────┘
        ┌─────────┐     ┌─────────┐
        │ニーズの探索  │     │マーケットサーヴェイ│
        │不足や不十分の状態│   │階層的三角形による分析│
        └─────────┘     └─────────┘
```

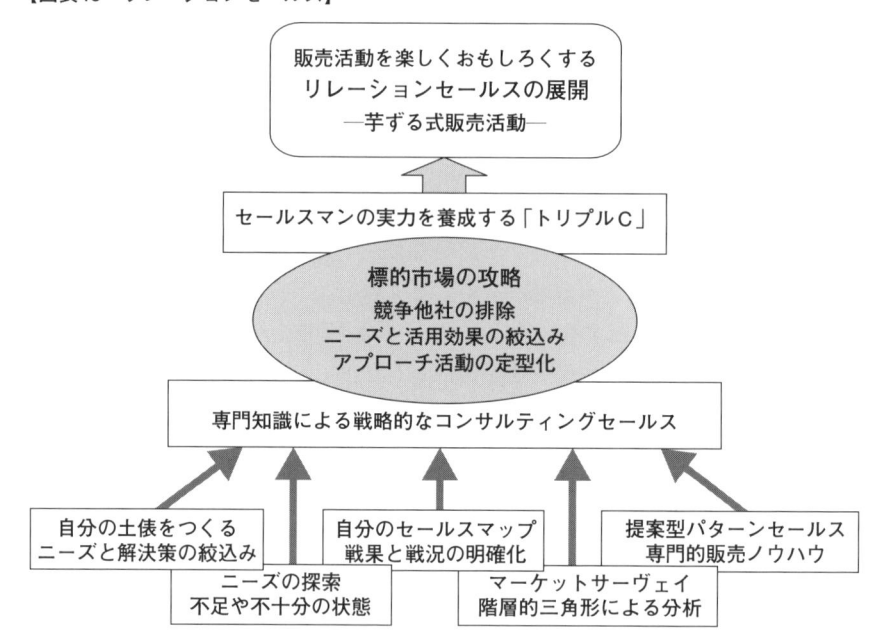

と、販売の戦略や戦術を策定する「標的市場の階層的三角形」によって、自分の土俵をつくり、販売を楽しくおもしろいものに、意識して仕向けることです。

　セールスマップの活用は、自社のポジションや、他社との競合状況を把握するなど、戦果と戦況を鮮明にすることが期待できます。同時に、対象市場と顧客企業の問題点や改善点を調査し、顧客の立場で、新たなニーズを探し出すこともできます。

　また、階層的三角形による標的市場の分析は、セールスマン自身が自分の販売戦略や戦術、弾づくり（商品など）を決定することに役立ちます。それによって、競合他社を排斥して、顧客と自分だけの戦場となる自分の土俵をつくることができるのです。

　リレーションセールスの販売展開は、図表46のとおり、セールスマップと、標的市場を分析する階層的三角形に基づいて、顧客のニーズと活用効果を一点に絞るとともに、セールスマンが自ら、売り込む商品やシステムを決定することが重要です。

　これらの作戦は、対象顧客の必要性と導入活用の効果効用を鮮明にするものであり、具体的なアプローチ活動においても、商談展開の定型化を含めて、販売活動に不可欠な専門知識と具体的な提案セールスを実現するものです。

　このように、リレーションセールスは、対象市場の中で、具体的な調査と分

【図表47　リレーションセールスの展開】

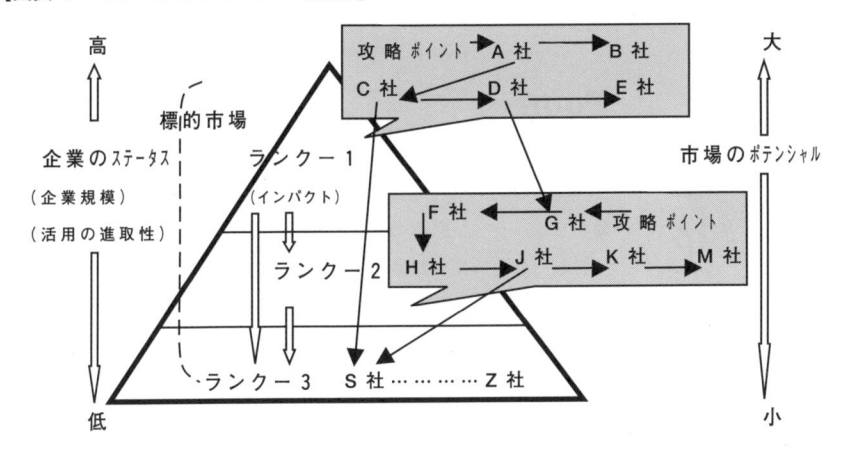

析を行い、ニーズと顧客の利益を絞り込んで、標的市場をドリルする販売活動です。

リレーションセールスの展開は、販売を楽しみ、おもしろくする秘訣の一つです。(図表47)

◇自惚れと謙虚な自信をもとう

セールスマンにとって、自分がなした業績結果の良し悪しが、自分で評価できると同時に、成果としての業績は第三者からも評価できるものです。

セールスマンは、販売活動を通じて自らの勝敗を積み上げ、得意な商品、好きな業界、専門的なノウハウなど、誰にも負けない得意な領域を習得するとともに、自分の得意技に磨きを掛けることが強く求められています。

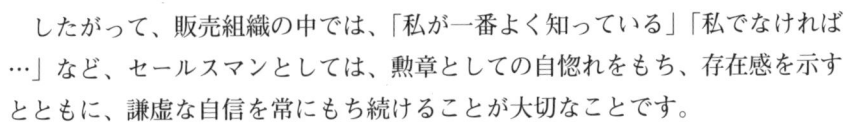

したがって、販売組織の中では、「私が一番よく知っている」「私でなければ…」など、セールスマンとしては、勲章としての自惚れをもち、存在感を示すとともに、謙虚な自信を常にもち続けることが大切なことです。

これらの事柄は、リレーションセールスの標的市場を数多く開拓し、一騎当千の実力を養成するトリプルCを、意識して実行することにより、ライバルに差をつけてほしいものです。

トリプルCとは、Confidence—謙虚な自信、Control—標的市場のマネジメント、およびConception—戦略的マーケティングの「3つのC」です。

4 問題解決型のソリューション販売を常に指向しよう

Point
- ソリューション販売は、顧客のために役立つ販売活動として、「顧客満足」を売り込むことです。
- ソリューション販売の活動の要諦は、問題解決提案型の「ニーズの創出」と「コト提案」による顧客の利益を提供することです。
- ソリューション販売の要件は、活用ノウハウに基づく提案と顧客目線のアプローチが基本です。

◇ "ソリューションなくして経済活動なし"

昨今、「ソリューション（Solution）」という言葉が、日常的に使われています。

ソリューションの語源は、ラテン語の「解き放つ」という意味から派生した言葉として、「難しい問題を解決する」という意味です。

販売の世界では、図表48のようにセールスマンが顧客企業のために「役に立つコトを提案する」「顧客の満足を提供する」ことです。「ソリューションを売る」「ソリューションが必要」「ソリューションを考える」など、ソリューションのオンパレードで、"ソリューションなくして経済活動なし"の状況です。

◇顧客の付加価値を高める「コト売り」をしよう

昭和40年代末の石油ショックに端を発した経済の変化は、それまでの飛躍的な経済成長を収束させて、以前とは様変わりの経営環境を招来しました。

また、平成の初めに起こったバブルの崩壊は、右肩上がりの成長を遂げてきた売上至上主義の企業経営を終焉させて、構造的な改革を基調としてより工夫を凝らし、更なる努力がなければ企業が存続し得ないという、厳しい経営環境を現出しました。

したがって、顧客企業は、石油ショックやバブル崩壊に遭遇したことによって、単に「必要でモノを買う」姿勢から、より多くの「付加価値を高めるコトを買う」姿勢に大きく変化し、IT（情報技術）革命の到来とともに、事業の構造改革や利益の改善をさらに進めています。

多くの顧客企業は、自社の存続や発展のために、コストの低減をはじめとする損益や付加価値を改善するために、利益指向の経営に大きく転換を図っています。

バブル崩壊は、個人の生活にも、大きな変化をもたらしました。消費の低迷

⑥販売活動をおもしろくするためのノウハウ

【図表48　ソリューション販売】

```
              ソリューションの販売展開
              問題解決策の「コト提案」を売る
                    ▲
              顧客の満足を自分の喜びに置き換える
                    ▲
              ソリューションの提案と顧客満足の提供
                 顧客のために
              役に立つ「コト提案」の販売活動
            問題点や改善点をニーズに転換する
           商品やシステムをソリューションに置き換える
              活用する「コト」を顧客の利益に変える
           付加価値の高い「ソリューション」の販売活動
             ▲       ▲       ▲       ▲
    ニーズの創出          コンサルティング活動      顧客目線のアプローチ
  不足や不満の問題意識    ノウハウやアイデアの提供    一緒に考え一緒に解決
         コト売りの活動              解決策の提案活動
      具体的な活用シーンの提案      セールスエンジニアリング
```

とモノ余り、しかも価格破壊の中で、十人十色の「生活を楽しむ」「自分のライフスタイルをつくる」など、商品の活用目的が大きく変化しています。

つまり、顧客が商品やシステムを購入する行動は、「モノを買うのではなく、活用するコトを買う」こととして、その解決策を具体的に求めるところとなっています。

こういう状況のなかにあって、セールスマンは、業界固有の問題点や改善点をニーズとして顕在化させ、特定顧客に対する解決策として、ソリューションを具体的に提案することが必須となっています。

特に、顧客企業に対するソリューションの提案では、損益改善の大きい企業活動に的を絞り、付加価値の高いソリューションの提案を積極的に行うことが望ましい状況です。(図表48参照)

そこで、セールスマンとしては、これらの提案活動を通じて、相手の懐に飛び込み、顧客の問題点や改善点を「一緒に考え一緒に解決する喜び」を味わうことが、自らの存在感を示し、仕事をおもしろくする大きな要素になってきます。

◇ニーズは生き物、ニーズの変化に対応しよう

　企業の活動は、規模の大小や業種業界を問わず、適切な利益を獲得して継続的に発展し、安定して成長することを実現することが目的であり、目標になっています。

　この目的や目標を達成するために、あるべき姿を描いて、経営計画や各種の指標を設定し、期待感をもって日常の運営や活動を行っています。しかしながら、成果としての実績は、概して期待値や計画を下回るものです。

　期待値と現状とのギャップは、企業にとって、なんらかの不足や何かが欠けている状態であり、そのまま放置しておくと、問題発生が予見される状況となります。すなわち、事の大小を問わず、解決をしなければならない問題点や改善すべき事項が存在しているということです。

　そのギャップが大きいものほど、また問題から生じる影響の大きいものほど、顧客企業のニーズの度合いは高いものがあります。企業は、多くの問題点や改善点の解決策を常に迫られています。

　また個人の生活でも、夢と現実とのギャップに対する個人の欲求がニーズとなり、常に発生し続けています。ニーズは、満足すると消え、また新たに発生する生き物です。

　したがって、昨今の低成長時代における企業の経営課題は、「省力化・効率化」から「単位能力の増力化」「競争優位の確保」など、物理的価値から「実務的価値や心理的価値」へと購買の動機が変革しています。個人の必要性も、前述した生活の変化に伴い、商品の購買動機が大きく変化し、物理的効果から「心理的効果」へと転換しています。

　セールスマンは、こうしたニーズを生き物として認識し、顧客企業の問題点や改善点を自ら指摘して、ニーズをつくり出すおもしろさを楽しむことが必要です。

◇顧客の新たなニーズをつくろう

　顧客が商品やシステムを発注するまでのプロセスには、購入する動機や必要性が必ず存在するものです。通常、その動機は、「実務的価値」すなわち、経済的な効果を求めるものと、「心理的価値」すなわち、達成感や優越感、安全性や安心感を求めるものとに分けられます。

　したがって、顧客のニーズをつくり出すためには、顧客から「それを購入したい」という切なる欲望を呼び起こすことが肝心です。

　顧客が、商品やシステムを購入する必要性を明確にしている場合には、「自

社のモノやコトがいかに有益で効果的であるか」にポイントを絞って、商談を展開することになります。一般的には、面談や商談は、「Noから始まる」ものと認識して、最初は顧客や相手のニーズ(問題意識)を引き出す努力が必要です。

　顧客のニーズを引き出すには、訪問する前の準備として、明確になっている顧客の業界や特定企業の問題点などを、きちんと提示して相手に投げ掛けることです。

　ニーズの引き出しは、次のような手順が効果的です。
(1)　事前の準備で用意した、相手の企業の問題点をわかりやすく提示する。
(2)　企業の現状から、あるべき状態を連想させるネタ（経済や業界動向、同業他社の成功事例、自社のノウハウなど）を投げかけて、説明する。
(3)　相手に質問して、どうすべきかを一緒に考え、連想を起こさせる。
(4)　問題を解決したときと、しない場合の利害得失を、相手にいわせる。

　日常的に、このような商談展開を意識的に実行することによって、新たなニーズをつくり出すことが、セールスマンには強く求められていることを十分認識してかかることが必要です。

　このようなアプローチを実行するためには、商品知識はもとより、商品の応用知識、業界や企業内の業務知識、説得の技術などに加えて、創意や熱意を基本的な要件として、それらを習得する不断の努力を惜しまないことです。セールスマンにとっては、まさに"楽は苦の種、苦は楽の種"です。

◇問題解決型セールスマンに要求される知識をマスターしよう

　顧客の問題点などに対する解決策の提案は、常に自社の商品やシステムを研究し、深い愛着と自信のある商品知識がまず第一です。さらに、活用の場面で、外的条件（例えば、法律、規約、行政規制など）に対する可否、内部的には親和性や適合性（システム化、運用、保守など）に対する可否などについて、十分な調査や検討ができる知識が必要です。

　また一方において、セールスマン自身による提案内容には、貴重な販売経験に基づく知識から派生するものが多くあるように、関連する業務経験も不可欠なものです。

　セールスマンは、単なる知識だけでは、十分な成果を獲得することはできません。

　セールスマンには、顧客を理解させ、同意と納得を得る「説得の技術」と顧客が求める解決策を探り出し、得られる効果や利益を提案できる訓練と経験を

積み上げることが求められています。

◇知識の関連図を知ろう

これらの事項を図示すると、図表49のような「知識の関連図」となります。

(1) **商品知識**

セールスマンにとって、商品知識が不可欠なものであることは、言をまちません。

また、取扱商品やシステムの性能、機能などの特徴だけを理解しただけでは、商品知識とはいえません。商品知識は、商品開発の経緯や市場への投入背景、商品のコンセプト（戦略性）、生産状況や納入実績など、自分なりによく調査し、自分だけの商品知識にすることです。

特に、生産財や耐久消費財を取り扱うセールスマンは、商品の機能を有機的に組み合わせて、さらに有効な機能や性能をつくり出す、システムに対する知識が必要です。

商品の「システム化知識」は、自社内商品とのシステム化だけでなく、他社の特定商品との関連において調査し、習得しなければなりません。

自社内商品の知識は、社内研修や身内同士の打合わせなどで、容易に習得できます。

他社商品とのシステム化知識の習得は、なかなか難しいものがあるために、システムの販売活動の中で、タイアップやアライアンス（販売提携）の販売展開に基づいて、習得しなければならないものです。

(2) **商品の応用知識**

生産財や耐久消費財の販売では、商品の活用・応用知識が必要であり、顧客や商談の相手から必ず求められるものです。なぜなら、セールスマンは、商品

【図表49　知識の関連図】

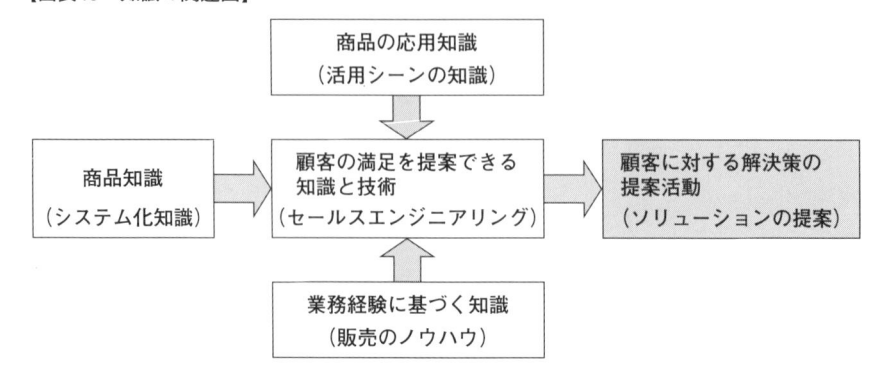

```
                    ┌─────────────────┐
                    │   商品の応用知識    │
                    │  （活用シーンの知識） │
                    └────────┬────────┘
                             ↓
┌──────────┐   ┌─────────────────┐   ┌──────────────┐
│  商品知識   │→ │ 顧客の満足を提案できる │ → │ 顧客に対する解決策の │
│（システム化知識）│   │    知識と技術     │   │    提案活動     │
│          │   │（セールスエンジニアリング）│   │（ソリューションの提案）│
└──────────┘   └────────┬────────┘   └──────────────┘
                             ↑
                    ┌─────────────────┐
                    │  業務経験に基づく知識  │
                    │  （販売のノウハウ）   │
                    └─────────────────┘
```

やシステムを適用する「活用シーンの知識」がなければ、問題点の解決や改善提案が不可能であり、まして顧客が期待する効果効用を探し出し、説明や説得を行うことはできないからです。商品の応用知識は、幅広い商品知識から生まれるものであることに留意してください。

　したがって、セールスマンは、顧客の求める活用シーンに対応する商品、システムとして稼動する事柄など、活用シーンの説明と説得を行う知識を習得することが必定です。

　これらの知識の習得にあたっては、常に、扱い商品に対する深い愛着と、人一倍の研究心をもち、知識の習得に対するたゆまぬ努力が求められるのです。

(3) 業務経験に基づく知識

　顧客にとって、セールスマンが過去に経験した事柄や、実績に基づいた提案や説明は、理由のいかんを問わず、どのような知識にも勝るものです。経験から得た知識は、セールスマン固有のノウハウとして重要なものであり、顧客にとっても、知識の先取りとして貴重なものとなりますので、その知識をもつことで、信頼の高いセールスマンとして、大変喜ばれる存在にならなければなりません。

　巷間、「あの人は、商売が大変上手で、何でもよく知っているよ」ということを耳にしますが、有能なセールスマンほど、経験から得られた知識を大切にして、さらに関連する多くの知識を自分のものにする努力を惜しみません。

　したがって、セールスマンは、「経験の砥石」で、自分で蓄積した商品知識と幅広い応用知識とを存分に磨いて、自分のノウハウの切れ味に磨きをかけることが必要です。

　多機能商品やシステム商品などの販売には、上記三つの知識が不可欠であり、これらの知識を総合したものとして「セールスエンジニアリング」といわれる販売のノウハウがあります。

　問題解決型のソリューション販売では、必ず企業における問題点や、改善すべき事柄に対するソリューションと、得られる効果や効用を探求し、顧客や商談相手から、必ず満足が得られる提案を求められています。

◇セールスエンジニアリングとしてのノウハウを知ろう

　セールスエンジニアリングは、前述したように、「システム化商品」に対する販売活動には、不可欠なものです。セールスエンジニアリングの必要性は、個別顧客に対するアプローチの過程を、時系列で三つの部分に区分するとよく

理解できます。

　三つの区分とは、例えば、初回訪問から受注までの「プレセールス」、納入から稼動までの「カレントセールス」、稼動以降の「ポストセールス」（アフターサービス）とに大別できます。(157頁図表41参照)

　セールスエンジニアリングは、「プレセールスの段階」で、その必要性が顕著なものです。これは、セールスマンが前述の諸知識を利用して、顧客のニーズを引き出し、解決策の提案を行い、顧客の理解と納得を得るためのアプローチ段階だからです。

　「カレントセールスの段階」は、商品の設置調整や、システムの稼動を取り扱うための、技術者の活動が主たるものとなり、現場対応の段階となります。セールスマンは、リーダーシップを取りながらも、技術本位のアプローチの中で、よきコーディネーターの役割を果さなければなりません。

　「ポストセールスの段階」は、顧客維持を含めて、追加発注や新商品、新システムなどのコンサルティングの必要から、きめ細かなコンサルティング活動が必要となります。

　このように、問題解決型のソリューション販売は、アプローチのすべての場面で、セールスマンは単なる営業マン（売り子）ではなしに、常に問題指向、ソリューション販売指向のコンサルティングセールスが不可欠であり、総じてセールスエンジニアとしての知識と資質が強く求められるものです。

◇**問題解決型アプローチ（ソリューション販売）を展開しよう**

　こんな事例があります。

　パソコンの卸販社で、ソリューションシステムのチャネル販売を担当するI主任は、運送会社などを対象として、車両の動態管理をIT化するための「車両位置管理システム」の拡販を行なっていました。そんな折、警察庁が年々増加する現金輸送車の襲撃強盗に対処するため、「全国警備業協会」に対して、警備員の装備強化とより強力な防犯対策を講じるように要請をしました。

　I主任は早速ディーラーのM社と一緒に、M社の得意先である「Kコーポレーション（株）」（以下、K社といいます）を訪問しました。

　K社は、業界では中堅の運送会社で、本業に加えて関連事業として契約先の法人や店舗から、現金集荷やつり銭の配送業務を請け負っています。

　I主任は、K社の経営企画室長で現金輸送の請負部門などを統括するN室長に面談して「協会から、防犯対策の強化や、警備員の装備のことで要請がありましたか」と聞いたところ、N室長は「確かに、年々現金輸送車を狙う事件が

増えてきているんですよ。手口も凶悪化してますしねぇ」。

I主任「この前の事件も、大変なことだったと思いますが」と続けると、N室長が厳しい顔で「警備員は、2人とも防弾チョッキを着ていましたし、車輌自体にもセキュリティ装置が実装されているんですよ…」といい、Y部長が続けて「しかし、強盗に襲われたとき、事務所に連絡する方法は無線だけなんだ。万が一の場合は、連絡が取れないことになる。また、警報器が鳴っても、周りの人達が気づいてくれない限り、発見が遅れることになる。要するに、迅速な対応が遅れて、二次災害が防げなくなる…まだ問題点が解決されていないんですよ」と説明。

I主任は、「DoPa-with-Ft」のカタログをY部長に手渡しながら「室長さんのご心配をきちんと取り除く、素晴らしい方法があるんです。これは、最新の車輌位置管理システムといわれるものなんです」。I主任は、カタログをもとに「輸送車輌の運行管理」について説明しました。

「このシステムは、インターネットを応用することで、コストパフォーマンスが優れた、経済的なシステムの構築ができるんです。さらに、iモードのDoPa網を活用することによって、車輌の位置や状況がセンター側でリアルタイムに把握できますので、従業員の安全を守る素晴らしいものなんです。いかがですか、ご理解いただけましたでしょうか」。

N室長は頷きながら「うちの会社の業務内容は、M社さんがよくわかっているので、よく相談して、検討してみてくださいよ」という返事です。

◇K社への改善案の提案

K社では、従前より各現金輸送車には、MCA無線と車両警報装置をそれぞれ単体で設置しています。しかし、非常時に無線での連絡ができない場合、事務所側では運転手の安否の確認や、状況の把握が困難でした。

そのためにK社としては、次のような改善をする必要がありました。
(1) 非常時に即座に対応を取ることで、従業員の安全と犯人検挙の向上を図る。また、既存システムとの連携を図る。
(2) 輸送車輌の現在地を常に知ることで、迅速な顧客対応を図る。
(3) 新しいシステムを導入し、新規顧客を獲得して業容の拡大を図りたい。

I主任は、K社の改善点を分析して、「DoPa-with-Ft」システムをソリューションとして、プロポーザルを作成することをN室長に提案しました。

I主任は、早速「車輌位置管理システム」を応用して、防犯対策をさらに強

化するためのセキュリティシステム・位置情報確認システムと、集中管理用のパソコンと42インチのプラズマディスプレイを接続し、新規荷主の獲得を促進するセールスプロモーションシステムを構築して、Ｍ社と連携してプロポーザルを作成する形で、Ｋ社のＮ室長に提案しました。

　Ｎ室長が「セキュリティ対策はもちろんですが、このシステムは、荷主への信用を向上させることと、新規荷主の獲得を促進するツールになることが、大きな魅力だねぇ」というのを聞いたＩ主任は「これで勝った」と思いました。

　その後、Ｉ主任は、幾度となくＫ社の担当部門と打合わせを重ねて、目出度く売り込みに成功し、システムの稼動にこぎつけることができました。

　Ｋ社では、「車輌位置管理システム」の導入によって、車輌の現在位置や状態がリアルタイムで把握できるようになり、荷主からの問い合わせにも、即座に回答できるようになりました。また、既設システムの緊急信号も、事務所のセンターで把握できるようになり、従業員の安全性の向上と所轄警察への速やかな連絡が可能となりました。特に、42インチの大画面モニターは、新規顧客へのセキュリティシステムのＰＲ活動に利用することによって、新規荷主の獲得に威力を発揮しています。

　Ｋ社のＮ室長は「君のお陰で、素晴らしいシステムができたよ。うちの会社がモデルユーザーになって、他の会社にも紹介するよ」。

　Ｉ主任は、この言葉を聞いて、ソリューション販売のおもしろさと、楽しさを噛み締めました。

◇ソリューション販売のおもしろさと楽しさ

　この事例のように、セールスマンは、自らのアイデアと工夫による提案が、顧客企業の改革や改善のために影響を行使できる喜びを、販売のおもしろさや楽しみに置き換えることです。まさに、セールスマン冥利に尽きます。

　各顧客企業では、企業が事業展開として目指すところ、あるべき姿を目標として、「単位能力の増力化」や「競争優位の創出」を図り、その実現や達成のために大きな期待感をもち、具体的な経営努力を行なっているものです。

　組織のラインやスタッフなどの現場でも、「ＢＰＲ活動」などを通じて、日常業務の改善活動を遂行するとともに、「事業運営の改革や方針の転換」を図り、適切な利潤の確保と継続的な事業の発展を期するものとなっています。

　ソリューション販売の展開は、顧客企業の具体的な経営努力を支援する方法として、顧客のために役立つ問題解決思考型の販売活動を行なうものです。

5 販売の技術を活用し実戦で勝ち負けを積み上げよう

Point

- ●販売活動は、販売のプロセスに基づいて具体的な活動計画を作成し、自分の意思で行動して、成果や結果を評価する実戦活動です。
- ●販売のプロセスやセオリーに基づく実戦活動が、販売ノウハウの充実とセールスマン固有の販売スタイルを決定するものです。
- ●販売ノウハウや説得技術の実戦活用は、自分に対する訓練と販売のおもしろさを体感して、さらに磨きをかけるのです。

◇ "経験は財産、ノウハウは資産"

　人間は、生まれながらにして、セールスマンたる人はいません。

　商売は、その昔より、徒弟制度のように"見様見真似""先輩の背中を見て覚える""先輩の技を盗め"など、経験に基づく対応が主流となっていました。

　したがって、販売は、"勘と経験とど根性の世界"であり、"土下座とハッタリ"、さらには"義理と人情と浪花節"などとして、「個人の資質」が販売活動の主要な要件となっていました。

　これらの積み重ねは、経験が前提であり、経験するチャンスの多少によって、財産としての大小や、経験を活用するための向き不向きが限定されます。ですから、セールスマンは、自分だけの知識として、出し惜しみをしたり応用動作の効かない、厄介な財産でした。また、経験は、結果に至る過程が不明瞭なため、成果の要因や原因が不明確なものとなり、「適用や応用性が乏しい」ものでした。

　一方、販売のノウハウは、販売のプロセスやAIDMAの法則、マーケティングの手法などのセオリーに基づいて、アプローチ活動を準備し、経験や実績を分析して、自分のノウハウを客観的に評価し、有益で説得力のあるものに置き換えることにより、利用の範囲を広げて誰もが活用して磨きをかけられるものです。すなわち、販売のノウハウは、各セールスマンの資産であり、資産としての活用や増強が、セールスマン一人一人の価値と存在感を高めるのです。

　セールスマンは、販売活動をおもしろく楽しいものにするために、セオリーを砥石として、販売のノウハウに磨きをかけて、十分な対応力と一騎当千の説得力を習得することが大事なことです。

◇説得の技術を上手に活用しよう

　販売活動は、取扱商品のいかんを問わず、必ず一定のプロセス（販売活動の流れ）があり、どのような販売でも商談時間の多少にかかわらず、そのプロセスを踏むものです。販売のプロセスは、販売活動のセオリーが基軸となり、顧客や面談相手との、初対面の準備の段階から受注までのステップを設定しています。

　それぞれのステップにおけるアプローチの方法と内容は、図表50のとおりです。

　このような販売のプロセスは、個別顧客に対するアプローチや商談の進捗段階を示すステップとして、位置づけられます。生産財や耐久消費財などの比較的長期にわたる販売活動では、1回1回の訪問目的を達成するステップとしての面談場面の流れとなります。

　また、消費財や最寄品などのように、1回の商談で発注の成否が決まる場合でも"必要不可欠なプロセス"なのです。

　したがって、セールスマンは、自分のペースで相手をリードし、販売のプロセスをスムーズに進めるために、必要な行動やテクニックを存分に活用することが肝心です。この必要な行動やテクニックについては、先述した内容を改めて参照し、意識して活用していただきたいのです。

　セールスマンは、面談や商談の目的をきちんと達成するために、それぞれの段階で「説得のテクニック」を活用し、相手を自分の中に引き込む戦術を実践すること、そして販売のプロセスを進捗させる中で、自分のノウハウとして活用し、販売活動をおもしろくすること、成功や失敗を分析して「切れ味の鋭い説得の技術」にすることを心掛けねばなりません。

◇販売とは分析して反復活用する過程である

　販売活動は、自分の思いを自ら意識して実践することができれば、大変おもしろく、かつまた楽しいものです。セールスマンは、自分の仕事に使命感と誇りをもち、おもしろいものとするためには、「販売活動の基本（販売のプロセス）」を習得し、無意識に実行できるまで、意識して実践を繰り返し、商談の勝ち負けを積み上げることが必要です。

　販売活動の基本は、対象市場を分析して標的市場を定め、アプローチの事前準備をきちんと整えて、売り込むべきモノやコトを決定し、面談や商談のテクニックを上手に活用して、自分のペースで成果を獲得することにあります。

　したがって、セールスマンは、1回1回の販売活動に対し、販売のプロセス

【図表50　販売のプロセスとアプローチ】

項　　目	説　　　明
(1) 準備の段階	対象顧客を見定めて、顧客へのアプローチをするための調査や分析などを行う、予備のステップ。
(2) 注意の段階	目的の個別顧客に面談して、セールスマンが相手の注意を引きつけ、セールストークを聞いてもらう態勢をつくるステップ。
(3) 興味の段階	注意を引きつけた相手に、「それで」「どうして」という興味や関心を呼び起こすステップ。
(4) 理解と同意の段階	「よくわかったよ」「なるほど、なかなかいいモンだね」といわせるように、相手を説得し、十分に納得させるステップ。
(5) 行動の段階	相手が納得して、購入意識が高まったところで、発注の決断を促すステップ。
(6) 面談後の分析段階	商談の成否を分析し、要因を明確にするステップ。

を鏡として、前述した各段階における結果や実績を分析して、目的の達成や成功した事項は継続的に反復活用し、目的の未達や失敗した事項については内容を分析して原因を明確にするとともに、その結果を新たな戦術として、実戦に活用することが必要です。

　セールスマンは、実戦を通じて、自分の意思で活用を試みるおもしろさや楽しみを、意識して体感してほしいものです。

◇知っているつもりから意識してやってみることにしよう

　多くのセールスマンは、販売活動や世の中の社会生活を通じて、いろいろなルールや方法、法則や手法を何気なく理解して、無意識の中で行動し、それなりの成果を獲得しています。しかし、事が成らずに、失敗した場合には、「仕方がないこと」「駄目だっただけのこと」など、失敗をなおざりにしているため、同じような失敗やミスを重ねる例をしばしば見受けます。

　対応方法や、ことの良し悪しを問われると、「知っています」「覚えている」「わかっています」という返答をよく耳にします。

　販売活動は、「自分の思いを意識して実行すること」であり、義務感やノルマとして与えられるものではありません。したがって、セールスマンは、知っていること、わかっていること、覚えていることなどは、意識してやってみることがどうしても必要なのです。

　特に販売は、会社組織の中で唯一、自分の思いのほどを実戦を通じて、「失敗や成功を厭わずに実行できる」素晴らしい仕事です。前述したとおり、販売活動は、失敗や成功の要因を分析し、失敗を改善して、ミスを繰り返すことな

く、また成功した事柄は継続して活用し、その効果を楽しむことです。
　「人間は、決意と、流した涙の数だけ強くなる。人は、強くなると明るくなる。明るくなると、なぜか自然と楽しくなる」
　セールスマンは、自分の思いのほどを決意して、具体的にやってみてください。

◇販売のセオリーで自分の仕事は自分で評価しよう
　販売活動を効果的に、またおもしろく展開するには、訪問前の準備を十分に整えて、顧客や商談相手の注意を引きつける方法や、相手に興味と関心をもたせるテクニック、説明や説得をわかりやすく行うFABアプローチ、さらには相手に発注の決意と行動を促す受注のテクニックなど、相手を意識的に自分のペースに引き込むために、「説得の技術」を上手に活用することが不可欠です。
　説得の技術は、販売活動のセオリーを意識的に実践するものであり、自分の意図する販売戦術の中で、競合を排除し、顧客や商談の相手をリードして、販売展開を優位に進めるためのものです。
　セールスマンは、販売活動のセオリーと説得の技術を鏡にすることにより、特定の顧客や商談の相手に対する具体的なアプローチの状況を、鏡に映し出すことによって、活動項目の内容の良し悪しや相手を説得するテクニックの成否など、自分で自分の仕事が評価できるのです。
　具体的には、特定顧客や見込み客に対する販売活動の進捗をチェックするために、販売のプロセス（50頁に詳述、図表50参照）や商談展開のチェックシート（58頁の図表14参照）に照らし合わせて、訪問目的や活動項目ごとに、また1回1回のアプローチごとに結果を分析して、失敗や成功の度合いを自分できちんと評価することです。（顧客との面談や商談内容、アプローチ状況の分析項目や評価については、65・125頁参照）
　いずれにしても、会社組織の中にあって、個々人が自らの意思で独自に活動し、自分の仕事や成果を自分で評価できるものは、販売を担当するセールスマンだけの特権といえます。
　このような状況の中で、販売活動をおもしろく楽しいものにするのか、辛く苦しいものとするかは、"セールスマン自身のやる気"で決まるのです。

6 自分の人脈を構築しよう

Point
- 人間関係の構築は自分の器量であり、人脈は自分の財産です。
- 人脈は、ギブ・アンド・テイクを前提にして、信頼関係を醸成しながら、財産として磨きをかけることです。
- 人脈は、組織を越える自分の力であり、人脈の構築や活用は、仕事のおもしろさや楽しさをつくり出す大きな要素です。

◇**顧客との人間関係は仕事人生の貴重な財産なり**

　セールスマンは、多くの顧客や商談の相手はもとより、同一ブランドの販売業者、下請け業者、業界関連の諸団体などや、社内にあっては関連する部門や組織などとの、数多くの仕事関係を有するものです。

　したがって、日頃、これらの仕事関係の相手となんらかの言葉を交わし合い、面談する機会に恵まれることによって、多くの人間関係がつくれるわけです。

　しかしながら、商売や取引関係から生まれる人間関係は、「市場の交わり」として、お互いに利害を含めた厳しい仕事関係となります。そのために、多くのセールスマンは、一過性の関係で対応するため、折角の機会を"他人は時の花"として、お互いに"財をもって交わる者は、財尽きて交わり絶える"がごとくの人間関係に終始し、貴重なチャンスを逸しています。

　賢明なセールスマンは、自らの意思で胸襟を開き、自分の生地を出すことによって、"心合えば胡越も親しむ"のごとくに、自ずとそれに相応しい確かな人間関係をつくるものです。

　この賢明なセールスマンのように、仕事関係を基として、仕事以外の集まりや趣味の領域、またいろいろな催し事や懇親会などを通じて、知己を広める努力をすることが必要不可欠です。

　自分の人脈として、人間関係を構築するためには、一見、無駄な事柄や時間の浪費に思えることでも、仕事仲間として、積極的に採り入れてこそです。そうすることによって、商売や取引関係の利害得失を超えて"水魚の交わり"に至り、仕事人生をつくるうえで貴重な財産となるのです。

　あるとき、顧客を訪問した帰り道、同行したコンピュータの設計を担当している技術課長が「技術者は、どんなに素晴らしいコンピュータを開発しても、次の商品が市場に出ると、消えてなくなる運命だけど、セールスマンとお客さ

んの人間関係は益々深くなる。技術屋って損な仕事だよ」と私にいったのです。これは、何気ない話でしが、セールスマン冥利に尽きる言葉として、今でも記憶に残っています。

◇**名刺を大切にしよう**
　名刺は、相手に対して自分を簡単に紹介したり、相手の注意や関心を引くために、自ら手渡して使用するものです。
　パソコンの普及とともに、いろいろなデザインや自由なレイアウトを施して、自分自身を売り込むために、印象深い名刺が活用されています。最近では、CD-ROMまでが、名刺化される時代となっています。まさに、「名刺は自分の分身」といわれる所以です。
　販売活動の中で、名刺が占める役割は、お互いの出逢いのときの、ホンの一瞬のように思えるものですが、その後の活用次第では新たな人間関係をつくるうえで、大きな財産となるものです。
　例えば、名刺の白地部分や裏面を利用して、その時々の印象やキーワードを記録したり、相手の癖や趣味を簡単に記入するなど、折々に相手の名刺を眺めて見ることによって、その人の顔が目に浮かぶと同時に、思いや親交の深さなど、新たな発見ができるからです。
　セールスマンは、販売活動を通じて人と面談することが、仕事の第一義であり、名刺の多少が成果のバロメーターとなります。
　仕事は、組織で行なうこととはいえ、コミュニケーションの手段は、見知らぬ者同士が「名刺の交換」を通じて、個人と個人によってなされます。
　したがって、社内や社外を問わず、いかに多くの人に出逢い、いかに多くの人脈を構築するかが、仕事を上手に進める大きな要素となることに留意してください。

◇**人間関係は好きか嫌いか、有用か無用かが分かれ目なり**
　人間関係の成り立ちは、お互いの目的や、心のあり様がその対象となるために、好きか嫌いか、有用か無用かが、評価の分かれ目となります。
　販売活動は、組織や人間関係を活用して、結果的にはモノやコトを売ることですが、すべての活動の対象は、あくまでも人間です。
　人間は誰しも、自分のことは、すべてをよしとして、相手や他人の欠点を批評する"腐れ柿が熟柿を笑う"がごとき「厄介な思いこみ」をもっています。

6 販売活動をおもしろくするためのノウハウ

　セールスマンは、販売活動を通じて人間関係を構築する場合には、相手の思いこみを崩壊させるために、自分の思いの心を解放して、相手の思いや執念を取り去ることが必要です。"議論の後の仲直り"が求められるところです。
　また、人間関係は、お互いに意図する事柄について、役立つ要素があるか否かによって、その成り立ちが決められます。自分にとって有用か無用か、有益か否かなど、時として「打算が働く関係」を構築することもあります。
　ですから、仕事を通じて人間関係をつくり出す場合、相手をよく見定めることによって、人脈を構築することが肝心です。

◇人脈は生き物、メンテナンスをしよう
　セールスマン個有の人脈は、仕事の組織から生じる上下の関係と、同僚との仲間関係、関係部門との支援関係など、幅広い仕事関係の中で生まれるものであり、自らの器量や技量をもって自然に形成されます。また、顧客との関係では、取引にかかわる商談部門を初めとして、購入部門、経理部門、商品やシステムの運用部門など、「市場の交わり」とはいえ、幾度となく面談する中で、お互いの思いが通じるようになり、信頼関係が醸成されて、有用無用の領域から好き嫌いの範疇に自ずと変化していきます。
　しかし、セールスマンとしては、誰よりも早く、社内の人脈と社外の人脈を形成するためには、よりよい仕事関係の構築と、人間関係をさらに深めるための、具体的な努力を惜しまないことです。
　人間関係は「Give and Take」を前提とし、仕事の折々に相手に対する気配りと信頼感に基づいて、相手にとって有益な情報の提供や、小さな約束を守ること、お互いにトラブルの解決や、小さな提言などを積み重ねることによって、信頼関係をさらに醸成し、自分の人脈として磨きをかけなければなりません。
　人脈は、相手の自尊心や存在感を疎かにしたり、無関心になったときに失います。1度喪失した人脈を復元することは大変難しいものです。お互いに、時に際し折りに触れて、適切なメンテナンスが必要なことを忘れないでください。

◇人間関係は組織を飛び越えるものと心得よう
　セールスマンは、企業の組織要員として、また組織の一員として販売活動を担っています。日頃の販売活動では、組織との一体感とマネジメントの中で、所属部門の目的の達成と、自らの目標を実現するために、活動の状況や状態な

どの報告を行ない、仕事の連携や連綿を維持するための連絡、個別顧客の問題や、顧客対応の戦術などに関する要請や相談などを行なわなければなりません。

対象市場や個別顧客への対応は、セールスマン自らが企業の代表者として、アプローチからクレーム処理に至るまで対処するため、自ら主体的に自部門の上司や責任者、関連部門を活用して、販売活動を優位に展開することが、常に求められるのです。

セールスマン自身が困ったり、迷ったりしたときのためや、自分の思いや仕事をスムーズに進めるために人間関係をもつことが必要ですが、多くのセールスマンが、パソコンのeメールやiモードのケータイなどを利用して、目的が不明確な「コトナカレの報・連・相」を行い、自主的な行動が伴わない状況を、しばしば見受けます。

それでは事をし損じます。やはり、個別顧客へのアプローチを開始したときから、顧客との約束や課題を解決する過程で、自部門の上司や責任者、関連組織の責任者や役員までも活用するほどの積極的な動員力がいざというときにものをいうからです。(111頁参照)

人間関係による人脈の活用は、組織を飛び越えた対応力によって、効果的な販売活動の選択肢が拡大できるし、最善の戦略や戦術が実行できます。

◇仕事の有益な関係図をつくろう

セールスマンは、時として「組織図で仕事をするな」といわれるものです。

顧客との商談や取引は、会社対会社の取組みであり、競合他社との販売合戦も会社対会社の総合力による戦いです。

ですから、販売対象の顧客にアプローチを開始した時点から、個々の活動項目に対するキャスティングを想定し、自部門の組織、自社内の関連組織要員、及び人脈などをフルに活用して、成果の獲得を意図する必要があります。ということで、セールスマンの一連の販売活動は、「プロジェクト的な販売展開」が強く求められています。

販売活動をスムーズに展開するためには、有要な関連組織と有益な要員を自分の「仕事の関係図」として、頭の中に描けなければなりません。

セールスマンとしては、日頃自部門はもとより、関連部門や関連の組織要員と折々に親交を深めて、人間関係を醸成し、自分の人脈を意識して構築することに努める必要があります。

意図したことが成就した喜びは格別なものであり、仕事の楽しさやおもしろさが、大きな感動に変わる一瞬でもあります。

7 仕事はすべてYesで始めよう

Point

- ●販売活動は、自分に対する挑戦であり、何事にも「Yes」を前提に自分を訓練するための、自己啓発の道場のようなものです。
- ●セールスマンは、セルフスターターとして、仕事を手際よく処理する習慣とセルフコントロールを身につけることです。
- ●「Yes-But」を基本として、無理と不可能を区分して高い目標に挑戦し、達成感や存在感を喜びや楽しみに置き換えることです。

◇言葉よりまず実行しよう

こんな事例があります。

パソコンの卸販売を担当しているＳ君と、千葉県の市原に所在する家電量販店のＯ社を訪問したときのことです。そこには、本部と併設された300坪ほどの店舗がありました。10時の開店を前に、若い女性の店員が階段に座り込むようにして、床にへばりついたガムを削り取っていました。

Ｓ君が「店長さんのご指示ですか、大変ですね」と声を掛けると、店員は「いいえ、ここはお客様のお店ですから、綺麗にするんです」と答えました。何気ない会話でしたが、Ｓ君は一瞬立ち止まって、私の顔を見て頷きました。

以来Ｓ君は、自社の売り場の展示方法やPOPの作成など、自ら工夫を凝らし、担当するいくつもの店長から感謝されています。また、Ｓ君は、歩きながらでも大きな声で挨拶して、自分の事務所の小さなゴミを拾い、ときには入り口の玄関マットを直角並行に整えることなど、自ら進んで実行している姿をしばしば見受けるようになりました。

諺にも、"侍の子は鬢の音で目を覚まし、商人の子は算盤の音で目を覚ます"といわれています。特に、人を相手にするセールスマンは、仕事の環境の中で、機敏に反応する使命感をもってほしいものです。

しかし、多くのセールスマンは、やるべき仕事がわかっているのに、なかなか手をつけずにいるのではないでしょうか。

こうした消極的で心配症の人は、行動する前から、「この仕事は難しい」「きっと上手く行かない」「私にはできない」などと考えて躊躇し、結局「何もなさない」ことになっています。

少しでも早く気づいて行動するべきです。行動によって、その分、早く問題点や改善すべき事柄がわかり、解決策もゆとりをもつ最善の方策になるからです。

販売活動は、自分に対する挑戦です。なによりもまず、何事にも失敗を恐れずに、勇気をもち、元気を出して、本気でやってみてください。

◇**セルフスターターとして存在感を発揮しよう**

　昨今、セールスマンといえども、上司や関係する人の指示がなければ、なかなか行動を起こさない、いわゆる「指示待ち人間」をしばしば見受けます。

　このようなレイトスターターとなるセールスマンは、販売活動の全体がわからないままに、周りの人の活動現象をみることによって、仕事の煩わしさや活動項目の多さにうんざりして、気持ちが滅入っています。

　結果的には、仕事がそこで頓挫し、自分の遅れが周囲の遅れとなり、組織全体の遅滞を招くことになってしまいます。

　こうした場合、仕事は、何事も"一分は一寸の始まり"として、販売の活動を小さな行動単位に区分し、即座に実行できる事柄をいくつもつくることを考えるべきです。

　例えば、見積書の最終案をつくる場合には、①前回提出の関係資料を準備する、②打合わせをするキャスティングを決める、③関係者に連絡をする、④会議の場所と時間を決めるなど"魚を刺身にする"がごとくに、仕事の内容を小さく区分することによって、難しそうに思える仕事でも、意外に簡単で、即座に実行可能なことに気がつくものです。

　周囲のセールスマンの中で、手際よく仕事がはかどる人は、これらのことを無意識に行なっているとみてよいでしょう。セルフスターターになるには、身近なところで、一番活発な仕事上手の人を鏡にして、同じように行動しながら仕事が手際よくはかどることが肝心です。

　無意識にできるようになるまで、意識して実行することです。それが、自分の性格となって、いつの間にかセルフスターターとして、存在感のあるセールスマンになるコツです。

◇**好きなことより大事な仕事に注力しよう**

　従来から、「楽しいことは祭りごと」「厳しいことは習いごと」「辛いことは己れごと」「苦しいことは養いごと」「難しいことは仕ごと」といわれています。

　人間の心理や行動は、自分にとって楽しいことや好きなことなど、おもしろくて、なおかつ、やりやすいほうに流されるものです。とかく難しいことや苦手なこと、また経験のないことややりたくないことなどを先送りすることによ

って、大事なことを見失いがちです。

　そのために、日頃は、たくさんの仕事をこなしているような思いこみの中で、本来的には重要で、しかもきちんと取り組むべき仕事が後回しとなって、一向に成果があがらないことになってしまいます。

　このようなことを戒めるために"詩を作るより田を作れ"という諺があります。「自分の好きなことを楽しんで、実りのない時間を過ごすよりも、大事な仕事に精を出すことが有益である」という意味の言葉です。人間は、誰しも時として、難しいことや優先してやらなければならない大事な仕事であっても、嫌な事柄に対しては、心の中で「No」を決めがちになります。

　前述したとおり、販売活動は、常に相手のある仕事であり、必ずなんらかの処理をするために、期限を設定して、具体的に行動することが基本です。したがって、自分の販売活動を左右する大事なこと、例えば「顧客との約束」「関係者との連携業務」や「商談の準備」などに集中力を高めることと、セルフコントロールを上手に行ないながら、あえて「Yes」で対応することにより、大事な仕事に注力することが必要です。

　セールスマン諸兄は、"艱難辛苦は、汝を玉にする"ことを、常に意識して対処してください。

◇難しい事柄は「Yes-But」で対処しよう

　顧客や商談相手との面談では、提案内容に対する新たな要望や契約内容の突発的な変更など、交渉に窮することをしばしば経験するものです。また、職場にあっても、上司や関係部門からの厳しい条件や、難しい問題の解決などを迫られることもあります。

　このような場合、相手からの相談や依頼された事項や問題提示されたことには、「最優先のYes」で対処することが求められています。

　通常、販売活動は、商品力の低下による価格競争、戦略的なリファレンスユーザーの獲得やシェアの拡大、競合他社の排除など、厳しい競争と困難な条件闘争が展開されます。こうしたなかで、顧客や商談相手からの厳しい要求や無理と思える難題に対して、二つや三つの理屈をつけて、「No」ということは簡単なことです。

　しかし、「男はつらいよ」の寅さんのセリフじゃありませんが、「それをいっちゃお仕舞いよ」ということになります。

　そこで、せめて「Yes-But…」で対応するための「イエス」が必要となるのです。

セールスマンは、相手の無理難題な事柄に対しては「Yes-But」として、相手に実現可能な要件や状況を提示して、明確にカウンタープロポーズをすることを心掛けてください。

　いいかえると、相手の難問と不可能な事柄とをきちんと区分して、難問で意識的に自分を縛る環境をつくる一方で、組織の活用と自らの具体的な行動によって、自縄自縛を突破することにより存在感を示すことが望まれます。

◇意識して難題や難問に挑戦しよう

　多くのセールスマンは、顧客や商談相手とのやりとりや、自部門の上司などとの打合わせの中で、「やる、やらない」を問われて「できる、できない」を答えている状況をよく見かけます。

　この「できる、できない」は、自分の可能性に対する挑戦を自ら放棄して、やらない言い訳と、断る理由を探しているように思われます。

　たとえ、「やる、やらない」にしても、相手に対して不可能な要件や条件を提示して、できない理由と不可能な状況を説明することに終始しがちです。

　セールスマンは、いくら意欲をもっていても、自分の可能性を信じなければ、目標の実現や自らを進歩させることは、望むべくもないのです。

　これは、やりたいけれども、できないという「自分だけの思い込み」であり、自信を喪失している状態なのです。

　このような状態から脱却するためには、「５Ｗ１Ｈ」の法則を簡便に活用することが大事です。

　すなわち、難問や難題に対して、まず何をするのか、なぜなのか、誰と相談したらよいのか、期限はいつまでなのか、どこでやるのか、そして、どのような方法があるのかを確認することによって、わかりやすくすることです。

　これらの事柄を意識して実行することによって、難問や難題に対処する方策が捜し出せるものなのです。

　従来から、「人は、常に高い目標や困難な道をつくるものであり、目標や困難に向かって努力するからこそ、進歩があり、喜びがある」「仕事は、仕事を砥石にして、仕事を磨くことなり」といわれています。

　人は皆、仕事を通じて、自ら高い目標や困難に挑戦し、達成感や存在感を喜びや楽しみに置き換えるものなのです。

7 部下育成・後輩指導のコツ

意識なくして訓練なし・課題なくして進歩なし

1 意識なくして訓練なし・課題なくして進歩なし

Point
- ●劇的な市場の変化への対応は、自らの意識改革と課題を解決する訓練が不可欠です。
- ●販売現場の責任者やリーダーは、部下や後輩に具体的な目標と実現の手段を提示するリーダーシップが強く求められています。
- ●販売現場のリーダーシップは、販売活動の方向性と具体的な活動内容に基づくストーリーを明示して、率先垂範することです。

◇市場の変化に対処するセールスリーダーに変えよう

　企業の栄枯盛衰は30年、事業展開のサイクルは20年、基本技術やノウハウの変革は10年、そして商品のマーケットライフは1年といわれています。

　しかし、半導体技術の劇的な進歩によるIT技術の革新は、Web通信のインターネットやモバイル通信などの新たなネットワークを急激な勢いで構築されていますが、商品のデジタル化やネットワーク化も急激に進んでいます。

　このようなデジタル化やネットワーク化社会の到来により、各企業では、「利潤の追求と競争の優位性」をテーマに、従来の仕事の仕組みや方法の変革を積極的に推進する一方で、新たな競争要素を取り入れたビジネスモデルの開発やビジネススタイルの構築に懸命です。

　また、デジタル化やネットワーク化の波は、個人の生活でも、大きな変化をもたらし、「いつでも、どこでも、誰とでも」をキーワードとして、十人十色の生活を楽しむために、新しい自分だけのライフスタイルの実現を求めるところとなっています。

　したがって、デジタル化技術は、①急激な技術革新が夢や欲望を形に変える、②先進の商品が活用目的を拡大する、③活用の効果が仕事や生活スタイルの変革を招来する、④仕事や生活の新しいスタイルが販売購買の常識を変える、ことを促進しています。

　いまやドッグエイジといって、従来の7倍の速さで変化する市場への対応は、販売の世界でも、販売戦略や戦術の転換や、意識と行動の変革が強く求められています。「最も強い者が生き残るのではなく、最も賢い者が生き延びるわけでもない。唯一生き残るのは自ら変化できる者である（チャールズ・ダーウィン）」といわれています。

　ですから、第一線の責任者やリーダーは、自己革新するために「従来の枠に

囚われず、変化を好み変化を楽しみながら、失敗を恐れずに、勇気をもって活動する」ことです。

◇セールスマンの育成指導はリーダーシップにあり
　すべての人達は、時代の変化を共通な環境として享受し、個々人が自ら変化することが求められています。多くの人は、自分だけの厄介なものと思いこみがちです。だからこそ、自分の仕事環境の中で変化をつかまえて、具体的に行動することによって、自分の主体性と存在感を示すチャンスにしなければなりません。
　変化への対応は、自分の賢さや強さだけでは、勝ち抜くことはできませんので、変化を恐れずに、勇気をもって行動することが肝心なことです。
　環境の変化に対する行動は、自分の心を開いて生地を出し、変化を味方に取り込む智恵を出すのです。そして、自分の意思で行動して、爽快な汗を掻きながらもう一人の自分に打ち勝ち、自らを変革するのです。
　そうした変化する環境のなかで、リーダーシップを発揮するためには、従来の慣習やルール、制度や方式を基調としたアプローチ方法や戦術を排除して、新たな目標と手段をつくることが重要なポイントになります。（図表51参照）

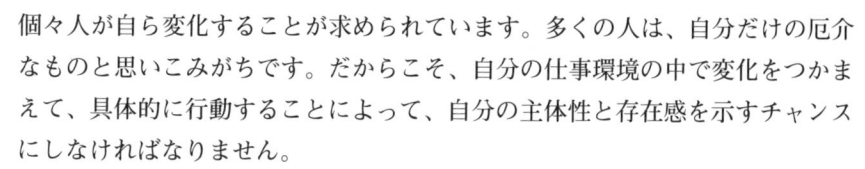

◇方向を明確化するストーリーを具体的につくろう
　第一線の責任者やリーダーは、なによりもまず、販売活動の方向を明確に示すための目的や目標をつくらなければなりません。例えば、「コト売り提案の徹底」「利益率15％の確保と社長賞の獲得」「新商品の販売構成比50％の必達」など、具体的な目標（ゴール）を自分で企画して明示することです。
　これは、目的や目標が誰にでも、どこからでもみえるように、簡潔でわかりやすい旗をつくるためです。もちろん、目的や目標を実現するための手段を、時間軸の設定とともに、実行可能な活動を具体的に示すことも必要です。
　例えば、「個人別コト売り提案件数の達成」「新規見込み客10件の開拓」「他社機リプレイス５件の獲得」「ソリューション勉強会の開催」などの活動項目を明確化するとともに、阻害要因を乗り越えるための方策や、戦術を提示します。
　また、関連組織との連携や活用方法、商談要件の相談方法やルート、競合を排除する条件の整備、教育目標の設定とカリキュラムなどを明確にすることも欠かせません。
　現場の責任者やリーダーには、所属部門に対するチームとしての目的と目

【図表51　部下の育成と指導】

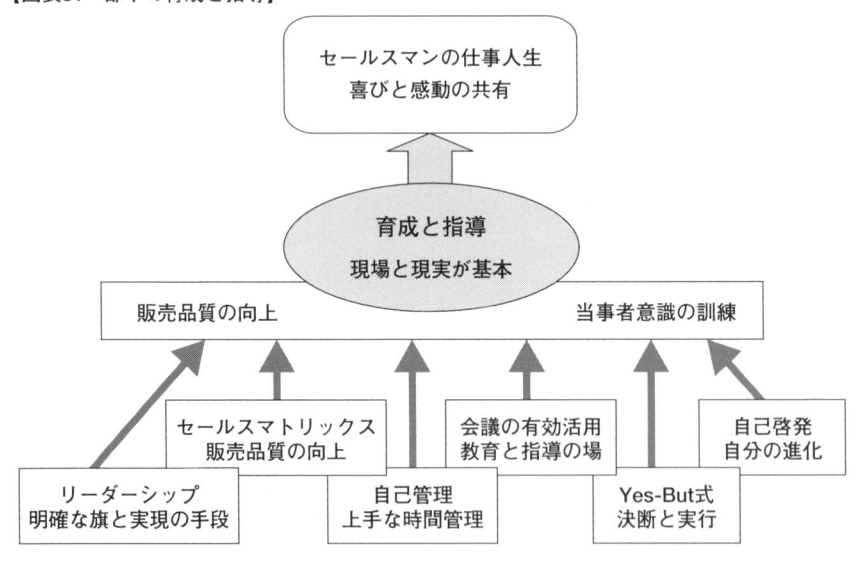

```
                    セールスマンの仕事人生
                    喜びと感動の共有
                         ↑
                    育成と指導
                    現場と現実が基本
       ↗         ↗         ↖         ↖
  販売品質の向上                      当事者意識の訓練
   ↑        ↑          ↑          ↑        ↑
リーダーシップ  セールスマトリックス  会議の有効活用  Yes-But式  自己啓発
明確な旗と    販売品質の向上    教育と指導の場  決断と実行  自分の進化
実現の手段    自己管理
           上手な時間管理
```

を達成する手段を、自分で立案することが求められています。

　目的の実現を図るための手段や方策は、具体的な活動項目を設定し、チーム内に提示して明確にする必要があります。これは、現場の責任者やリーダーが自らの責任で、チームの目標を企画し、実行可能な活動と具体的な活動環境をつくり、セールスマン個々に対して明確な方針を提示するのです。

　したがって、部下や後輩の指導育成にあたっては、一人ひとりのセールスマンに対し、それぞれの目標と手段、すなわち自分の手段や方策を実現目標として具体的に提示して、販売現場できちんとリードしなければなりません。

　販売の現場におけるリーダーシップは、セールスマンとのコーチングのなかで、相互に考え方や活動内容を整合し、的確で効果的な事柄を決定して行動する必要があります。

　このように、部下の育成や後輩の指導をきちんと行うためには、方向を明確化するストーリーを具体的につくることがリーダーシップの基本であるということに留意してください。

　仕事は変化と変革を前提として、変わらないことは死を意味するものであり、自分を変革してこそ、環境の変化が常識になります。

　変化と変革の時代にあっては、事業の構造改革とともに、組織運営も従来の縦割り組織から、フラット型や個人を主体とするプロジェクト型に変革されます。

　したがって、個人の時代の到来に向かって、自己を展望しながら、リーダーシップに磨きをかけることが、強く望まれます。

2　勇気と本気で現場と現実をリードしよう

Point
- 部下や後輩の教育や指導は現場と現実が基本であり、責任者やリーダーの勇気と本気が部下や後輩を育成する原点です。
- 部下や後輩の育成は、血の通う意思の疎通と喜びや感動を、販売の現場で共有することです。
- 部下や後輩の仕事人生は、責任者やリーダーの責任と勇気が心の糧となり、信頼関係を熱くするものです。

◇重要かどうかを判断するための基本と習慣を身につけよう

　事業の展開や遂行は、組織的に淀みなく継続することが、基本であり原則です。また、事業の継続性は、競争を勝ち抜く力が原点であり、決断と行動の速さが競争を支える最大の要素となるものです。

　特に、販売の第一線では、顧客やルートチャネル、競合他社を相手として、常に臨戦態勢を意識し、「常在戦場」を余儀なくされます。

　多くの第一戦の責任者やリーダーは、部下や後輩からの相談や報告を受けたときに、「それはすぐにできないから、後にしてくれ」と答えているのに、しばしば出会うものです。

　しかし、物事を後回しにしたり、「まだ大丈夫」「その内に」などと、先送りすることは、気になる仕事が次々と未処理のままに残ることになります。部下はそれまでの間、仕事が滞留して全く進まないことになり、自ら仕事の阻害要因をつくり出す結果となります。「後回しになる」ことは、重要でないことの証拠として、多くの部下や後輩は、以降の「報・連・相」や、指示に対して諦めと疑義を生じさせる要因となるのです。

　責任者やリーダーは、「どうしようか」と悩む前に、「重要かどうか」を判断するための、自分なりの基準と習慣を身につけることが、肝心なことです。

　自分なりの基準とは、「自らの行動に責任をもつこと」であり、後悔しないことです。結果の良し悪しを考える前に、自分の技量を試すことです。

◇素早い決断と迅速な行動は勇気が基本なり

　物事の利害得失や、やるかやらないか、存続か廃止や進退などを判断して決断する場合、それぞれのプラス・マイナスが漠然として、判断のしようのないことが多分に存在するものです。判断を迷ったり、決断できない主要な要因は、

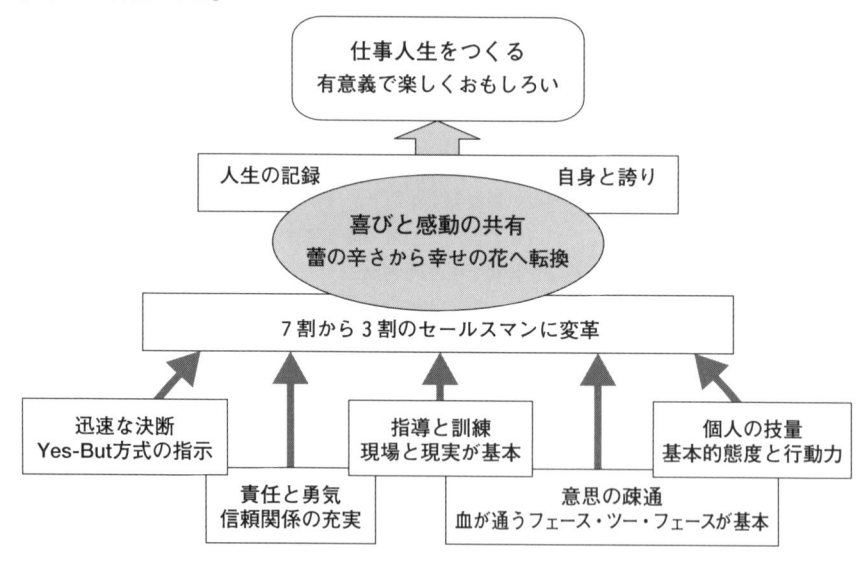

【図表52　勇気と本気】

```
                    ┌──────────────────┐
                    │   仕事人生をつくる   │
                    │ 有意義で楽しくおもしろい │
                    └────────▲─────────┘
                             │
    ┌──────────┐        ╱╲        ┌──────────┐
    │ 人生の記録 │      ╱    ╲      │ 自身と誇り │
    └──────────┘    ╱喜びと感動の共有╲    └──────────┘
                  ╱ 蕾の辛さから幸せの花へ転換 ╲
                  ╲                        ╱
                    ╲_____╱
                             ▲
                  ┌──────────────────────┐
                  │ 7割から3割のセールスマンに変革 │
                  └──▲────────▲────────▲──┘
┌──────────┐      │        │        │      ┌──────────┐
│ 迅速な決断 │──────┘        │        └──────│ 個人の技量 │
│Yes-But方式の指示│           │               │基本的態度と行動力│
└──────────┘               │               └──────────┘
      ┌──────────┐    ┌──────────┐    ┌──────────────────┐
      │ 責任と勇気 │    │ 指導と訓練 │    │    意思の疎通    │
      │信頼関係の充実│    │現場と現実が基本│    │血が通うフェース・ツー・フェースが基本│
      └──────────┘    └──────────┘    └──────────────────┘
```

概して意思の疎通に欠けることや情報の不足によるものです。

図表52に示すとおり、責任者やリーダーは、すべての事柄について「Yes-But…」を前提として、部下・後輩には素早く指示を出し、それぞれのプラス・マイナスを必要な情報として、きちんと要求することが、極めて大事なことです。

このような状況のなかで、多くの事柄を素早く判断して行動しても、時として、判断の間違いや手順のミスを引き起こします。ミスを起こした責任者やリーダーの多くは、自分の間違った判断や行動の過ちに対して、対面を繕い、体裁を気にする余り、「過って改めざる」状態をつくりたがるものです。

部下に慕われ、同僚から一目置かれるリーダーは、自分の間違いを、自らの過ちとして認めることによって、"過ちを改むるに、憚ること勿れ"として、即座に修正する勇気と、賢明な技量と器量をもっています。

第一線の責任者やリーダーは、万一、部下や後輩が過ちや失敗を犯しても、「自分が責任をとる」こととして、常に腹を括り、仕事を追い駆けて追い越すほどの、決断の早さと素早い行動が求められていることを銘記してください。

◇**本気で喜び合い、感動を共有しよう**

販売活動は、部下や後輩が、自分の思いを意識して実行することであり、義務感やノルマとして与えられるものではありません。とはいえ、主体性と自立性をもたない人にとっては、難しくて厳しいものであり、非常に辛いことです。

販売部門の中には、笑顔で自信に溢れ、元気よく仕事をする「3割のセール

7 部下育成・後輩指導のコツ

スマン」と、いつもながらに憂鬱で、自信のない「7割のセールスマン」が存在します。人は誰しも、掛け替えのない人生の大半を、仕事を通じてつくるのです。したがって、仕事人生は、有意義でおもしろく、楽しく過ごすことが最も大切なことであり、強く望まれることはいうまでもありません。

販売現場の責任者やリーダーは、部下や後輩に対して、日常の販売活動を通じて、アプローチの指導や、商談方法の改善などについて、十分なコーチングを行いながら、販売の小さなおもしろさをたくさん積み上げさせることに努めるべきです。

部下や後輩に対する日頃の指導は、現場での一寸したコーチングと、精一杯の努力で獲得した成果に対して、素直に喜び一緒に感動することです。

「辛いという字がある。もう少しで幸せになりそうな気がする。幸せという花があるとすれば、その花の蕾のようなものである。幸せの大輪を咲かせよう」

部下教育や後輩指導は、日頃の一寸したコーチングにより、販売活動の「蕾の辛さ」を、仕事人生の「幸せの花」に導くことです。

昨今、多くの人は、責任者やリーダーに対して、パソコンのeメールやケータイのIモードを活用して、日報やセールスレポートを送り込んでいます。

これは、制度やルールに基づいた必要最低限の報・連・相として必要なものです。しかし、無機質で事務的な電子メールは、面談相手の機微や臨場感などを、十分に伝えることは大変難しいことです。

実は、多くの部下や後輩は、責任者やリーダーからの指示、相談やコミュニケーションなどについて「Fase to Fase」の血の通った時間を密かに期待しているのです。

しかしながら、販売現場の責任者やリーダーは、ややもすると第一線のプレーイングマネージャーとして、自らの販売活動やデスクワークなどの忙しさにかまけて、部下や後輩との進行を怠りがちなものです。

マネージャーとしては、部下や後輩とのバリアを自ら取り除き、目的を共有する仲間として、お互いに認知することが大変重要です。

ですから、図表52のように、販売活動の指導や教育ついては、できる限り時間をいとわずに、現場と現実を第一義として、部下や後輩の価値ある行動や、成果に対する喜びや感動を共有することが、極めて大事なことです。

部下や後輩にとって、上司やリーダーとともに喜び、感動を共有することは、楽しい仕事人生の記録であり、何ものにも変え難い、自信と誇りになるからです。

3 自分の垣根を飛び越えて当事者意識を訓練しよう

Point
- 当事者意識の養成は、自分の目的や目標を手段に変えることであり、視野を広げて自分で進化することです。
- 自分のミッションと活動目標を一段高く設定し、自ら高い目標に挑戦する行動が、部下の育成や指導の基調になります。
- 当事者意識の訓練は、自分の存在感と価値を高める行動であり、常に実態的な目標を実現することです。

◇上司の手段は部下の目的なり

　近年、デジタル化技術によるＩＴ革命の進展に伴って、「人・物・金、情報」が、一瞬にして世界を駆け巡る、スピードと変化の時代が到来しています。

　企業経営は、未曾有の環境変化に対応するために、これまでの事業展開の常識を打ち破るリストラクチャリングを断行して、事業構造の変革による利潤の追求とスピーディな事業展開による競争力の確保が大命題となっています。

　このような事業環境の中にあって、経営トップの社長の目的は、常に「利益の追求と競争優位の確保」です。

　会社企業の事業展開を推進する「部門長の目的」は、社長が決定した、目標を達成するための指針や戦略、すなわち「社長の手段をきちんと実現」することが至上命令です。したがって、部門長は、社長の指針や会社の戦略を目的として、それを達成するための手段を策定しなければなりません。

　部門を支えるグループ長も、自部門の目的を達成する手段や、方策の実現を目的とするものです。またグループ長も、自部門の目的を達成する手段や方策立案が求められるものです。

　このように、組織の目的と運営の手段は、上司が自分の組織の目的を達成する手段を策定して、部下や後輩の目的や目標とするものであり、組織のミッションと運営を具体的に決定するものです。

　したがって、販売の第一線の責任者やリーダーの目的は、グループ長が策定した自グループの目的を実現する手段や、方策をきちんと実行することが必要不可欠です。

◇自分の目的を手段に変えて進化しよう

　一般的に、企業を構成する会社組織は、前述したように、

【図表53　自分の垣根を飛び越える】

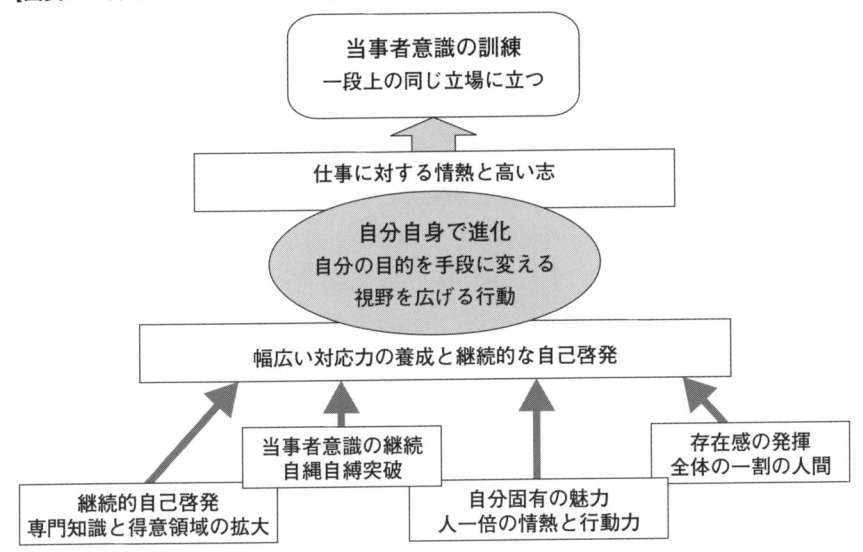

```
            ┌─────────────────────┐
            │   当事者意識の訓練    │
            │ 一段上の同じ立場に立つ │
            └──────────▲──────────┘
                       │
            ┌─────────────────────┐
            │  仕事に対する情熱と高い志  │
            └─────────────────────┘
                 ╱ 自分自身で進化  ╲
                │ 自分の目的を手段に変える │
                 ╲  視野を広げる行動  ╱
            ┌─────────────────────────┐
            │ 幅広い対応力の養成と継続的な自己啓発 │
            └─▲────────▲────────▲────────▲─┘
              │        │        │        │
    ┌─────────┐ ┌──────────┐ ┌──────────┐ ┌──────────┐
    │継続的自己 │ │当事者意識の│ │自分固有の│ │存在感の発揮│
    │啓発       │ │継続       │ │魅力      │ │全体の一割の│
    │専門知識と │ │自縄自縛   │ │人一倍の情熱│ │人間       │
    │得意領域の │ │突破       │ │と行動力  │ │           │
    │拡大       │ │           │ │          │ │           │
    └─────────┘ └──────────┘ └──────────┘ └──────────┘
```

　組織のミッションと運営が、上下貫徹の縦割り型の体制として機能させています。

　部下や後輩達は、企業の組織要員として、また組織の一員として最前線の販売活動を担っています。日頃の活動は、組織との一体感とマネジメントのなかで自分の目的や目標を実現して、所属する販売グループや、チームの目的を達成することです。

　そのために、現場の責任者やリーダーに対して、活動状況や商談の進捗状態などの報告を行い、活動項目の前後の連接や関係部門との連携を維持するために、個別顧客の問題やアプローチの戦術などの相談や要請を行なうのです。

　様々な活動を展開する中で、自分が困ったり迷ったりしたときには、自分の垣根を飛び越えて、自分の目的を手段に置き換えることを指導する必要があります。これは、図表53のとおり、視野を広げる行動として、責任者やリーダーと同じ立場に立つことによって、自らを成長させ、進歩するための大切な訓練となるからです。

　人はそれぞれの立場と責任において、自信をもって高い目標に挑戦し、力を試す行動が期待されています。まさに"俊足長坂を思う"ことが、当事者意識をつくり出し、自らを進化させるための要諦です。

◇当事者意識で視野を広げよう

　通常、会社組織では、"職責が人をつくる"といわれています。

しかし、技量と器量のある人は、無意識のうちに、上位の職責に相応しい目的と手段を設定し、実行しているものです。組織の中で、困難な目標を達成するためには、上司の仕事の手段や方策を部下・後輩が意識的に自分の手段に置き換えることによって、同じ立場に立って、実現を図るための選択肢を広げることが必要になります。

　これは、自分自身が自分の職責としての窓から飛び出すことであり、自分の意思で広い窓枠をつくり、新たな景色の広がりを存分に眺めるがごとく、意識的に視野を広げることによって、モノの見方や考え方を一段高めて、幅広くすることです。(図表53参照)

　自分の仕事のミッションや、目標を一段高く設定することは、自ら困難な事柄に挑戦するのだという高い志をもち、積極的に行動することによって、その実現をはからなければならないのです。

　現場の責任者やリーダーにとって自らを変革して進歩するためには、当事者意識をもって、意識的に視野を広げ、物事に対処することを部下や後輩にもきちんと指導することが肝心です。

◇ **自己を練磨して大きく脱皮させよう**

　販売の世界における勝者は、自分の価値と存在感を意識して、常に自分に磨きを掛けているものです。自分の価値を高め、存在感を鮮明にするには、自分を訓練するための自己啓発を通じて、知識と実践を重ねて自分の得意領域を拡大して、さらに経験を深めることです。

　また、自分を磨くためには、「自分のために何を実現するか」「自分のために何ができるか」を明確にし、実態的な目標を実現することにより、魅力のある自分づくりに励ませることです。

　部下や後輩には、失敗を恐れずに、実行させることによって、溜息交じりで、自信のない憂鬱な「7割のセールスマン達」から、一刻も早く抜け出させることです。　そして、自信に溢れ、楽しく仕事をする「3割の仲間」の中で、ライバルとスコアを意識して実践を積み重ねることによって、常に全体の「1割のセールスマン」に脱皮させることが大事です。

4 セールスマトリックスで販売品質を向上させよう

Point

- ●販売活動では、商談展開の阻害要因を排除して、計画や予定の実現性と確実性を明確にすることが大事なことです。
- ●販売活動では、売り手側の販売のプロセスと顧客側のセールスステータスとを相互にチェックする「セールスマトリックス」によって、商談の進捗状況を常に検証することが必要です。
- ●セールスマトリックスを活用して、販売品質の向上が求められています。

◇販売計画の立案と具体的な活動計画を作成させよう

　企業活動の目的は、すべての活動が利益の拡大と競争優位を確保することにあります。販売部門の目的は、企業の目的を達成する手段として、常に売上高の拡充と、マーケットシェアの拡大を意図するものでなければなりません。

　したがって、現場の責任者やリーダーは、自部門の目的を達成する手段として、担当領域の目標を企画し、目標を実現するための戦術を立案して、具体的な活動計画を作成しなければなりません。具体的な活動計画は、部下や後輩セールスマンの目標として、明示するものですから、具体的な活動項目と時間軸をきちんと作成することが必要です。

　前述したとおり、部下や後輩には、比較的に「時間の自由」と「行動の自由」が与えられています。販売活動を計画的に効果的に行い、限りある時間を有効に活用する習慣を身につけさせることが必要です。

　そのために、販売計画の立案は、前年の実績や中期計画に基づいて年間の販売目標を策定します。そして販売目標を実現するために、また継続的・安定的に成果を積み上げられるように、見込み客を受注確度のランク別（A、B、C等）に確保して、月単位・週単位の訪問計画と具体的な活動項目を決定して行動することを基本とすべきです。

　計画をきちんと実行するには、効率的で効果的な行動計画を立てるとともに、結果との差異を分析し、要因を明確にしてわかりやすくするために、定量的に推進することが押さえられいいなければなりません。

　したがって、目標を達成する活動計画の作成にあたっては、次の事項を、十分に考慮しなければなりません。

(1) 年間の販売目標に対応する、ランク別の見込顧客の必要数を算定する。
(2) ランク別見込顧客の保有数と、必要数とを比較して、不足の場合は、新規

見込顧客の開拓とスケジュールを策定する。
(3) ランク別見込顧客の訪問予定と訪問目的、新規顧客の開拓訪問予定、既存顧客（ユーザー）への計画訪問を、月単位で作成する。
(4) 訪問活動の準備時間や、移動時間を考慮して、週単位・日単位にブレイクダウンして具体的な行動スケジュールを決定する。
(5) 事務処理や社内外の連絡、訪問の準備などに要する時間を分析して、時間の効率的な活用と、商談時間の拡大を図るための工夫をする。

　部下や後輩に対する指導は、上記の事項をもとにして、自分の行動や活動をきちんと計画し、スケジュールに基づいて着実に実行できる具体的な活動と計画にする必要があります。

　とはいえ、販売活動は、相手のあることですから、計画どおりに進むものではありません。むしろ、スケジュールどおりにできること自体が、異常となるものです。ここのところに、計画と結果の差異分析が必要とされる所以です。

◇商談のパターンを工夫させよう

　アプローチの進捗管理は、早い時点で、いかに相手の納得を引き出して受注に結びつけるかです。そのためには、1回1回の商談を効果的に積み重ねながら、いかにして他社に優位する展開をしていくかを、部下や後輩からきちんと確認することです。

　システム商品や多機能商品などの販売は、比較的長い期間にわたって、幾度も訪問を繰り返し、商談を積み重ねるものです。

　長期にわたるとはいえ、訪問の目的や準備もなしに、ただ漫然と訪問を繰り返すだけでは、何にもなりません。顧客や商談の相手にとっても、部下・後輩セールスマンとの面談が、趣味の話や自慢話に花を咲かせることに目的があるものではありません。

　図表54のとおり、現場の責任者やリーダーは、部下や後輩が作成した訪問計画表や商談展開のチェックシート（58頁の図表14参照）を活用して、顧客単位に商談の進捗状況をチェックすることが必要です。

　顧客や商談相手と幾度も重ねる商談は、次のようなパターンであり、アプローチの内容は、これらのいずれかに位置づけられなければならないものです。
(1) 顧客固有の問題点や、改善点をきちんと把握する。同時に、顧客に対して、同様の認識を明確にもたせること。
(2) 顧客に問題意識をもたせて、問題解決の必要性を痛感させ、説得と顧客の

[図表54　セールスマトリックス]

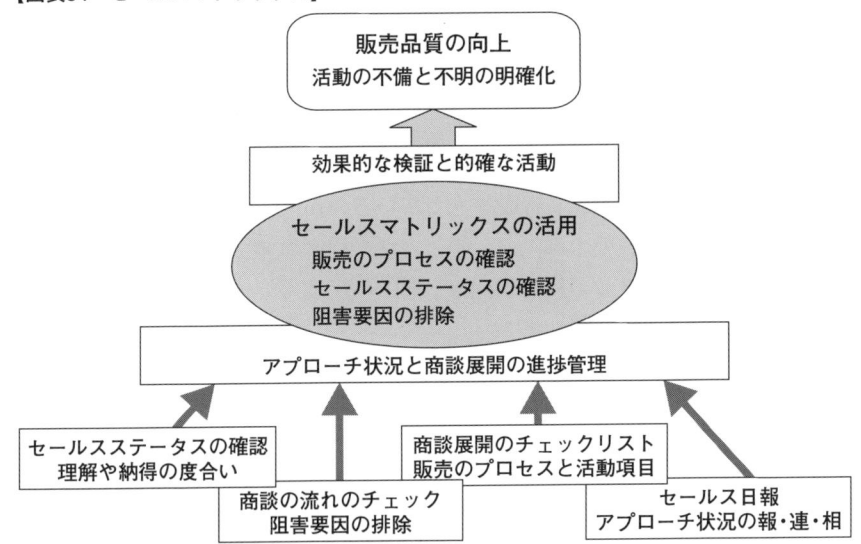

```
                    販売品質の向上
                 活動の不備と不明の明確化
                         ↑
               効果的な検証と的確な活動
                         ↑
                セールスマトリックスの活用
                  販売のプロセスの確認
                  セールスステータスの確認
                  阻害要因の排除
                         ↑
            アプローチ状況と商談展開の進捗管理
            ↑        ↑        ↑        ↑
  セールスステータスの確認   商談展開のチェックリスト
  理解や納得の度合い      販売のプロセスと活動項目
       商談の流れのチェック      セールス日報
       阻害要因の排除         アプローチ状況の報・連・相
```

納得を積み上げること。
(3) 顧客や商談の相手に対して、問題解決の提案を行なうこと。

　これらのパターンは、販売のプロセスと組み合わせて、セールスマンの活動内容を確認することが責任者やリーダーの役割であり、仕事です。

◇商談の流れやセールスステータスを確認するポイントを知ろう

　アプローチの内容は、売り込む側、すなわちセールスマンが意識してつくるものであり、販売のプロセスも、相手の理解や納得の度合いによって、顧客側の商談進捗段階としての「セールスステータス」をチェックして、セールスマンが機敏に応答することが重要なことです。

　したがって、部下や後輩には、「商談の流れ」を見定めさせながら、相手のセールスステータスを確認させ、販売のプロセスを進めることを指導する必要があります。そのためには、常に商談の流れを読み取る技量が必要なことを部下自身に指導しなければなりません。

　一般的な企業顧客に対する商談の流れや、セールスステータスを確認する主要なポイントは、次ような事項です。
(1) 機種選定の検討チームやキーマンの活動状況はどうなっているか。
　① メーカーや機種の選定にかかわるスケジュールや会議の日程
　② 購入や導入の決定にかかわる部門や責任者の動き
(2) 活用領域の規模や資金の対応方法はどのようになっているのか。

① 商品の数量やシステムのスケールにかかわる適用範囲の確認
　　② 支払方法（買取、リース、レンタルなど）にかかわる資金の確認
(3) 競合状態はどのような状況になっているか。
　　① 競合他社は、どのような動きをしているのか
　　② 競合他社は、何処の部門の、誰に、どの程度のアプローチをしているか
(4) 自社のプロポーザルの検討状況は、どの程度進んでいるのか。
　　① どの部門の、誰に対して
　　② どのような内容なのか
　　③ 提案の内容は、好意的に評価されているか
(5) 顧客や商談相手の納得をさらに高めるには、どうすべきなのか。
　　① 商談の場所を変えてみる（自社の展示場、工場見学、ユーザー見学など、何時もと異なる雰囲気や気安さを演出する）
　　② 訪問の時間や、商談の時間を変える（就業時間外などを、意識的に設定する）
　　③ 面談の相手や、自社のキャスティングを変えてみる
　商談の担当部門以外の経理部門や運用部門などに出向いて客観的な意見を聞きながら、いろいろな情報を入手させます。
　また、部下や後輩には、自社の組織や責任者を同行して、新たなアプローチルートの発掘や、別な観点から商談の進捗状況を確認させます。
　アプローチの進捗管理は、顧客のセールスステータスとしての主要なポイントと、販売のプロセスとをクロスさせ、『セールスマトリックス』を作成して、部下の販売活動をきちんとチェックすることにより、アプローチの状況や見込客の受注確度を、適切に評価することが肝心なことです。（図表54参照）

◇できる部下・後輩とできない部下・後輩

　前述したとおり、販売活動では、部下や後輩が顧客との面談により、興味を抱かせて必要性を喚起し、商談の相手を説得して、理解と納得を得て、行動を起こさせる販売のプロセスを、きちんと実行することが必要です。
　一方、顧客や商談相手は、商談を進める中で、顧客サイドのペースで検討や調整を進めるために、商談進捗段階としての厄介なセールスステータスをもっています。
　「できる部下・後輩」は、相手のペースを把握して進捗を支援し、セールス

ステータスの推進を無意識に実行しているものです。これは、セールスマンの販売のノウハウであり、セールスマン自身の固有の技量です。したがって、販売計画に対する実績や、見込み客の評価などについては、活動状況に相応しい成果を獲得します。

一方、「できない部下・後輩」は、相手のペースを把握しないままに、自分の活動を中心にして販売のプロセスを実行するあまり、顧客サイドのセールスステータスを無視した一人相撲に終始するものです。

販売のプロセスは、具体的な活動項目に基づいて、顧客サイドのセールスステータスを、進捗させる手段として、意識して連動させることが、大前提です。この活動は、無意識にできるまで、意識して訓練させることが重要なことです。

◇セールスマトリックスを活用して販売の品質を向上させよう

行動科学や購買心理の探求に基づく現代の販売活動は、販売と購買が一体のものとして、両面からアプローチすることが原則です。したがって、売り込む側、すなわち販売のプロセスと、購入する顧客側のセールスステータスとの進捗が、上手に同期することが望ましい状態です。

しかし、販売は、相手が人間であり、厄介な競合を伴う仕事ですから、部下には、相手の不測の事態を克服しながら、販売のプロセスを活用して、相手のセールスステータスを意識的に進めさせることが必要となります。

販売現場の責任者やリーダーは、受注の実現性と見込み予算を確実な状態にすることが主要な仕事です。そのためには、個別の見込み客ごとに、販売のプロセスや販売展開のチェックシートなどに基づいて、アプローチ状況を具体的に確認すると同時に、商談相手のセールスステータス（買い手側の検討状態）をチェックして、「阻害要因」を明確にしなければなりません。

マネージャーは、それぞれの阻害要因を除去して効率的な販売展開を実現することが肝心です。

そこで、「セールスマトリックス」を積極的に活用して、商談の実現性と確実性をきちんとチェックすることが大事なことになります。セールスマトリックスは、部下の個別顧客に対するアプローチ状況を鮮明にすると同時に、なすべきことは何かを、きちんと教えてくれる販売活動の羅針盤のようなものです。

「セールスマトリックス」によるアプローチの進捗管理は、部下個々人に対する販売活動の「不備と不明」を明確にする同時に、販売品質の向上を大きく推進させるものです。

5 部下・後輩のパワーアップを上手にサポートしよう

Point

- ●パソコンの活用とネットワーキングが従来の組織や仕事のやり方を一変させ、上司・部下の関係からパートナーとしてのマネジメントに大きく変わっています。
- ●販売現場のマネジメントは、部下・後輩の「できる、できない」から「やるか、やらないか」を基調とした「部下を信頼する性善説」が基本です。
- ●部下・後輩の育成や戦力化は、個々の潜在的な能力と実行力を把握して、部下・後輩自身の「自分の販売スタイル」をつくり出すためのサポートが不可欠です。
- ●部下・後輩のパワーアップは、依存心を排除して主体性と自立性引き出し、開かれた活気のある職場をつくることです。

◇ＩＴ活用で販売現場のマネジメントを変革しよう

　いまやＩＴ革命とデジタル化社会の真っ只中で、パソコンの普及やネットワークの活用によって、企業内の個々人に至るまで情報の共有化が図られ、まさに情報洪水の中で仕事をする時代になっています。

　販売部門においても例外ではなく、ほとんどのセールスマンの日常的な事柄や情報の授受は、ｅメールなどによるパソコンを中心とした仕事振りに大きく変わっています。

　情報の洪水がもたらす仕事環境の変化は、従来の縦型組織のバリアを乗り越えて、フラット型のマネジメント方式と双方向のコミュニケーションとして、新たな組織体系と仕事関係をつくり出しています。

　これらの変化は、縦型組織の現場責任者やリーダーと部下との関係や、従来の仕事のやり方をも変えるほどで、新しいマネジメントのやり方が求められています。なぜなら、ｅメールを活用した情報の授受は、関係者に対して同じタイミングで、全く同じ質量の情報が組織を飛び越えて受発信されますから、組織としての報・連・相や、相手に対する指示や命令のルートなどが錯綜して機能し得ない状況となるからです。

　とはいえ、ｅメールの活用は、ワンツーワンの排他的なコミュニケーションの関係を上手に利用することによって、今まで以上に部下との接点を広げることを可能にしています。したがって、販売現場の責任者やチームリーダーと部

下との新たな関係は、従来からの上下関係を離れて、情報を基調としたコミュニケーションルートの中で、お互いに仕事のよき相談相手であり協力者としての対応はもちろんのこと、「部下の能力開発とやる気を支援する」新たなマネジメントが求められています。

◇**部下・後輩は仕事のよきパートナーである**
　販売現場の責任者やリーダーは、従来の縦型組織の中では職責としての「指示命令」と「部下の従属」との関係で小集団を運営することが通常です。
　しかしながら、昨今では第一線のセールスマンでさえも、部門内の情報のディスクロージャーや仕事環境の変化に伴って、所属部門や関係部門の方針や状況が、いつでも誰にでもわかる状態になっています。そのために、日常的な販売活動や定常的な社内業務などの対応は、セールスマン個人の裁量で十分に対処できる状態がつくれます。
　このような仕事環境の変化は、従来の「上下関係」を飛び越えて「フラット型の仕事関係」をつくり出し、上司と部下は「パートナー」の関係に大きく転換されます。
　したがって、販売現場の責任者やリーダーの仕事のあり方は、部下や後輩が迷ったり悩んだりしたときの相談相手として、また困ったり難問に直面したときの問題解決に当たる協力者として、従来の縦型組織の「指示命令型」からパートナーとしての「提案相談型」に、自らを変革しなければなりません。

◇**部下・後輩に対するマネジメントは性善説が基本なり**
　販売は、部下や後輩が自分の思いを意識してやってみることであり、自分で企画して自分で実行することですが、対外的な折衝ゴトが主要な仕事であるために、他の仕事よりは時間の自由と行動の自由が与えられています。
　それだけに、部下や後輩は、所属部門のミッション（仕事の使命）や自分の思いと貢献意識とによって、十分な成果を獲得して仕事の責任を果たすための主体性と、自主的な活動が強く求められます。
　このようなミッションをもっている部下や後輩は、対外的には販売の組織部門から権限を委譲された企業の代表者であり、顧客や商談相手からは、セールスマンのアクティビティとして存在を存分に評価されています。
　したがって、販売現場の責任者やリーダーは、部下との信頼関係を前提として、部下が「やるべき事柄」「やらなくてはならない事柄」などは、販売の基本活動として存分に認知しなければなりません。また自分の力で積極的に活動

することを十分にサポートしながら、部下や後輩の必要な能力を引き出すことが大事な役割となります。

販売の第一線の責任者やリーダーは、これらの意識や行動を通じて、部下や後輩の仕事振りを「できる、できない」で評価するのはではなく、「やる、やらない」を前提にして、部下や後輩の主体性を基調とした「性善説」をマネジメントの基本に据えることが望まれます。

◇7対3の法則を脱却しよう

一般的に販売組織の生産性は、組織人員の多少や規模の大小はともかくとして、3割の組織要員の活動が成果の70％を構成し、7割の組織要員が全体の30％の成果を支えるといわれています。

販売現場の責任者やリーダーは、従来の縦型組織を運営する中で最大の成果や実績を獲得するために、ややもすると自分の部下を「できる、できない」で区別し、不本意ながら「できる人」に仕事を集中する状態をつくりがちです。

このような状況は、多くの場合、日常的に部下や後輩に対する接点が自然に狭められた状態をつくり出し、通常の報・連・相以外には、問題やトラブルが発生しない限り、部下や後輩とのコミュニケーションは少なくなります。そのために、販売現場の責任者やリーダーは、70％の成果を支える3割の部下や後輩との相談や打合わせが主体となり、7割の部下や後輩に対しては、相変わらず指示や命令を発する状況になりがちです。

このような情景をつくり出すマネジメントは、概ね現場の責任者やリーダーの「性悪説に基づく管理」によるものです。これは、部下や後輩との信頼関係を喪失するだけでなく、部下や後輩の潜在的な能力や行動力を規制しますから、自ら溜息交じりの憂鬱な部下や後輩をつり出すことになるのです。

したがって、部下や後輩の育成と戦力化に必要なことは、自らのマネジメントに対する基本的な考え方や方策をきちんと分析して評価してみます。

例えば、マネジメントの基調を性悪説から「部下や後輩を信頼する性善説」に転換する、パートナーとしての部下や後輩とのコミュニケーションのあり方を「双方向のワンツーワン」に変革するなど、仕事の環境が大きく変化している中においては、マネージャー自らも革新に取り組まなければなりません。

◇部下・後輩の魅力ある自分づくりをサポートしよう

志を高くもった賢明な部下たちは、自分の技量を自覚してさらに高い目標や

目的を定めて、その実現を図るための知識の習得や実戦を通じて自己啓発を行ない、自分を磨く努力を惜しみません。

しかし、大半の部下・や後輩は、販売活動を実行する能力や行動力が十分に自覚されないまま、所属部門への従属と第一線の販売グループやチームへの「依存心」をもちます。結果として、自ら現場の責任者やリーダーからの指示待ちになってしまいます。

多くの場合、このような状況は、責任者やリーダーの先入観や不十分な信頼関係の中で、部下や後輩の存在感が十分に顕在化されないことによるものと思われます。指示待ち部下・後輩といえども、潜在的にはそれなりの能力や実行力をきちんと備えているものです。

人は皆、どのような仕事であっても、必要な知識を習得しながら経験を砥石にして、専門的なノウハウと行動を体得しなければなりません。もちろん、セールスマンも例外ではなく、販売活動に必要な知識と販売ノウハウの体得が不可欠なものとなっています。特に販売活動では、セールスマンの「人との対応」を基本として、顧客や商談相手に自分自身を売り込むための「自分の販売スタイル」として、主体的な魅力づくりが欠かせません。

したがって、販売現場の責任者やリーダーは、日頃の販売活動を通じて所管の部下や後輩の状況をよく把握して、個々人の「販売スタイル」の開発をきちんとサポートしなければなりません。

そのためには、個々人の主体的な自立性を基調として、部下や後輩を仕事のパートナーとして認知し、ワンツーワンを基本とする双方向型のコミュニケーションを通じて、相談や提案に基づいた上手な支援活動が重要です。

販売現場での部下育成や後輩指導は、環境の変化と共に自らの行動を革新して、前述のマネジメントの方策をきちんと実行することによって、部下・後輩個々の戦力化とパワーアップを図ることが求められます。

◇風通しのよい職場風土をつくろう

IT革命がもたらすパソコン利用やネットワークの活用は、情報の洪水を招く一方で、販売の現場組織の仕事機能やマネジメントの方策を大きく変革する状況をつくり出しています。

現場の責任者やリーダーは、市場環境の変化はもちろん、職場環境の変化やマネジメントの変革をチャンスとして、部下や後輩が主体的で自立性の高い、開かれた活気のある職場をつくり成果に結びつけてください。

6 上手な時間管理で増力化を促進させよう

Point
- 部下や後輩の時間管理は、責任者やリーダーの率先垂範が必要であり、自分自身を管理する自制心を指導することです。
- 時間の使い方は、優先度を決めて、完結方法や期限を設定して、仕事に時間を割り当てる訓練を指導することです。
- 時間の有効活用は、仕事の内容と仕事を追いかける、時間の充実を指導することが必要です。

◇時間管理はもう１人の自分との闘いである

　企業にとって、時間の有効活用は、経営資源としての「人・物・金・情報」と並ぶほどの、競争要素となるものです。まさに、"時は、金なり"です。

　周知のとおり、近年、企業で働く就業時間は、漸次に短縮されてきています。一方では、経済社会の変化に伴い、仕事の複雑化と高度化が急激に進んでいます。しかし、企業内のパソコンの普及や通信ネットワークの活用などにより、単位時間の仕事の生産性は、質量共に大きく改善され、増力化が図られています。

　とはいえ、販売部門や支店などの事務所では、仕事を自発的にする人、仕事の手順や要領の悪い人、さらには、時間を冗費して行動に至らない人など、様々な状態を呈します。部下や後輩の時間の使い方や、仕事の対応方法は、人によって、まことに様々です。

　時間の管理と仕事との整合性は、１分１秒を云々するのではなく、仕事の中味と、仕事をしている「時間の充実」を図ることです。したがって、時間の管理は、仕事の順位づけをきちんと行い、期限を設定することによって、１日の時間をいかにして「有効に活用」するかが基本です。人は時として、この仕事もあの仕事もと、目の前の仕事と時間に追われ、先のことまで手が回らなくなるものです。しかし、時間は、無機質に、また物理的に過ぎ去ります。

　このように、時間との戦いは、心の中の"もう一人の自分との戦い"であり、時間を管理することは、すなわち"自分を管理"することです。

　したがって、責任者はもとより部下や後輩も、もう一人の自分を克服して、ライバルに打ち勝つことが強く求められるところです。

◇時間の管理はリーダーの率先垂範にあり

　前述したとおり、販売活動では、部下や後輩に「時間の自由と行動の自由」が与えられていますが、その意味するところは、自らの意思で責任を果すことであり、販売活動に関わる原理原則をきちんと守ることです。

　例えば、セールスマンは、顧客を訪問する原則として、「約束の５分前に訪問せよ」とよく聞かされます。これは、身だしなみを整えて、これから面談する心の準備と、必要な資料や書類の確認を行なうための大事な時間をつくるためです。

　小さな時間管理の原則とはいえ、リーダーが思いつきで行動したり、何とはなしに原則を曲げることは、部下や後輩もそれに合わせた仕事振りになるものです。部下や後輩達は、リーダーや先輩の"一挙手一投足"をつぶさにみながら育つものです。

　部下や後輩の時間管理や行動管理で一番大事なことは、「部下や後輩が、自分自身で行動計画をつくり、時間の管理ができる」ことです。そのためには、リーダーが自ら率先垂範するとともに、時間管理の手本を示してください。

◇容易なことより大事なことを優先しよう

　古来、"水は低きに流れるものなり""物事は易きに流れる"といわれています。

　人間の心理や行動は、無意識の中で、比較的に楽で簡単な事柄や、おもしろくてやりやすいほうに流されるものです。これが習慣化されると、ことの大小や要不要が不明確になり、大事なことや緊急なことを見失うことになります。

　その結果、たくさんの仕事を処理しているという自分だけの思い込みの中で、本当に重要で優先して取り組むべき仕事が後回しになり、きちんとした成果があがらないのです。これでは、自分の時間に仕事を割り当てるものであり、時間つぶしのために仕事をすることになるのです。

　セールスマンは、自分の販売活動を左右する大事な仕事、例えば「顧客との商談」や「クレーム処理の訪問」「関係部門との打合わせ」や「商談の準備」など、重要で優先すべき仕事に集中度を高めさせることが肝心です。

　時間の管理は、前述のとおり、時間を活用する自分自身を管理することであり、仕事のために時間をつくり、仕事を追いかけることが最も大切なことです。セールスマンには、自分の仕事をカムアップするためになすべき仕事を紙に書かせることです。そして、仕事の重要性や優先度と期限を設定します。

部下や後輩には、大事な仕事を優先させて、「仕事に時間を割り当てる」という仕事と時間の整合性を常に意識させるように指導してください。

◇時間の有効活用による自己啓発を支援しよう

自己啓発は、「90％が仕事の中でなされるもの」といわれています。また、自己啓発は、「自分が自分になすものであって、他人によってなされるものではない」ともいわれています。

いずれにおいても、個人の能力開発や訓練は、自分自身の可能性を信じることと、ポジティブな思考を十分にもつことが大事です。

多くのセールスマンは、一様に「時間がない」「仕事が多過ぎる」「やっても評価してくれない」等など、何にもやらないうちから自分をネガティブな領域に追いやるものです。部下のポジティブ思考を引き出すには、本人の能力や可能性を信じて、「できる、できない」の観念から、「やってみる」ことへのポジティブな「体験領域」の環境をつくり出すことです。

マネージャーとしての仕事は、部下や後輩の担当業務の適正な配分や目標の設定を行い、その有効な時間の活用を支援することが必要なのです。

◇何事も、今日こそはで終わらせよう

通常、顧客や面談相手との、小さな約束ゴトや商談要件の準備などは、日頃の忙しさに紛れてもう一人の自分に妥協して、「まだ大丈夫」「その内にやれば…」などとなり、"今日こそはに始まり、明日こそはに終わる"ものです。

先人によれば、"今日という1日は、明日という日の2倍の価値がある"といいます。また、1日の仕事の成否は「出社したときの、僅か10分間で決まる」ともいわれています。

仕事は、「まだ大丈夫、明日こそは…」を繰り返しているうちに、難しくて厄介な仕事や、初めての仕事は言うに及ばず、小さな仕事でも、いくつも未処理のままに残れば、厄介で難儀なことになるものです。

販売活動では、常に相手との約束に基づいて、期限を設定し、必ず具体的な処理を行なうものですから、自分との戦いになるのです。

時間の管理は、仕事の大小や難易度を問わず、「今日こそは」にとどめる決意と、仕事振りが強く望まれるわけです。

部下や後輩には、心の中の"波にも付かず、磯にも付かず"となる優柔不断を排除させて、自らの主体性と存在感をきちんと示せるよう指導すべきです。

7 会議を上手に活用しよう

Point

- ●会議やミーティングは、部下や後輩の教育指導の場であり、責任者やリーダーの考え方や意思を鮮明にするチャンスです。
- ●コメントやアドバイスは、個人の指導と出席者全員に対する間接的指導として、部下や後輩のスキルアップを意図して行います。
- ●会議の内容や情報は、公開を前提として、チームやグループの連帯や仕事の連携を図ることが大切です。

◇会議の運営はリーダーの責任である

　会議は、つくれば、いくつでもつくれるものであり、会議の時間はいくらでも長くなるものです。会議の出席者が息抜きをしたり、会議に集中できない人達を集めても、会議に名を借りた「烏合の集会か小田原評定」となるものです。

　販売部門の会議は、他の組織部門とは異なり、小集団の販売チームやグループ内で、連絡会やミーティング、アプローチ状況の報告会や受注の見込み会議などが、日単位や週単位に行なわれています。また、月単位には、組織部門としての業績の見込みや販売方針、さらには債権管理のための与信会議など、多岐にわたる会議が行なわれています。

　これらのミーティングや会議は、取扱商品や販売方法の特異性によって、大きく異なります。例えば、生産財やシステム商品を取り扱う訪問販売では、商品のマーケットライフや、アプローチ期間が比較的長いため、会議の開催はおおむね月単位です。

　しかし、プロポーザルの作成や検討資料の打合わせなどによる会議は、随時行なわれるべきものです。訪問販売のセールスマンが、会議やミーティングのために費やす時間は、全体の20％にも及ぶといわれています。

　ルートセールスでは、商品のライフサイクルが比較的短く、チャネル店舗の流通在庫や納期の管理などが、週単位で発生するため、販売の打合わせや会議の開催は必要の都度行なわれるものです。

　取引状況の報告会や売上の見込み会議などは、月単位に行ないますが、さらに、ルートセールスでは、安定的な取引を継続することや取引上のリスクを回避するために、債権管理や取引限度額の設定など、販売計画に関わる会議も月例で行なっています。したがって、セールスマンは、比較的多くの会議に関わることになります。

これらの会議の運営や進行は、主催するリーダーの責任です。リーダーは、活発な意見交換と、結果の指示や内容の徹底を図ると同時に、自らの意見や考え方を鮮明にするチャンスとして、上手に活用することが必要です。
　特に、会議は、必要なこととはいえ、部下や関連部門などの貴重な時間を借りるため、息抜きや居眠りを誘発させずに、出席者を会議に集中させて、効果的な運営と進行を図ることが肝心です。

◇会議やミーティングは絶好の教育チャンスにしよう

　多くの部下や後輩は、会議に出席しても、指名される以外に自ら発言をしたり、議論に参加することはしません。会議時間の中では、専ら下を向いて、黙々とメモをとり、あたかも一生懸命に理解しているような振りを示すのです。
　彼等は、メモをとることが会議に参加することであり、会議のオピニオンリーダー以外に、存在感を示すほどの事柄は、ほとんど考えていないものです。したがって、会議や打合わせは、彼等にとって大変辛いものであり、1時間も過ぎれば集中力を失い、只漫然として、リーダーの会議の奴隷になることが必定です。
　したがって、会議や打合わせを主催するリーダーは、会議の目的や所要時間、出席者などをきちんと確認するとともに、運営や進行は、固有名詞で意見を求めることを原則として、能率的で有意義なものにしなければなりません。単なる思い付きや、だらだらとした義務感だけの「烏合の会議」は、避けなければなりません。
　第一戦の責任者やリーダーは、いろいろな会議や、ミーティングを運営する中で、個々人の発表や発言に対して、それぞれコメントやアドバイスをきちんと行なうことが不可欠です。
　このコメントやアドバイスは、個人への指示や指導として、相手ごとに内容を意識的に変えることによって、出席者の集中力を継続させながら、会議の目的に相応しい緊張感を維持するようにもっていくべきです。
　特に、販売会議では、出席者一人一人に対する個人別の直接指導と同時に、出席者全員に対しても間接的な指導や教育となることを念頭に進める必要があります。
　現場の責任者やリーダーは、コーチングや教育の場として、会議やミーティングを意識的に活用すれば、部下や後輩のスキルアップを図ることができます。

◆仕事や会議の内容はディスクロージャーを原則にしよう

　会議やミーティングは、どんなに素晴らしい決定であれ、難しい事柄であれ、内容がわからなければ知る人ぞ知るだけで、何の意味もなさないわけです。

　企業秘密や、第一線の現場が混乱する情報は、問題外として、事業展開の方向づけや事業内容、販売状況や阻害要因の改善対策、活動の指針や日常行動の実行項目などは、機密を保持するほどに至るもではありません。

　特に、販売部門では、何も知らせないことによるリスクや、危機感に対する意識が不十分となり、問題を拡げる要因になるものです。昨今、企業内では、パソコンとネットワークの利用に伴って、情報の公開や共有化が盛んになり、組織の中抜き現象として、フラット型のマネジメントが行われ、社員一人一人が情報洪水の中で仕事に対処する時代になりつつあります。

　第一線の責任者やリーダーは、会議やミーティングの内容といえども、タイミングよく、本気で部下・後輩や関係部門に公開し、現場の担当者から部門の責任者までが同じ情報による組織の連帯の醸成と、効果的な仕事の連携による一体感をつくることが望まれます。

　情報のディスクロージャーは、仕事仲間として、会議や仕事の透明性を確保するとともに、それぞれのミッションに対する動機づけとなるものです。とりわけ、部下や後輩の指導や教育には、説得力と心理的な効果を高めるメリットが期待できます。

　部下や後輩との信頼関係は、現場の責任者やリーダーが積極的に、情報のディスクロージャーを行い、情報を共有する努力を継続的に示すことで成り立つのです。

◆情報の共有で価値観を共有しよう

　会議への参加や情報のディスクロージャーは、部下や後輩に対する教育や指導を行ううえで、情報の共有化とともに、お互いに心理的なゆとりと信頼関係を醸成するものです。

　特に、部下や後輩に対する直接的な教育や指導では、情報の共有によって「価値観の共有」が自然の流れとなり、お互いに「客観的な見方や考え方」が出てくることによって、選択肢が広がります。

　したがって、部下の教育や指導の場面では、よき相談相手として、また有益な仕事仲間としての関係が醸成されます。

　このような情報共有を基調とした価値観の共有は、部下・後輩との共通の目標や目的の達成し、能力開発と自主性を引き出す源泉になるのです。

　　　　　あ　と　が　き

◇**顧客のために役に立つ**
　どんなに優れた商品でも、活用の方法や効用が理解されなければ、単なる品物としての存在で終始します。
　セールス担当者は、特定多数の顧客に対して、必要の度合いを高めて商品の利用価値や活用の効果を正しく伝えることが主要な仕事です。したがって、顧客との商談は、商品の競争力を中味として、セールス担当者自身の資質をはじめ、すべての販売の競争要素を含めた総合的な対応が強く望まれています。
　顧客の多くは、自分自身を納得させるために、安心や安全を基調として、活用面の有益性や進取性を評価し、最後に経済性や操作性などを比較検討する傾向にあります。
　また顧客の納得は、セールス担当者の説得と表裏一体のものですが、多くの場合、顧客は説得されて購入を決めることはありませんから、セールス担当者の説得は、顧客の必要性と問題解決に対する提案や期待利益などを明確化することによって、顧客の納得を支援することが肝心なのです。
　ですから、顧客の主体的な納得を得るためには、購入決断の妥当性と満足感を引き出すための確証を存分に提供して、顧客心理としての不安や疑念を取り除くためのアプローチが大切な要件になることを認識すべきです。
　セールス担当者は、とかく「売ること」に執着しがちですが、売り込む前に顧客や商談相手の心理状態を「知ること」が大事です。常に相手の立場に立って顧客の満足を引き出すよりよき相談相手、有益な提案者になることが強く求められているからです。
　顧客との説得と納得の壁を取り除くためには、「顧客のために役に立つ」ことを意図して、顧客の納得と満足を十分に支援することが必要です。

◇**自分の楽しみは自分でつくる**
　販売活動の成果は、商品力と販売力との掛け算の積に、販売戦略としての企画力を乗じた掛け算の方式で、概ね決まるといわれています。
　販売展開における企画力、すなわち販売戦略の立案は、販売活動の成果目標を自分で考えて自分でつくり出すものです。

目標を達成する具体的な活動計画は、買い手側のセールスステータスを進捗させるために、目標に至る道程としての戦術を自ら設定して実行するものでなければなりません。

　特に販売活動は、自己目標に対する成果をはじめ、行動やアプローチの結果などを自己分析して評価する仕事であり、自らの情熱とやる気が原点となります。

　このように、自分が描いた戦略や具体的な戦術を駆使して、「仕掛人」としての楽しみやおもしろさを存分に味わうことができる唯一の仕事なのです。競争他社を排斥して、顧客を自分のペースに巻き込んで受注を獲得する快感は、仕掛人としてのセールスマンの楽しみであり、大きな喜びです。

　販売活動は、顧客や商談相手のために行なうものであり、セールスマンの技量によってなされます。したがって、自分の工夫やアイデアを戦術として実行し結果を分析して評価しながら、実践で活用を積み重ねて楽しみやおもしろさを創り出すことが基本的な要素になります。

　これらの事柄を通じて販売活動の楽しみ方やおもしろさを味わうとともに、「自ら進化する」起点にすることが重要なのです。

◇ **自分の思いを意識してやってみる**

　人は誰しも、生まれながらにしてセールスマンというものはいません。

　また、セールスマンには、「販売士」と称する資格試験はあるものの、「販売学」なる学問は未だに形成されていません。狭い意味のマーケティングでさえも、セオリーや法則に基づく面談のテクニックや商談の方法、説得の技術や顧客の決断を促す手法などについては定義の外に置かれています。

　なぜなら、販売は、関係のない企業と企業、知らない者同士の人と人との出逢いや面談を契機として、「市場の交わり」の中で売り手と買い手の関係をつくり出しながら人間関係を醸成するものですから、人間の技量に負うところが多いことによるものと思われます。

　顧客は十人十色、商談は千差万別の状況を呈するものです。そこには、相互に原理原則を超えた顧客心理や、行動の幅の広さと深さなどとともに、情緒的な領域の複雑さが排除できない要素として存在しています。

　そうだからこそ、顧客との人間関係の未知の世界、すなわち「顧客の懐に飛び込む」ために、できる限りの知識とアプローチの方策を準備するのです。結

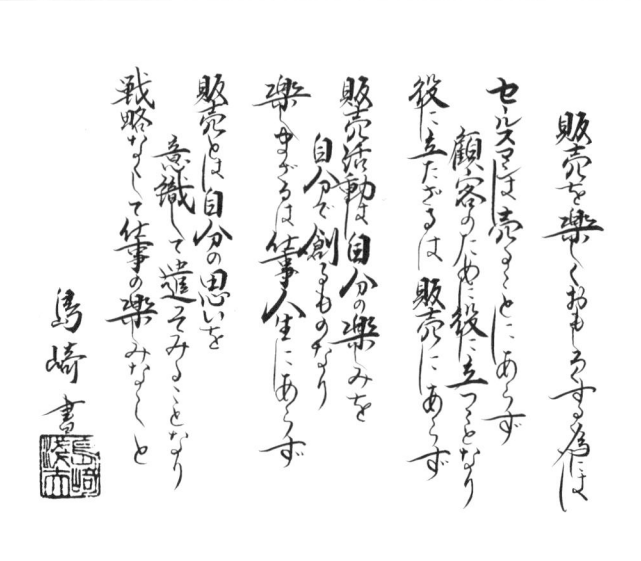

> 販売を楽しくおもしろくする為には
> セールスマンは売ることにあらず
> 顧客のために役に立つとなり
> 役に立たざるは販売にあらず
> 楽しまざるは筆生にあらず
> 販売活動は自分の楽しみを
> 自分で創るものなり
> 販売とは自分の思いを
> 意識して違えることなりと
> 戦略そして筆の楽しみなくと
>
> 島崎 書

果として顧客のために、よりよい販売活動と有益な人間関係の構築が求められています。

したがって、顧客に対する未知なる挑戦として、「自分の思いを意識してやってみる」ことがセールス行動の原点となっています。

具体的には、日頃の販売活動を通じて、ノウハウの不備や不足の領域について経験を砥石として、自己啓発を十分に行う必要があります。

そのためには、個別顧客への販売活動を通じて失敗や成功を積み重ねると同時に、活動内容の分析と評価を行ないながら自ら反復訓練することが、最も大切です。

これらの事柄は、従来から「セールスマンはつくられるものである」といわれる所以でもあります。

◇　　　◇　　　◇

以上述べたことは、筆者が長い間販売活動を実践する中で、販売を楽しくおもしろくするための「三つの心得」として実行してきたことです。

筆者としては、読者諸兄が日頃の販売活動の中で困ったり迷ったりしたときに、本書の内容を理解していただき、自らを訓練することによって無意識にできるまで「意識してやってみる」ことを願ってやみません。

著者略歴

島崎　淺夫（しまざき　あさお）

1941年6月7日東京都生まれ。1960年4月日本電気株式会社に入社、大型・中型コンピュータの販売活動に従事。
1966年4月同社在職中に東京経済大学を卒業。
1969年10月にNECセールストレーナーの認定を受け、コンピュータの販売活動と併せて、会社内のセールスマン教育やコンピュータディーラーの販売訓練を担当。
1988年7月日本電気株式会社情報処理OA事業部長代理、1990年7月同社OA商品販売推進本部長。
1992年4月NECパーソナルシステム株式会社取締役支社長。1995年7月同社取締役首都圏ブロック長に就任、現在に至る。
著書に「生産財営業部員の実務」（共著・マーケティング研究協会）などがある。

販売を楽しくおもしろくするセールス活動のコツ

2002年9月26日　初版発行

著　者　　島崎　淺夫　Ⓒ Asao. Shimazaki

発行人　　森　　忠順

発行所　　株式会社セルバ出版
　　　　　〒113-0034
　　　　　東京都文京区湯島1丁目12番6号 高関ビル3A
　　　　　TEL 03 (5812) 1178　FAX 03 (5812) 1188

発　売　　株式会社創英社/三省堂書店
　　　　　〒101-0051
　　　　　東京都千代田区神田神保町1丁目1番地
　　　　　TEL 03 (3291) 2295　FAX 03 (3292) 7687

印刷・製本所　株式会社平河工業社

●乱丁・落丁の場合はお取り替えいたします。著作権法により無断転載、複製は禁止されています。
●本書の内容に関する質問はFAXでお願いします。

Printed in JAPAN
ISBN4-901380-11-7

既刊案内

定価額の変更の場合はご了承ください。
下記の価格は税抜金額です。

◆ビジネスマンに必須の経理の知識をやさしく解説
聞きたいことがスラスラわかる

経理の本
陣川公平著　A5判/224頁/定価1500円（税別）

わからない・知りたい・聞きたい・とっつきにくいという経理のことを部門別に110のQ&Aでみるみる疑問が解ける。

◆わかりやすくてためになると好評！

"いまさら人に聞けない"シリーズ

シリーズの第1弾！
いまさら人に聞けない

「契約・契約書」の実務
森井英雄著　A5判/104頁/定価1200円（税別）

いまさら人に聞くのもどうかと思われる基礎的なことから、よく誤解される問題を詳説。

シリーズの第2弾！
いまさら人に聞けない

「債権回収」の実務
森井英雄著　A5判/152頁/定価1400円（税別）

取引先がいざというとき、いかにして債権回収するか、効果的な作戦・回収策を実践的に解説。

シリーズの第3弾！
いまさら人に聞けない

「与信管理」の実務
井端和男著　A5判/152頁/定価1400円（税別）

与信管理担当者などの悩みに答えるために、与信管理の基礎知識や管理業務のコツなどをわかりやすく解説。

シリーズの第4弾！
いまさら人に聞けない

「建設営業」の実務
長門　昇著　A5判/200頁/定価1600円（税別）

21世紀の建設営業のあり方、そのための必須の知識を、経営者・各部責任者・営業担当者のそれぞれの立場から解説。

◆取引先の経営破綻を事前に察知する知恵！
大倒産時代の危機管理

潰れる会社を見破る法
石倉　潔著　A5判/200頁/定価1500円（税別）

倒産の兆候はこんなことから。企業調査歴30年のプロが教える危ない会社・危険なワナを見抜くポイント。会社を守る法教えます。

◆経営革新こそが会社の生き残りの決め手である

経営革新できる事典
第一勧銀総合研究所 編著
A5判/384頁/定価2800円（税別）

どういう戦略を構築し、どんな手法を取り入れ、どうやって実施したらよいか、中小企業の経営革新・事業再編の実務指針を150項目でズバリ示す！

◆すべてのリーダーのための強力な50の教訓！
史上最高の経営者モーセに学ぶ

リーダーシップ
デービィッド・バロン著／熊野実夫訳
A5判/344頁/定価2800円（税別）

モーセの知恵は、何千年も経った現在、物事を見抜く眼とリーダーシップの技術を教示する。

発行　セルバ出版　〒113-0034　東京都文京区湯島1-12-6　高関ビル3A
TEL 03-5812-1178　FAX 03-5812-1188

発売　創英社／三省堂書店　〒101-0051　東京都千代田区神田神保町1-1
TEL 03-3291-2295　FAX 03-3292-7687